실증연구를 위한 논문 작성법

장길상 지음

UUP

실증연구를 위한 논문 작성법

- 2013년 12월 25일 **초판 인쇄**
- 2013년 12월 30일 **초판 발행**
- **지은이** 장길상
- **펴낸이** 이철
- **펴낸곳** **UUP**(울산대학교출판부) 680-749 울산광역시 남구 대학로 93(무거동) 울산대학교 출판부
- **전화** (052)259-2488 **팩스** (052)277-3011 ▪ **홈페이지** http://uup.ulsan.ac.kr
- **출판등록** 제370-1996-000001호(1996.3.13)
- ₩ 10,000

ISBN 978.89.7868.330.2 (93560)

머리말

본 저자는 공학을 전공하였다. 그래서 석사 및 박사 학위 논문도 수학적인 모형을 제시하고, 제시한 모형에 대한 최적 해를 효과적이고 효율적으로 도출하기 위한 알고리즘을 제시하는 연구를 하였다. 학위과정 후에도 주로 생산정보시스템, 사례기반추론(CBR; Case-Based Reasoning) 시스템 등 다양한 시스템 개발 사례, 식스 시그마 프로젝트 수행 사례, 그리고 정보시스템 개발 방법론 등의 연구를 수행하여 왔다. 그런데 본인이 경영정보공학을 전공하였고, 울산대학교 경영정보학과에 재직하게 되면서부터, 본인이 전공하는 경영정보학 분야뿐만 아니라 경영학, 사회과학 연구논문들을 살펴보니까 대부분이 실증연구라는 사실을 확인하였다. 그래서 본인도 경영학 분야에서 경영정보학 전공을 연구하고 있으니 실증연구를 해보고 싶은 욕구가 생겼고 한번 도전해 보기로 결심하였다. 그러나 실증연구 분야를 어떻게 접근하는지 전혀 감이 잡히지 않았다. 그래서 실증연구 방법론을 이해하기 위하여 이 분야에서 많은 연구를 수행하고 있으며 울산대학교 및 울산과학대학에서 경영학, 경영정보학, 산업경영공학 분야에서 강의를 하고 있는 송정수 박사와 공동 연구를 수행하기로 하였다. 그러나 본인이 맡는 분야는 주로 문헌연구 부분의 정리나 설문조사 부분을 맡았기 때문에, 실증연구의 핵심이 되는 연구모형 및 연구가설 설정, 설문지 수거 이후의 통계적 분석 방법, 이를 위한 SPSS나 AMOS 같은 분석 도구의 활용법, 그리고 전체적인 논문 구성 방법 등에 대해서는 늘 부족함을 느끼고 있었다. 이런 부족한 부분들을 보충하기 위하여, 기존의 연구조사방법론 관련 저서들은 살펴보면, 기존 저서들은 내용면에서 너무 방대하고, 이론적인 부분에 많은 내용들을 할애하고 있어서, 정작 본인의 실증연구 관련 논문 작성에 별로 도움을 되지 못했다. 따라서 이러한 실증연구를 이 분야의 초보자라도 쉽게 이해할 수 있고, 실증연구 논문 작성을 가이드 해주는 지침서가 없을까 늘 생각하고 있었다. 이것이 본서를 집필하게 된 이유이고, 목적이다. 그래서 실증연구 분야를 처음 접하는 연구자라도 이 책을 따라가면서 실증연구를 수행하면, 쉽게 실증연구 논문을 작성할 수 있을 것으로 사료된다. 끝으로 본서를 집필하는데 많은 도움을 준 송정수 박사에게 다시 한번 감사의 마음을 표한다.

2013년 12월 31일
저자 씀

목 차

1장 실증연구의 개론

본 교재의 목적은 실증연구 논문을 작성하기 위한 가이드라인을 제시하고자 하는 것이다. 실증연구는 사회과학 연구의 대표적인 연구방법으로 널리 알려져 있다. 따라서 우선 사회과학의 연구에 대한 기본적인 개념을 소개 하고자 한다.

1. 사회과학 연구의 가정

사회과학자들은 진리추구의 방법에서 과학적 방법을 가져온다. 그렇기 때문에 사회과학은 과학이라고 부른다. 연구할 때 쓰는 방법론이 거의 비슷하다는 것으로 자연과학에서 발달한 방법론은 사회과학에서도 정확한 지식을 얻는데 도움을 줄 수 있다고 본다.

이들은 객관적 실재론의 입장을 취한다. 사람들이 충분히 객관적 실재를 이해할 수 있다고 믿는 것으로 사람의 능력을 믿는 것이다. 그리고 자연현상에서 만유인력의 법칙이 있는 것처럼, 사회현상을 통제하는 보편적 법칙이 있다고 믿는다. 또한 모든 사회현상에는 인과관계가 있다고 보는데, 만약 우리가 원인을 모르는 것이 있다면 그것은 우리가 이해를 못했기 때문인 것이라고 본다. 그리고 그 지식이 진실이라고 증명하기 위해서는 객관적 경험사실, 실제적 증거에 의하여 증명되어야 한다. 즉, 모든 지식은 인간의 경험과 관찰로부터 나온다고 보는 것이다.

이러한 사회과학 연구의 입장에서는 진리는 변할 수 있고, 반증될 수 있는, 즉 상대적인 것이다. 자연과학자들은 불변의 진리를 믿지만 사회과학자들은 인간의 상호작용으로 사회현상이 이루어지기 때문에 진리는 언제든 바뀔 수 있다고 보는 것이다. 불변의 진리는 존재하지 않는 것이다.

사회과학에서 어떤 연구문제를 도출하고 해결해 나가는 과정은 하나의 전체로 봐야 한다. 전체는 각 부분의 합 보다 크다고 보는 관점을 채택한다면 하나의 부분을 따로 떼어내서 설명하는 것은 매우 어려운 일이다. 일단 이 과정을 분류하여 나열을 하면, 연구문제 선정 → 기존 연구와 이론검토 → 가설 정립 → 연구설계 → 자료수집 → 자료의 분석 → 일반화 등의 일곱 단계로 나타난다. 이 과정을 과학적 연구절차 혹은 조사연구의 과정이라고 부른다.

이 중 연구설계 부분은 주어진 연구문제를 해결하는 방법으로, 문제를 해결하는 일종의 guideline이기 때문에, 매우 중요한 부분이며, 연구절차에서 따로 떼어내기에 더욱 어려운 부분이다. 따라서 본 연구는 전체의 한 부분으로서의 연구설계를 개념화하려 한다. 즉, 하나의 독립적인 부분으로서의 연구설계 보다는 앞 뒤 단계들과의 연결 측면에서의 연구설계로 설명하려 한다. 한편, 연구설계는 그 방법론에 따라 각론적인 차이가 있으나, 본 연구에서는 포괄하여, 전체적이고 일반적인 연구설계에 대해서 설명하려 한다.

2. 연구설계의 개념

1) 연구설계의 정의

연구설계(Research Design)란, 연구문제에 대한 해답을 이끌어 내기 위한 계획과 전략이다. 가설을 세우는 것에서부터 조작적 정의, 자료의 분석까지 연구자가 행하는 실질적인 모든 것을 포함하며, 타당하고 정확한 해답을 객관적이고 경제적으로 찾아내게 한다. 구체적으로 연구설계는 연구의 목적과 방법, 자료를 분석하는 방법 등을 나타낸다.

2) 연구의 목적과 연구설계

연구설계는 연구의 목적에 따라 달라지게 된다. 사회과학 연구의 목적을 크게 나누면 탐구, 기술, 설명 세 가지를 들 수 있다.

첫째, 탐구(exploration)는 연구자가 자신의 관심사 또는 연구대상을 더 잘 이해하기 위한 것이다. 탐구의 목적으로 진행되는 연구를 탐색적 연구(exploratory studies)라고 한다. 1) 탐색적 연구는 연구자의 호기심과 지적욕구를 충족시키기 위하여, 2) 본 조사를 실시하기 전에 실행가능성을 알아보기 위하여, 또는 3) 본격적인 조사에서 사용될 수 있는 방법을 개발하기 위하여 이루어진다. 특히 탐색적 연구는 새로운 분야에 대하여 연구하고자 할 때 유용하며 조사하고자 하는 주제에 대하여 많은 시사점과 통찰력을 제공해 준다. 그러나, 탐색적 조사연구를 통하여 문제에 대한 직접적인 해답을 얻기는 어렵다. 이것이 탐색적 조사의 한계라 하겠다.

둘째, 기술(description)은 사상에 대해 정밀하게 서술하는 것이다. 이런 목적으로 행해지는 연구를 기술적 연구(descriptive studies)라고 한다. 기술적 목적의 조사연구에서는 현상의 원인보다 현상 자체에 더 관심을 갖고 있는 그대로의 현상을 묘사한다. 우리나라 정부에서 매년 실시하는 사회통계조사나 매 5년마다 실시하는 인구 및 주택 총조사, 각종 여론조사 등이 그 예이다. 기술적 연구는 다음의 설명적 연구의 기틀이 된다.

3) 연구설계의 유형

연구설계는 다양한 유형으로 나눌 수 있는데 그 구체적인 내용은 다음과 같다.

① 연구방법 및 논리의 배경 철학 차이에 따라
② 심리학적 변인 및 연구 관심의 차이에 따라
③ 변인의 조작 가능성에 따라
④ 관찰이 일어나는 상황(setting)에 따라
⑤ 자료수집 관찰과정에서 연구자가 행하는 역할에 따라
⑥ 연구 대상자의 관찰 사실 인지 여부에 따라
⑦ 결과의 응용성에 따라
⑧ 연구의 목적에 따라
⑨ 시간적 차원에 따라

3. 사회과학의 연구방법

사회과학의 연구방법은 다양하게 분류되고 있다. 그 중에서 본 교재의 목적에 부합되는 관심을 가지고자 하는 두 가지 연구방법에 대한 고려사항들을 살펴보면 다음과 같다.

1) 실증연구에 의한 과학적 연구방법

먼저 실증연구에 의한 과학적 연구방법에 대한 고려사항들을 살펴보면 다음과 같다.

① 실증연구의 정의와 과학적 연구방법의 유의할 점
② 실증연구의 주요 과정
③ 자료의 종류와 출전
④ 자료 조사와 분석
- 타당성 저해요인의 제거
- 관련 문헌 탐색
- 설문조사
- 인터뷰 및 면접조사
- 기타 경험연구의 조사와 분석

2) 문헌연구에 의한 과학적 연구방법

다음으로 문헌연구에 의한 과학적 연구방법에 대한 고려사항들을 살펴보면 아래와 같다.

① 문헌연구의 정의와 과학적 연구방법의 유의할 점
② 자료의 종류와 출전
③ 문헌 분석과 정리
- 한 학자나 한 이론에 대한 연구
- 둘 이상의 학자나 이론에 대한 비교 연구

4. 연구의 분류

사회과학 분야에서 실증연구는 크게 연구목적에 따른 분류와 연구방법에 따른 분류로 나눌 수 있다.

1) 연구목적에 따른 분류

사회과학 분야에서 실증연구는 연구목적에 따라 기초연구, 응용연구, 실행연구로 구분할 수 있는데, 그 구체적인 내용은 다음과 같다.

① 기초연구

- 어떤 사실에 대한 이론을 규명하여 지식을 확장시키는 역할
- 특정 원리, 사실을 발견하거나 이론을 발전시키고자 하는 목적
- 알려지지 않은 사실이나 새로운 이론을 도출하고자 함.

② 응용연구

- 실제문제 상황에서 이론적 개념을 검토하거나 어떤 상황의 진행과 결과를 개선시키는데 목적이 있음.
- 연구방법이 단순하면 기초연구이고 복잡하면 응용연구라는 인식은 잘못된 것
- 여러 가지 교수법에 대한 선호도 조사를 통해 어느 것이 학교현장에 적합한 교수법이며 각 교수법의 장단점은 무엇인지 파악하여 현장에 적용하고자 하는 연구

③ 실행연구

- 어떤 상황에서 일어나는 문제를 해결하기 위해 연구자와 상황 속의 대상과 공동으로 연구를 진행하는 형태
- 맥락 속에 연구 결과를 즉각적인 적용에 관심을 둠.
- 실행연구의 연구대상은 접촉이 용이한 기존집단이 됨.
- 특정 프로그램 혹은 특정 정책의 효과를 분석하기 위한 연구

2) 연구방법에 따른 분류

사회과학 분야에서 실증연구는 연구방법에 따라 다양하게 구분할 수 있는데, 그 구체적인 내용은 다음과 같다.

① 실험연구

- 특정변수를 변화 또는 조작한 결과로 생기는 효과를 검증하기 위한 연구로 특정 문제를 개선하기 위한 가장 타당한 연구방법
- 연구자는 최소한 하나 또는 그 이상의 독립변수를 조작하고 다른 관련 변수를 통제하며 하나 또는 두 개 이상의 종속변수에 미치는 영향이나 효과를 측정함.

② 조사연구

- 변수들의 상대적 영향력, 분포 및 상호관련성을 밝히기 위한 것.
- 현재 상태에 관한 문제들을 다루는 연구로 전집으로부터 표본을 추출하여 이들을 대상으로 설문지, 면접 등의 체계적인 방법을 통해 특정 연구문제에 관련된 사람들의 속성이나 행동, 태도 등을 연구

③ 관찰연구

- 관찰대상의 행동특성을 직접 객관적, 계획적으로 관찰해서 분석하는 연구방법
- 관찰자의 관찰내용이 연구의 질로 결정되고 직접성과 현재성의 특징을 갖음.

④ 문화기술적 연구

- 질적 연구방법 중 인류학적 성격이 강한 연구기법
- 특정한 문화적 상황에 대한 상세하고 분석적인 기술을 의미
- 특정 집단 구성원들의 생활양식과 문화에 대한 자료를 찾아내기 위해 연구자가 현지에 체류하면서 참여자의 관점에서 상황을 파악하는 연구방법

⑤ 역사연구

- 과거에 대한 사실을 발견하고 해석하며 의미를 부여하고 미래에 전개될 현상을 역사에 비추어 예견하고자 하는데 목적이 있음.

- 과거사에 대한 자료를 수집하여 종합하고 설명하며 해석하는 귀납적인 방법을 사용
- 비판적 탐구의 과정을 통해 가능한 과거의 문제들을 정확하게 기술

5. 연구주제 선정 방법

연구자는 자신이 전공하는 분야에서 연구자의 직관력, 분석력, 비판력, 창의력을 가지고 연구주제를 설정해야 한다.

1) 연구주제의 자원

연구주제의 자원에 대해 고려해야할 사항들은 다음과 같다.

① 연구자의 관심과 홍미
② 문헌연구
③ 공동연구의 참여
④ 새로운 학설이나 이론
⑤ 학술대회 참여
⑥ 사회적 경험
⑦ 전문가 혹은 지도교수

2) 연구제목 : 연구의 내용을 간결 명확하게 표현한 것

좋은 연구제목을 선정하기 위해서 고려해야할 사항들은 다음과 같다.

① 좋은 논문제목을 제시할 때 주의점
- 구체적이며 간결 명확하게 서술
- 중심단어를 포함
- 속어를 사용하지 않음
- 가치중립적인 단어를 사용

- 가능하면 부제를 원제에 포함시킴
- '~에 관한 연구', '~의 실험연구'라는 용어를 사용하지 않음
- 지나치게 길어지지 않도록 함

② 좋은 논문제목의 예

- 서울시 초등학교의 수행평가 실시현황과 교사들의 인식
- 어머니와 자녀의 애착관계가 유아의 행동발달에 미치는 영향
- 협동학습유형이 학습장애아동의 학업성취와 사회적 수용에 미치는 영향
- 컴퓨터화 적응검사와 지필검사에 의한 피험자 능력의 정확성 비교
- 한국 유치원 교육과정의 변천 과정

3) 연구목적

연구목적을 제시할 때 고려해야 할 사항들은 다음과 같다.

① 집단 간의 비교연구
② 인과관계 및 상호관계 연구
③ 현상을 설명하기 위한 모형 혹은 이론의 구축

6. 연구과정의 일반적 절차

일반적인 연구절차는 서론, 연구방법, 연구결과, 연구결과에 대한 논의, 요약 및 결론의 다섯 단계로 나누어 볼 수 있다. 구체적인 내용은 아래와 같다.

Ⅰ. 서론(Introduction)
1. 연구문제의 제기(Genesis of the problem)
2. 시안적 연구문제의 서술(Tentative statement of the problem)
3. 관계문헌의 조사연구(Critical review of the related literature)
4. 본 연구문제의 서술(Revised statement of the problem)
5. 검증할 가설의 설정(Working hypotheses)
6. 중요 술어의 정의(Definition of terms)

Ⅱ. 연구방법(Methods)

1. 연구계획 또는 설계(Research planning and/or design)
2. 자료의 수집(Data gathering)
   - 분석대상·조사대상자 또는 피험자의 표집(Sampling)
   - 실험재료의 준비(실험연구의 경우) (Experimental materials)
   - 관찰·조사 또는 측정검사기구의 준비(Measuring instruments)
   - 시행연구(pilot study)와 연구방법의 수정
   - 실제 본 조사·실험 등의 실시(Administration)
3. 수집된 자료의 검토 및 분석(Data analysis)
   - 자료의 정리(Editing and coding)
   - 자료의 검토(Test of reliability and validity)
   - 자료의 분석(Analysis of data)

Ⅲ. 연구결과(Results)

1. 자료의 신뢰도·타당도의 검토결과(Reliability and validity)
2. 가설들의 검증결과(Test of hypothesis)
   - 가설 1의 검증결과
   - 가설 2의 검증결과
   - 가설 n의 검증결과
3. 연구결과들의 요약(Summary of the results)

Ⅳ. 연구결과에 대한 논의(Discussion)

1. 연구결과에 대한 해석 및 논의(Interpretation and discussion)
2. 연구 상의 제한점(Limitations of the study)

Ⅴ. 요약 및 결론(Summary and conclusion)

1. 연구 전체의 요약(Summary of the study)
2. 연구문제에 대한 결론(Findings and conclusions)
3. 앞으로의 타 연구를 위한 제언(Suggestions for further study)

7. 논문 작성방법

논문 작성을 위한 아이디어 도출은 크게 다음과 같은 절차로 진행한다.

① 의문제기 및 주제선정

- 경험하고, 평소 의문을 품고 있던 문제에 대해서 혹은 선행 연구들 검토를 통하여 정함

② 주제 관련 단어 나열

- 주제에 관련된다고 여겨지는 단어 30개 나열

③ 키워드 선별

- 주제어 중에서 특히 어울린다고 여겨지는 단어 5개 선별

④ 키워드 정리 및 표현리스트 작성

- 키워드를 토대로 적절히 표현하는 리스트 10~20정도 작성

⑤ 줄거리 작성

- 표현리스트를 바탕으로 줄거리 작성

⑥ 보완

- 줄거리 작성을 여러 번 읽어 봄으로써 부족한 부분 보완

⑦ 논문구성

- 연구문제를 명백히 하고 예견되는 문제점에 대한 방안 모색
- 주제를 설득력 있게 전달하기 위한 연구방법 선택
- 인용과 자신의 주장이 분명하게 구분되어져야 함
- 자신의 주장은 이론적 근거에 기초해야 함
- 문장구성은 간결·명료해야 함
- 글이 어법에 맞아야 함

8. 논문 작성순서

논문 작성순서는 일반적으로 서론, 본론, 결론, 참고문헌 순으로 작성하며, 세부적인 내용은 다음과 같다.

1) 서 론

서론 부분에서 반드시 다음과 같은 내용들이 명시되어야 한다.

① 선행연구 검토
② 연구의 제한점
③ 문제의 제기, 연구의 필요성
④ 연구 목적
⑤ 자료나 논거의 출처, 연구방법, 연구범위(연구대상, 분석기간, 분석수준) 등에 대한 기술

2) 본 론

본론에서는 관련 연구의 일반적 동향, 이론적 배경, 연구모델과 가설설정, 연구조사방법, 가설검증 및 연구결과의 해석을 제시한다.

① 논거 제시
- 수집한 자료를 치밀한 계획 아래 순서대로 정확히 제시
- 논문의 문제점, 또는 문제의 성질 등에 역점을 두어서 체계적으로 제시
- 문제점 해명의 순서에 따라서 적당한 곳에 적당한 논거를 제시

② 논 의
- 다른 사람의 학설을 이곳에서 상세하게 비판
- 자기의 창의적인 견해나 독창적인 방법 표현
- 주의할 점은 읽는 사람으로 하여금 혼란이나 오해가 없도록 자기의 것과 타인의 것을 명백히 구분

③ 논지의 전개

- 논지의 전개 순서는 우선 문제로부터 차츰 좁혀서 작은 문제로 나가는 것
- 내용을 알기 쉽게 하기 위해서는 논지의 전개에 타당성이 있어야 함

3) 결론

결론 부분에서 중점적으로 고려해야 할 사항들은 다음과 같다.

① 본론에서 제시된 논거에 의거하여 논의된 결과를 종합적으로 판단하여 귀납적으로 얻어진 것

② 가장 주의할 점은 명백히 된 사실을 골라서 결론으로 도출하여야 함

③ 꼭 언급해야 할 점은 논문을 써 가는 동안에 아직 해명되지 못한 문제들

4) 참고문헌

참고문헌 부분에서도 다음과 같은 사항들을 주의깊게 고려하는 것이 바람직하다.

① 주석란에서 기록된 사실이나 자료가 실려 있는 문헌 그 자체에 대한 상세한 정보

② 모든 서지사항이 자세하게 기록

③ 문헌의 종류에 따라 분류(단행본, 정기간행물, 신문)

9. 실증연구 관련 개념

1) 표집오차

전집에서 표본을 추출할 때 아무리 이상적이고 대표적인 표본을 추출하더라도 표본으로부터 얻은 통계치와 전집에서 얻은 전집치 또는 모치수는 반드시 일치한다고 볼 수 없는데 이러한 통계치와 전집치간의 차이를 표집오차라고 한다.

2) 다변인통계분석

하나 또는 2개 정도의 독립변인과 하나의 종속변인간의 관계를 알아보는 통계적

분석방법들만을 가지고서는 복잡한 자연현상이나 사회현상들을 제대로 분석, 그 메카니즘을 정확히 이해할 수 없다. 이에 근래에 와서는 여러 변인들간의 관계를 분석할 수 있는 다양한 다변인분석방법(multivariate statistical analysis methods)들이 개발되었다. 여러 변인들 간의 함수관계를 알아보기 위한 방법과 여러 변인들 간의 구조관계를 분석해 보기 위한 방법으로 나누어 볼 수 있다.

다변인분석은 함수관계 분석과 구조관계 분석으로 나뉘어지며, 다시 함수관계 분석은 종속변인이 한 개인 경우와 여러 개인 경우로 양분. 종속변인이 한 개이면서 등간변인인 경우는 중다상관과 중다회귀분석이 있고, 비등간변인의 경우에는 중다판별분석이 있다. 종속변인이 여러개이면서 등간변인의 경우에는 다변인변량분석, 다변인공변량분석, 정준상관분석이 있고, 비등간변인의 경우에는 가변인정준상관분석이 있다. 한편, 구조관계 분석은 등간변인인 경우, 인자분석, 집락분석, 다차원척도분석이 있고, 비등간변인인 경우에는 다차원척도분석이 쓰일 수 있다.

3) t-test

분석하고자 하는 자료가 등간치일 경우, 그 차이들을 검증하는 대표적인 방법으로, 이 방법은 주어진 변인들의 값이 전집에서 정상분포를 이루고 있다고 가정할 수 있고 표본의 사례수가 N=120 이하인 경우에서만 사용될 수 있다. 또한 하나나 2개의 등간치, 예컨대 산술평균치 간의 차이만을 검증할 수 있다. 원리는 표본에서 얻어진 2개의 통계치인 등간치 간의 차이가 표집오차에 의한 우연한 것인지 아니면 전집에서도 그렇게 나올 수 있는 유의적인 차이인지의 확률을 t분포라는 표집분포에 의하여 알아보는 것이다. 자유도는 n-1이 된다.

4) 무선화 방법(randomization)

가외변량의 통제방법중의 하나로 피험자들을 각 실험집단이나 조건들에 무선적으로 배치하거나 또는 실험조건이나 다른 변인들을 실험집단에 무선적으로 배정하는 것을 말한다. 이러한 무선화 방법을 쓰는 이유는 모든 실험집단들을 가외변인의 입장에서 동등하게 만듦으로써 가외변인들의 영향을 통제하려는 데에 있으며, 가장 좋은 통제방법이라고 할 수 있다.

5) 측정의 수준별 측정치의 종류

척도의 종류는 측정수준에 따라 명명척도(nominal scale), 서열척도 (ordinal scale), 등간척도(interval scale), 비율척도(ratio scale)의 4가지로 나눌 수 있다.

① 명명척도 : 분류에 기초를 둔 것으로 이름 대신 숫자를 부여하는 측정척도를 말한다. 그리고 이러한 척도에 의하여 측정된 수치를 명명수라고 한다. 예를 들면, 남성집단에게 '1'을 여성집단에게는 '2'를 부여하는 식이다. 이 경우 명명수는 단지 질적인 차이를 나타낼 뿐이기 때문에 보통의 수량적 의미를 띠는 것은 아니다.

② 서열척도 : 사물들을 서로 비교하기 위하여 그 사물들의 어떤 속성의 다과 또는 대소의 순위에 따라 수치를 부여해 나가는 측정척도를 말한다. 예로 어떤 사물들을 그 속성의 다과 또는 대소에 의하여 순서대로 배열하고 그 배열된 순서에 따라 1,2,3,..의 수를 매겨나간다면 이는 서열척도요 이때 얻어진 수들은 서열수가 된다. 단 계속되는 두 수치들 사이의 간격은 반드시 꼭 같지는 않다. 이에는 리커드형 척도(Likert-type scale)와 가트만의 누가척도(Guttman's cumulative scale)가 있다.

③ 등간척도 : 서열척도에서와 같이 각 수치 사이에 양적인 대소서열이 유지될 뿐만 아니라 한 걸음 더 나아가서 그 계속되는 수치들 사이의 간격이 꼭 같은 척도를 말한다. 따라서 이것은 사물의 비교적 판단을 수량화해서 표현하게 만들고 있다. 예를 들면 신장기라든가 온도계 등을 들 수 있다. 등간치는 산술적 연산이 어느 정도 가능하다. 등간척도에는 절대영점이 없거나 있더라도 척도상의 영점과 일치하지 않으므로 실제의 수학적 연산에 큰 제한을 받고 있다. 이에는 서스톤의 척도(Thurstone scale)와 의미분별척도(semantic difference scale)가 있다.

④ 비율척도 : 명명, 서열, 등간척도의 여러 원리들을 다 만족시키며 그 위에 절대영점을 갖고 있는 척도를 말한다. 예컨대, 등간척도에서는 '한 사물이 다른 사

물보다 얼마의 측정단위만큼 더 크냐?'의 수량적 비교만 가능하지만, 비율척도에서는 '한 사물이 다른 사물보다 몇 배 더 크냐?' 하는 식의 비율적 비교판단도 가능하다. 따라서 이러한 척도로 얻어진 수치는 모든 수학적 연산이 가능하다. 이 모든 수치는 실제 수량과 같기 때문이다.

6) 인과적 관계

한 변인에서의 변화가 다른 변인에서의 변화를 반드시 유발할 때, 이들 두 변인 사이의 관계를 말한다. 이러한 인과관계는 항상 단일방향으로서 하나의 변인이 항상 원인이 되고, 다른 변인은 항상 결과가 되며, 이들 두 변인의 관계의 방향은 절대로 逆이 될 수 없다.

7) 추리통계

표집오차를 통제하고 표본에서 얻어진 통계치를 가지고 전집의 특성 즉, 전집치를 추정하거나 가설을 검증하는 통계적 방법. 다시 말해, 표본의 통계치를 가지고 전집의 전집치를 추리해서 표본연구의 결과를 일반화하는데 사용되는 통계방법을 추리통계라고 한다. 모든 연구의 궁극적 목적은 전집 즉 전체 연구대상의 어떤 특성을 알아보는 데에 있지만 전집을 조사하는 것은 거의 불가능하며 시간과 노력이 많이 든다. 따라서 실제로는 우회적인 방법을 써서 먼저 전집에서 표본을 추출, 이 표본을 조사하여 그 통계치를 일단 산출한 후, 이를 가지고 다시 전집치를 추리하는 방법을 사용하는 것이다.

8) 유의도 수준

유의도 수준을 의미하는 것으로 즉 어떤 사상의 발생확률(가령 동전의 앞면과 뒷면이 45대 55로 나오는 경우)이 100번 중에 1번이나 5번 이상일 경우에는 그것을 '표집오차로 인한 우연에 의한 것'으로 간주하는 반면, 그 발생확률이 100중에 5번이나 1번 이하($p>0.05$ 또는 $p>0.01$)이면 그것은 '동전이 찌그러졌다'고 간주한다. 그리고 그 차이(10)를 통계적으로 '유의적인 차(significant difference)'라고 말한다.

9) 표집방법

무선표집(또는 확률적 표집)에는 단순무선 표집(simple random sampling), 유층 표집(stratified sampling), 군집 표집(cluster sampling), 체계적 표집(systematic sampling), 비균등확률 표집(unequal probabilities sampling), 유층별 군집 표집(stratified cluster sampling), 다단계 및 다상 표집(multi-stage and multi-phase sampling) 방법 등이 있으며, 비무선(또는 비확률 표집)에는 우연적 표집(haphazard collections), 판단 표집(judgment sampling), 할당 표집(quota sampling), 전문가 표집(expert sampling), 의도적 표집(purposive sampling) 등이 있다.

10) 무선표집(또는 확률적 표집)

① 단순무선 표집 : 확률적 표집의 기본적 형태로서 모든 표집단위가 똑같이 뽑힐 수 있는 조건하에서 그 표집단위들을 독립적이고 직접적으로 뽑아서 표본을 얻는 방법, 전집의 각 사례에 일련의 번호를 매기고 난수표 등을 사용하여 표집의 사례를 선정하는 방법

② 유층 표집 : 전집을 하위집단 즉, 유층으로 나눈 후 각 유층별로 표본을 추출하는 방법, 예컨대, 응답자들의 성·연령·교육정도·생활수준 등을 기준으로 전집을 여러 유층으로 나눈 후, 그 구성비율을 알아내서 표본에서도 그 구성비율이 같도록 응답자를 뽑는 방법을 말한다.

③ 군집 표집 : 자연적으로 형성된 집단 또는 군집의 전집에서 표본을 추출하는 방법, 여기서 군집이란 이미 형성되어 있는 자연적 또는 행정적 전집의 집단, 예컨대 학교·행정구역 등을 말한다.

④ 체계적 표집 : 단순무선 표집의 변형된 형태로서 전집의 전체 사례에 번호를 붙여 놓고 일정한 표집간격에 따라 표집을 하는 방법, 즉, 표집의 크기를 결정한 후 이것을 가지고 전집의 전체사례수 N을 나누어서 표집간격 k를 계산한 다음, 1부터 k사이에서 무선적으로 하나의 번호 r을 뽑아서 이를 기점(random start)으로 r, r+k, ... 등의 순으로 표집하는 방법

⑤ 비균등확률 표집 : 유층표집의 일종으로 어떤 표집단위에 다른 것보다 선택될 기회를 많이 또는 적게 주어서 표집단위를 표집하는 방법, 예컨대 고등교육을 받은 독자 집단과 무학자 집단간의 구독성향을 비교해 볼 때, 무학자 집단의 사례가 적으므로 제대로 비교가 될 수 없으므로 먼저 고등교육을 받은 집단과 무학자집단의 표본의 크기를 따로 결정해서 각 집단별로 표집을 하는 방법

⑥ 다단계 표집 및 다상 표집 : 여러 가지 표집방법을 단계적으로 사용해서 표집을 해나가는 방법, 그러나 다상표집은 동일한 표집단위를 가지고 표집을 거듭해 나가는 것이고, 다단계표집은 표집단위가 단계별(예, 1단계는 표집단위가 시, 2단계는 시민 등으로 바뀜)로 바뀌는 것을 의미

11) 비무선(또는 비확률 표집)

① 우연적 표집 : 길 모퉁이를 지나가는 사람들이라든지, 어떤 학급에 속해 있는 학생들과 같이 우연히 만나거나 또는 편의적으로 활용할 수 있는 사람들을 표본으로 삼는 방법

② 판단 표집 : 연구자가 자신의 판단에 입각하여 전집을 가장 잘 대표하거나 전형적이라고 생각되는 응답자들을 전집에서 선정하여 표본으로 삼는 방법

③ 할당 표집 : 각 분석유목별로 미리 정해진 사례수의 응답자들을 얻기 위해서 면접조사원이 각 유목별로 할당된 수만큼의 응답자들을 임의로 뽑아서 조사를 하는 방법

④ 전문가 표집 : 전문가들의 사전지식을 바탕으로 전집을 대표한다고 생각되는 응답자들을 선정해서 표본으로 삼는 방법

⑤ 의도적 표집 : 어떤 가설을 검증하는데 중요하다고 생각되는 집단을 전집에서 추출하는 방법, 예컨대, 농촌에서 대도시로 이주해온 사람들이 대도시의 조건하에서 어떻게 적응하고 있는가를 연구하려고 한다면, 의도적으로 새로 이주해온 사람들과 오래전에 이주해온 사람들을 뽑아서 표본으로 삼는 것

12) 표본의 크기와 표집오차간의 관계

표본의 크기는 표본의 사례수를 말하는데, 이는 표집오차 특히 무선표집오차와 밀접한 관계를 가지고 있다. 즉 표본의 크기가 클수록 표집오차는 작아지며 반대로 표본의 크기가 작을수록 표집오차는 증가한다. 그러나 무작정 표본의 크기를 늘릴 수는 없으며 또한 그럴 필요도 없다. 표본의 사례수가 어느 일정한 크기 이상을 넘으면 조사결과에 큰 영향을 미치지 않으며 표본의 크기를 무조건 늘린다고 해서 정확하고 신뢰로운 결과를 얻는다고 할 수도 없다. 따라서 표집상에서 문제가 되는 것은 표본의 크기보다는 표집방법이며 표집의 크기를 결정할 때에는 그 적정수준을 찾아내는 것이 중요하다.

13) 조작적 정의

개념적 정의의 방법에는 '명명적 정의방법'과 '조작적 정의방법'으로 나뉘는데 '명명적 정의'란 하나의 개념을 다른 개념을 가지고 정의하는 것을 말하는 것으로 예컨대, '중량이라는 개념을 사물의 무거움이라고 풀이'하는 것을 말하며, '조작적 정의방법'이란 하나의 개념이나 변인을 측정하거나 조작하는데 필요한 행위들을 구체적으로 명시함으로써 그 개념에 의미를 부여하는 방법으로 예컨대, '지능은 정범모의 지능검사지로써 측정한 바를 말한다'와 같이 지능이라는 변인 또는 개념을 정의하는 것으로, 이는 다시 측정적 조작정의와 실험적 조작정의로 구분된다. 측정적 조작정의는 주어진 개념이나 변인을 '어떻게 측정할 것이냐'를 명시하는 것이고, 실험적 조작정의는 주어진 개념이나 변인을 '어떠한 식으로 실험조작 또는 실험처치를 하겠다'고 방법과 절차를 설명함으로써 그것을 규정하는 것이다.

14) 연구

'어떤 변인들이 서로 어떠한 관계를 지니고 있느냐'를 기술·설명해서 그에 관한 보편타당한 이론을 정립하는 과정이다.

15) 변인들 간의 관계여부

변인들간의 관계여부를 알아내는 두 가지 대표적 방법을 제시하고, 그 사례의 하나로서 ‘지능지수와 학업성적간의 관계’ 여부를 알아보는 방법을 구체적으로 제시하면 다음과 같다.

‘상관관계를 통한 방법’과 ‘차를 통한 방법’으로 나누어 볼 수 있는데,

첫째, 상관관계를 통한 방법이란, 예컨대 학생들의 지능지수라는 X변인과 학업성적이라는 Y변인 사이의 관계를 알아보기 위해서 X변인의 값이 변함에 따라 Y변인의 값도 변하는가를 상관계수 등을 산출하여 보는 방법을 말한다. 상관관계를 알아보지 않고, 그 어떤 방법을 쓰든간에 어떻게 한 변인의 값이 변화함에 따라 다른 변인의 값도 변화한다는 것을 알아보면 이들 변인간에 관계가 존재한다는 것을 알 수 있다.

둘째, 어떤 변인들 간의 관계를 알아보거나 규명하는 방법에는 독립변인에서의 값의 차이가 종속변인에서의 값들 사이의 차를 비교해 보는 방법이 있다. 예컨대 지능과 학업성적 간의 관계를 규명할 때, 앞에서와 같이 상관계수를 산출해 보는 방법도 있겠으나, 그렇지 않고 지능지수가 높은 학생집단의 학업성적 평균치와 지능이 낮은 학생집단의 학업성적 평균치를 비교해 보아도 알 수 있다. 이 때 만약 지능이 높은 학생집단의 학업성적이 지능이 낮은 집단의 그것보다 유의적으로 높다면, 이들 두 변인 즉 지능과 학업성적 간에는 관계가 있다고 말할 수 있기 때문이다.

16) 측정, 측정의 수준별 측정치의 종류

측정이란 ‘일정한 법칙에 따라 어떤 사상에 숫자를 부여하는 것’이라고 정의할 수 있으며, 측정의 기능은 언어대신에 숫자를 사용함으로써 주어진 현상의 관찰을 용이하게 하고 관찰된 자료의 과학적 분석을 가능하게 함으로써 주어진 가설을 검증하여 객관적 결론을 내릴 수 있도록 하는데 있다. 측정의 3대 조건은 측정의 타당도·신뢰도가 높아야 하며, “무엇으로 재느냐”하는 측정척도가 제대로 선정되어야 하는데, 그 척도의 종류에는 명명척도, 서열척도, 등간척도, 비율척도로 나뉜다.

① 기술의 목적 : 모든 연구의 1차적 목적으로 기술이란 주어진 현상을 있는 그대로 정확히 관찰, 보고하는 것을 말한다. 기술에는 어떤 상태 또는 구조의 기술이요, 다른 하나는 과정 또는 기능의 기술이다.

첫째, 상태나 구조의 기술이란 어떤 변인의 값을 구체적으로 명시하는 것을 말한다. 예로 어떤 사람을 기술할 때, 신장이라는 변인을 기준으로 "그는 150cm이다" 또는 나이를 기준으로 "그는 20세이다"라고 명시하는 것이다. 상태나 구조의 기술은 사실의 발견을 위한 일원적 분석연구들의 목적이 되고 있는데, 컴연구의 경우, 신문독자나 방송시청자들의 구성분포 등을 알아보는 연구가 이에 속한다.

둘째, 과정이나 기능의 기술이란 대체로 어떠한 2개 또는 그 이상의 변인들간의 인과관계를 명시하는 것을 말한다. "정상적인 아동은 나이를 먹을수록 신장이 증가한다"는 식의 기술이다. 컴연구의 경우 정보원의 공신력이라는 독립변인과 컴효과라는 종속변인 사이의 관계를 연구해서 "공신력이 높을수록 컴효과는 증가한다"는 사실을 알아내는 것이 곧 이러한 과정이나 기능의 기술을 위한 목적의 연구이다.

즉 모든 학문의 첫 번째 연구목적은 어떤 현상에 관계되어 있는 변인을 찾아내서 그 상태나 구조를 기술하고 나아가 그 변인들 사이의 인과관계 등을 기술함으로써 그 현상을 이해하자는데 있다.

② 설명의 목적 : 일단 주어진 현상에 대한 기술이 끝나면 그에 대한 설명이 필요하다. 컴학에서 예를 들어보면 "정보원의 공신력이 높을수록 컴효과가 증가한다"는 기술이 끝났다면 그 다음은 그 이유를 밝혀내야 되는데 이때 그 이유를 밝히는 것을 설명이라고 한다. 대체로 기술적 목적의 연구가 두 변인간의 관계를 기술하는 것이라면 설명을 위한 목적의 연구에서는 세 개나 그 이상의 변인간의 관계를 다루게 된다. 왜냐하면, 어떤 두 변인간의 관계를 설명하자면 제3의 변인을 추가시켜서 알아 보아야 하기 때문이다. 이와 같은 설명을 위한 연구의 결과로서 얻어진 변인들간의 관계에 대한 과학적 서술은 이론이 된다. 환언하여 이론이란 어떤 주어진 현상에 관련된 변인들과 이들 변인들간의 관계를 기술하고 설명하는 진술인데 모든 연구는 이러한 이론의 정립을 위해서 존재한다고 하겠다.

③ 예측의 목적 : 기술 및 설명을 위한 연구목적이 수단적 목적이라면 예측의 목적은 보다 궁극적인 연구목적이라고 하겠다. 구체적으로 예측이란 어떤 주어

진 현상을 대상으로 어떤 변인 또는 조건을 어떻게 변화시키면 어떠한 결과가 나타날 것이라고 과학적 근거에 의하여 사전에 서술하는 것을 말한다. 예측에는 3가지 요소가 요구되는데, 첫째는 예측의 근거가 되는 변화의 과정, 둘째, 그러한 변화가 일어나는데 필요한 조건, 셋째 기대한 변화가 일어날 수 있는 확률의 추정이다. 예측은 이러한 3가지 요소들의 조합 또는 조직을 근거로 한 판단이라고 한다.

④ 통제의 목적 : 통제란 예측의 단계를 넘어서서 어떠한 현상을 변화시키는 것을 말한다. 다시 말해, 주어진 문제를 해결하고 연구결과를 실용화하자는 것이 통제이다.

17) 가설

과학적 연구에서 어떤 문제를 연구할 때 왜 그에 대한 가설을 설정, 그것을 검증하여 그 검증결과를 토대로 주어진 연구문제에 대한 결론을 내리는 복잡한 방법을 사용하는지, 그 과학적 논리를 구체적으로 제시하면 다음과 같다.

첫째, 주어진 연구문제에 대한 보다 정확한 해답을 얻기 위해 가설을 설정한다. 가설이 없이 어떤 현상을 관찰해서 주어진 연구문제에 대한 해답이나 판단을 내리게 되면, 연구자의 상식과 선입견이 개입되기 쉽다. 따라서 주어진 연구문제 또는 현상에 대한 올바른 판단을 내리기 위해서는 먼저 그에 대한 최선의 해답 또는 설명을 구한 다음, 이를 가설로 해서 다시 실증적으로 검증함으로써 보다 확실한 해답을 얻을 수 있다. 다시 말해, 어떤 연구문제에 대한 현상을 그냥 관찰하고 자기 나름대로 추측, 판단해서 해답을 얻는 것보다 일단 가설을 세우고 통제된 관찰을 통하여 이를 검증하여 긍정 또는 부정함으로써 주어진 연구문제에 대한 해답을 구하는 것이 보다 과학적이다.

둘째, 가설을 세워야 하는 또 하나의 보다 근본적인 이유로는 어떤 연구문제를 가설의 형태로 바꾸지 않고 직접적으로 해결하는 것은 사실상 불가능하다는 사실 때문이다. 즉 질문형식으로 된 연구문제를 직접 검증하는 것은 불가능하기 때문에 먼저 가설을 세우고 이를 검증하여 긍정 또는 부정함으로써 주어진 문제를 간접적으로 해결할 수 밖에 없다는 점이다. 영국의 사회철학자 피셔는 “모든 실험은 영가설을 반증하기 위한 사실을 제공하기 위하여 존재한다”고 밝히고 있으며, 가설의 통계적 검증에서는 반드시 영가설을 세워서 이를 긍정 또는 부정함으로써 연구문제에 대한 해답을 구하는 복잡한 과정을 밟게 된다. 형사재판의 원리와 같이 연구과정에서도 어떤 문제에 대한 해답을 직접 얻는 것은 불가능하기 때문에 연구가설 또는 대안적 가설을 설정하고 다시 영가설을 세운 다음 그것을 반증함으로써 그 대안인 연구가설을 받아들이는 복잡한 과정을 택하게 된다.

18) 적합한 통계분석방법

실증연구에서 연구가설을 검증하고자 할 때 다양한 통계분석방법을 적용할 수 있는데, 그 구체적인 내용은 다음과 같다.

① 빈도로 된 두 개의 변인간의 단순상관계수를 산출할 때 :
가트만의 예언상관계수 (lambda)

② 순위로 된 두 개의 변인간의 단순상관계수를 산출할 때 :
스피어맨의 순위차상관계수 (rho)

③ 등간점수로 된 두 개의 변인간의 단순상관계수를 산출할 때 :
피어슨의 적률상관계수 r

④ 사람의 체중, 신장, 연령 간의 상관관계를 알아보고자 할 때 :
중다상관

* 중다상관 : 여러 개의 독립변인들과 하나의 종속변인간의 단순한 상관 계수를 구할 때

⑤ 위에서 연령을 통제하며 체중과 신장간 상관관계를 알아보고자 할 때 :
부분상관

* 연령이 신장에 미치는 영향만 통제하고 신장과 체중간의 상관관계를 알아볼 때는 준부분상관을 사용

⑥ 빈도로 된 2개나 3개 변인간의 유의적 차이를 검증하고자 할 때 :
카이스퀘어(chi square) 검증방법

⑦ 표본의 사례수가 N<30이며, 등간점수로 된 2개 변인간의 유의적 차이를 검증하고자 할 때 :
t-test

⑧ 등간점수로 된 3개 변인간의 유의적 차와 상호작용효과를 검증할 때 :
변량분석방법(ANOVA)

* 변량분석에서는 그 종속변인이 하나인데 반해 다변인변량분석은 여러 개의 독립변인들과 두 개 이상의 여러 개의 종속변인들간의 함수관계를 알아보는 방법

⑨ 신문독자들의 교육수준과 연령이 각각 신문의 구독시간 양에 미치는 영향을 알아보고자 할 때 :
중다회귀분석 방법

* 회귀분석은 독립변인과 종속변인간의 단순한 상관관계가 아니라 이들간의 함수관계를 분석해 보는 방법

⑩ 정보원의 공신력의 구성요인 또는 차원을 알아보고자 할 때 :
인자분석

19) 인과관계(causality, causal relationship)와 상관관계 (corelation)

논문의 구성에 있어서 인과관계와 상관관계는 간과할 수 없는 주요 요소이다. 상관관계가 있다고 해서 인과관계가 있는 것은 아니기 때문이다. 예컨대 많은 사람의

키와 체중을 재서 비교해보면 키가 큰 사람은 대체적으로 체중이 많이 나가고 체중이 많이 나가는 사람은 대체적으로 키가 큰 경향이 있는 데 이 때 키와 체중은 서로 상관관계가 있다고 한다. 키와 체중이 이처럼 상관관계가 있기는 하지만 상관관계가 있다고 해서 반드시 한 요소가 다른 요소의 원인이 되는, 즉 인과관계가 있는 것은 아니다.

키와 체중의 관계를 보면 대체적으로 키가 커지면 체중이 늘어난다. 그러므로 키가 커지는 것은 체중이 늘어나는 원인이 된다고 할 수 있다. 그러나 사람의 체중이 늘어난다고 해서 키가 커지는 것은 아니라는 것을 쉽게 알 수 있을 것이다. 그러므로 체중과 키 사이에는 상관관계는 있지만 인과관계는 없는 것이다. 한편 까마귀가 나는 사건과 배가 떨어지는 사건(烏飛梨落)은 까마귀가 날았기 때문에 배가 떨어졌다고 주장할 수 없으며, 마찬가지로 배가 떨어졌기 때문에 까마귀가 날게 되었다고 주장할 수도 없기 때문에 이 사건은 상관관계도 인과관계도 없다.

인과관계란 일반적으로 어떤 사실과 다른 사실 사이의 원인과 결과관계를 말한다. 전통적 논리학에서는 "실재 세계에서의 존재나 사건에는 반드시 그것을 발생시키는 근거가 있다"라는 법칙을 존재의 필연적 법칙으로 하고 이것을 '인과율'이라 불렀다. 여기서 근거를 '원인'이라 하고 그것에 의하여 발생되는 것을 '결과'라 하며 이 두 개의 관계를 인과관계라 부른다. 그런데 이 설명에 따르면 '근거'라는 말을 어떻게 이해하느냐에 따라 인과율의 의미가 여러 가지로 달라질 수 있다. 근대과학의 방법론에서는 "동일한 조건(원인) 밑에서는 동일한 현상(결과)이 생긴다"라는 식으로 인과율을 기술한다. 이 경우, 동일 조건하에서 다른 현상이 발생했다고 여겨질 때 인과율이 깨어졌다고 생각하기보다는, 지금까지 동일한 조건이라고 생각하던 두 개의 사상이 사실은 무엇인가 다른 요소를 가지고 있었다는 식으로 생각하는 것이 보통이다.

원인과 결과는 반드시 시간적으로 전후관계에 있어야 할 필요는 없다. 물론 인과관계의 조건 중 하나가 "원인은 결과에 앞서서 발생한다"는 것이다. 그러나 이것은 여러 조건 중 하나일 뿐이며, 이 조건을 만족한다고 하더라도 인과관계가 있다고 단정 지을 수는 없다. 즉 A가 일어난 다음 B가 일어났다고 해서 A가 B의 원인이라고 결론짓는 것은 명백한 오류이며 이를'전후인과의 오류'(post hoc fallacy)라고 한다. 벽에 나란히 걸려 있는 두 개의 시계 X, Y가 있다고 하자. 시계 X가 땡땡땡 시간을 알리면 이어서 시계 Y도 종을 울린다면 시계 X가 원인이 되어서 시계 Y가 종을 친다고 생각하는 것이 바로 이 오류다.

한편 두 변량 사이에 한쪽이 증가하면 다른 쪽도 증가(또는 감소)하는 경향이 있을 때, 이 두 변량 사이에는 상관관계가 있다고 말한다. 증가할 때를 양의 상관관계, 감소할 때를 음의 상관관계라고 한다.

20) 귀납법

귀납법이란 개개의 구체적인(specific) 사실을 근거로 일반적인(general) 진리 또는 원리로서의 결론을 내리는 방법이다. 즉 개개의 사례를 관찰함으로써 이러한 사례들이 포함되는 일반 명제를 확립시키기 위한 추론방법 또는 이론형성방법이다. 한마디로 요약하면 <research then theory approach (경험 → 이론)>이다.

귀납법은

① 어떤 특수한 현상을 선정해 그 것의 모든 특성을 열거하며,
② 되도록 많은 다양한 상황에서 그 현상들의 특성들을 관찰, 측정하고,
③ 그 결과로 얻은 자료를 세심히 분석해 어떤 체계적, 규칙적 유형이 발생되는지를 결정하며,
④ 의미있는 유형들이 발견되면 이를 공식화하여 이론을 형성해 나가는 방법이다.

귀납적 추론의 결론은 특정한 조건이 갖춰져 있을 경우 과거의 경험에 비춰볼때, 특정한 사태가 발생할 것이 거의 확실시 된다든지 특정한 사태가 발생할 확률이 어느 정도가 된다는 식으로 미래에 일어날 사건에 대한 확률적 신념을 제공하는 의미를 지닌다. 예컨대 30년 이상 하루 한 갑 이상 담배를 피운 사람들을 표본 조사한 결과 80%가 폐암 진단을 받았다고 할 때 30년 이상 하루 한 갑 이상 흡연한 어떤 남자가 폐암에 걸릴 확률은 80%라고 예측하는 것이다. 또한 오랜 기상관측을 통해 현재의 기상상태로 보아 언제 어느 지역에 비가 올 확률이 얼마라는 식으로 일기예보를 하는 것도 귀납적 추론의 예가 된다. 귀납적 추론의 결론은 단지 과거의 되풀이된 유한한 수의 경험에 근거하여 내려지는 판단이며, 결론의 주장은 언제나 그

전제들에 주어진 내용을 넘어선다. 이 때문에 귀납적 추론에서의 결론은 참(truth)임을 보장받지 못하며 단지 결론이 참일 가능성이 높다는 것을 의미한다. 가능성이 높다는 것은 결론의 주장이 상당한 정도의 신뢰성(reliability)이 있다는 것을 뜻한다. 그러나 결론에 대한 신뢰가 아무리 높다하더라도 결론이 반드시 참이어야 한다는 의미를 지니지 못한다. 예컨대 어느 동물학자가 지구상에 존재하는 수많은 까마귀를 관찰한 결과 모두 검은 색이었다면, 그는 모든 까마귀를 검다고 믿을 것이다. 이 학자는 다음 언젠가 관찰될 까마귀도 검은색이라는 것을 거의 확실하다는 판단을 내릴 것이다. 그러나 이 판단은 그럴 가능성이 크다는 확신이지 검지 않은 까마귀가 존재하지 않는다는 것을 의미하는 것은 아니다. 귀납적 추론의 결론은 추론의 타당성(validity)이 참 또는 거짓(false)으로 표현되지 않는다는 것을 의미하며 결론을 거부해도 모순되지 않는다. 즉 반대의 가정이 가능한 추론이다.

참고로 수학적귀납법이란 어떤 명제 P(n)이 참임을 보일때 n=1일때 성립함을 보이고 n=k일때 성립을 가정한후 n=k+1가 성립함을 보임으로써 증명하는 방법이다(n=자연수). 예를 들면 1+2+3+ …+n = n(n+1)/2 즉 자연수의 합의 증명 같은 것이다.

21) 연역법

연역법은 귀납법의 반대로 일정한 이론적 전제를 수립해놓고 그에 따라 구체적, 경험적 근거를 수집하고 검증함으로써 다시 이론적 결론을 도출하는 방법, 다시 말해 일반적인(general)것으로부터 특수한(specific) 것을 추론해내는 방법이다. 즉 몇개의 명제가 옳다는 가정아래 다른 명제도 옳다는 것을 논리적으로 밝히는 방법이다. 바꿔 말하면 증거로 주어진 명제들의 의미에 근거해 판단을 내리는 추론방식이다. 한마디로 요약하면 <theory then research approach(이론 → 경험)>이다. 대표적인 3단 논법 <A=B, B=C 이면 A=C>가 연역법에 속한다.

연역법은

① 명백한 이론의 체계를 정립하고,
② 경험적 연구에 비춰볼 수 있는 종류의 진술들을 그 이론으로부터 도출하며,
③ 설정된 진술들이 경험적 연구결과와 적합한지를 검증하기위한 경험연구 과제를 설계하며,

④ 이론에서 도출한 진술들이 실제 연구결과와 맞지 않으면 연구설계를 수정하고 이론적 진술이 조사연구결과와 상응하면 이론화하는 방법이다.

연역적 추론이 증거 명제의 의미에 근거한다는 말을 달리 표현하면 주장이 이미 전제인 증거 문장 안에 의미상 함축돼 있다는 것을 뜻한다. 추론은 단지 전제의 내용에 함축적으로 포함돼있는 내용을 잘 분석해 내고, 명료히 드러나도록 끄집어내는 행위에 불과한 것이다. 이런 의미에서 연역법은 의미분석에 근거한다는 뜻으로 분석판단이라고 한다.

예를 들어 <홍길동은 학부형이다>라는 사실로부터 <그러므로 홍길동은 자식이 있다>라고 판단하는 경우 이 판단은 "학부형"이라는 말의 의미에 의해 정당화 된다.

마찬가지로 <그 여자는 처녀이다>에서 <그러므로 그 여자는 결혼하지 않았음에 틀림없다>라는 결론을 얻었다고 할때 이 결론은 "처녀"라는 말의 의미에 의해 정당화되고 있다. 결론의 주장은 전제의 의미에 의거하고 있다는 점에서 전제는 결론에 대해 충분한 논리적 이유가 된다. 그 때문에 타당한 연역 논증에서는 전제가 참이라면 결론은 필연적으로 참이 된다. 같은 이유로 전제가 참이면서 결론이 거짓이 된다면 모순이 된다. 결국 반대의 가정이 불가능한 논증이다. 다시 정리하면 연역논증은 타당하거나 타당하지 않을 수도 있다. 타당한 논증의 특성으로는 ① 연역적이다 ② 만일 전제들이 참이라면 결론이 거짓일 수 없다고 말할 수 있다.

22) 귀납법과 연역법의 장단점

귀납법은 사회과학의 이론적 작업에서는 어느 정도의 자료만 가지고도 상당수준의 일반화나 법칙을 도출할 수 있는 효율성면에서 유리하다는 장점이 있다. 그러나 어떤 현상의 속성을 측정하기 위한 변수나 그들 사이의 관계는 실제로 무한정 있을 수 있는데 그들 중의 어느 것을 의미 있다고 규정하고 선택할 수 있는가의 문제가 있다. 따라서 아무런 이론적 배경이나 틀 없이 순수한 귀납적 방법에 의한 이론개발에는 어려움이 있다. 한편 연역법은 이론적 체계 속에 여러 가지 공리와 인과적 진술들이 일관성 있게 배열돼 있으면 그중 어떤 부분이 경험적 검증을 거침으로써 나머지 부분은 실제 연구 없이 논리적으로 검증 가능하다는 장점이 있다. 즉 경제적이고 효율성이 있다. 그러나 최초 이론 자체를 만들어 내는 일이 어렵다. 다시 말해 처음부터 완벽한 체계를 형성하는 것이 어렵고 이론이 지나치게 일반적, 추상적일 경우 실제 세계에서 경험적 검증이 곤란하다는 단점이 있다.

23) 발견의 맥락(the context of discovery)과 타당화의 맥락(the context of validation)

사회과학이 방법론상 다른 과학과 구별될 수 있는가의 여부에 관한 논의는 타당화의 맥락(또는 정당화의 맥락:the context of justification)이라고 불리는 철학적 관심 영역에 속하는데, 이것은 발견의 맥락이라 불리는 경험적 연구관심과 대비된다. 과학철학자들은 발견의 논리(a logic of discovery)가 있다고 말하기는 어렵다고 생각해 그들의 논쟁은 타당화, 설명 또는 예측의 논리나 방법론을 둘러싸고 이뤄진다. 일반적으로 사회과학자들이 그들의 가설이나 이론을 어떻게 발견했던 간에 그것을 받아들일 수 있느냐 없느냐를 따지게 되면, 그것은 타당화의 맥락에서 검토하고 있는 것이다. 반면 발견의 맥락에 속하는 문제들은 과학자가 어떻게 해서 훌륭한 가설을 얻게 되었는가 라든지 유익한 가설구성을 장려하는 정치, 사회, 경제, 또는 심리적 조건이 무엇인가 하는 것들을 다루는 것이다. 이런 문제들은 과학철학자가 해답하는 것이 아니라 사회학, 심리학, 또는 과학사가 해명할 문제라는 것이다. Rudner는 사회과학이 방법론상 특수성을 갖고 있다는 주장은 기법과 방법을 혼동하는 데서 나올 뿐 아니라 바로 타당화의 맥락과 발견의 맥락을 혼동하는데서 나오는 것이라고 말하고 있다. 따라서 사회과학에서는 이론과 가설을 구성하기 어렵다거나, 어떤 사회현상은 관찰하거나 실험하기 어렵다거나 하는 예를 가지고 사회과학과 다른 과학의 방법론적 차이를 입증할 수 없다는 것이다. 과학적 이론의 구조(structure)와 이론의 구성(construction)간의 관련성에 관한 논의를 이해하려면 과학 활동의 결과로서의 산물과 과학 활동의 과정을 구별해야한다. 이론의 구조란 과학 활동의 결과로 얻어진 것을 말하며 이론의 구성이란 과학 활동의 과정에서의 가설정립, 관찰, 실험 등과 함께 이지는 것을 의미한다. 과학 활동의 결과인 개념과 이론적 언명(statement) 등에 관한 검토는 개념의 정의방식, 이론의 논리적 구조 및 설명방식 등에 관하여 그러한 방식의 근거라든가 검증 가능성 등을 검토하는 것이다. 이러한 논의가 바로 타당화의 맥락 속에서 이뤄지는 과학철학의 문제들이다. 과학 활동의 과정에서 이뤄지는 이론의 구성과 관찰, 실험 등은 과학자가 과학자로서 행하는 활동이며 발견의 맥락에 속한다. 이러한 활동은 과학자가 자기의 분야에서 전수돼온 방법에 따라 합당하다고 인정되는 방식으로 활동하고 있는 것이지 과학철학자가 설정해 놓은 논리를 재현시키려는 것은 아니다. 타당화와 발견이라는 두개의 맥락은 혼동되기 쉽고 그에 따라 많은 비판 특히 과학자와 과학철학자들 간에 많은 논쟁을 유발하고 있다. 그러나 두개 맥락간의 상호 비판 속에서 과학적 지식이 발전해 나가는 것이라고 해야 될 것이다.

24) 타당성(validity)과 신뢰성(reliability)

타당성(validity)이란 어떤 판단이 인식가치를 가짐을 일컫는 말이다. 타당성은 경험적 연구조사를 통해 인과관계를 얼마나 진실에 가깝게 추론하는가 하는 정도, 즉 추론절차의 올바름을 의미한다. 따라서 타당성은 추론을 구성하는 개개 명제의 진위(眞僞)와는 엄격히 구별되며 추론의 형식적 올바름을 뜻하는 개념이다.

더 자세히 말하면 전제가 모두 진실일 경우 결코 거짓이라는 결론을 가질 수 없다는 추론형식은 타당하다고 정의를 내린다. 따라서 타당한 추론이 거짓이 되는 결론을 갖는 경우도 있으며, 반대로 타당하지 않은 추론이 진실한 결론을 갖는 경우도 있어 타당성과 진위의 관계는 단순하지 않다. 즉 진실과 거짓의 확연한 구별이 없이 <진실 같은 것>의 정도가 문제되는 것 같은 인식의 영역에서는 타당성과 진위의 구별자체가 명확하지 않게 되며 두 개념은 상호 치환(置換)이 가능해진다.

특히 관념론적 입장에서 객관적 타당성(objective validity)라고 할 때 이는 개개의 심리적, 경험적 주관으로부터 독립된 것으로 생각되는 인식형식, 인식의 선천적 제약이 의식내용에 대하여 요구하는 타당성을 가리키는 말이다.

과학적 지식이 validity가 있다고 할 때 이는 개념과 대상이 일치됐는가를 따지게 된다. 즉 조사하고자 하는 대상이 정확히 선정됐을 때 validity가 있다고 말할 수 있다.

타당성은 추정된 원인과 그 결과 사이에 존재하는 인과적 추론의 정확성을 따지는 내적타당성(internal validity)과 실험을 통해 관찰한 결과를 여타의 경우에도 일반화할 수 있느냐를 따지는 외적타당성(external validity)으로 구분된다.

통계학적 측면에서 말하면 측정하고자 하는 내용(대상)을 바로 측정했는지를 검토하는 것이다. 예를 들면 총체적인 국력(國力)을 측정하면서 일반적으로 국력의 평가 기준이 되는 인구, 영토, 군사력, GNP(경제력), 문화력 가운데 GNP나 군사력의 크기를 빠뜨린 채 <어떤 나라의 국력이 강하다>는 결론을 내렸다면 이는 과학적 지식으로서 validity가 적다고 말할 수 있다.

또한 한국에서 초등학생의 수리적 능력을 알아보는 시험지를 만들었는데 그 시험지의 문항이 전부 한자나 영어로 구성돼 있다면 이는 실제 수리능력보다는 한문이나 영어실력에 의해 성적이 좌우될 소지가 있기 때문에 초등학생의 수리능력을 검증할 수 있는 방법으로는 적합하지 않다고 볼 수 있다. 이 경우도 넓은 의미에서 타당성이 없다고 말할 수 있다. 타당성이란 용어는 가끔 <타당도>란 용어와 혼용되기도 하지만 구분해 사용해야 한다.

한편 신뢰성 또는 신뢰도로 번역되고 있는 reliability는 체계의 안전성과 일관성을 표현하는 기술체계의 특징을 뜻한다. 즉 측정하고자 하는 현상을 일관성 있게 측정하는 능력으로 안전성(stability), 일관성(consistancy), 확실성(dependability), 예측가능성(predictability), 정확성(accuracy) 등으로 표현할 수 있는 것을 의미한다.

통계학적 측면에서 말하면 어떤 평가나 진단을 하고자하는 것을 바른 방법으로 측정했는지와 함께 그 결과가 우연에 의한 효과인지 실제 바르게 측정한 결과인지를 알아보고자 하는 것이다. 동일한 대상에 대한 관찰이 반복되었을 때 같은 결과가 나오는 경우는 높은 신뢰성(신뢰도)을 갖는다. 신뢰성은 평균적인 행동을 표현하고 있기 때문에 개별적인 사건들에 대한 무조건적인 가치척도는 결코 아니다. 신뢰성을 높이는 것은 오차(error)를 줄이는 것이다. 즉 신뢰성을 높이는 것은 오차나 고장의 확률을 낮추는 것이다.

과학적 지식의 조건은 validity와 reliability를 포함하고 있다. 여기서 타당성과 타당도, 신뢰도의 관계를 좀 더 구분하여 설명해 보자.

경험과학에서는 선정된 변수(변인)를 측정하고, 측정된 변수의 자료를 수집하고, 수집된 자료를 분석하여 어떤 결론을 얻는다. 이때 변수의 <측정방법>은 타당도 문제이고, 측정된 변수에 대해 <수집된 자료>는 타당성(이때는 validity와 구분해 validation) 문제이며, 수집된 자료를 분석해 얻은 <결론>은 신뢰도 문제이다.

예를 들면 키를 잴 때 자를 사용하느냐 저울을 사용하느냐 하는 것은 키라는 변수의 측정방법에 해당되는데 키는 자로 재어야 한다는 것이 타당도 문제이다. 그러나 만약 그 자가 정확하지 않고 기후(온도)에 따라 늘어나거나 줄어든다면 그 자로 측정된 키에 대한 자료는 타당성이 없고, 타당성이 없는 그 자료를 분석해 얻어진 결론은 신뢰도가 없다.

즉, 의사가 건강진단을 하면서 A라는 어떤 사람의 키를 재기위해 자(尺)대신 저울을 사용했다면 이때는 타당도의 문제가 발생한다. 설사 자를 사용했더라도 첫 번째 측정했을 때는 160㎝이고 두 번째 측정했을 때는 165㎝가 나왔다면 여기에서 얻어진 자료는 타당성이 없고 따라서 이같은 자료를 분석해 얻어진 결론은 신뢰성 낮다고 말할 수 있다.

또한 똑같은 저울로 돌의 무게를 측정하는데 A라는 사람이 측정할 때 30㎏이었으나 B라는 사람이 측정했을 때는 35㎏이 나왔다면 이때도 타당성과 신뢰도 문제가 발생하게 되는 것이다.

이렇게 보면 타당도란 <관찰하려고 하는 것에 대해 적절한 자를 사용하고 있는가>의 문제이다. 이를 다른 말로 바꾸면 측정도구의 타당성(validation of measuring instrument)이다. 즉 측정방법의 타당도와 측정결과의 타당성이 확보될 때 신뢰도가 보장된다는 뜻이다.

그러나 신뢰성이란 말은 위에서 언급한 의미 외에도 <반복되는 측정에서 동일한 결과를 얻는 정도>를 뜻하기도 한다. 이는 어떤 현상을 측정할 때 사용하는 <척도> 그 자체가 얼마나 믿을만한 것인가 하는 문제다. 예컨대 키를 재는데 사용된 자가 첫 번째 잴 때(160㎝)와 두 번째 잴 때(165㎝) 결과가 서로 다르게 나타난다면 이 때의 자는 측정도구로서 믿을만한 것이 못된다고 얘기할 수 있다. 즉 이 때의 자는 신뢰성이 없다고 말할 수 있다는 것이다.

측정에서 신뢰도와 타당도를 동시에 확보한다는 것은 매우 중요한 문제이다. 타당도와 신뢰도는 상호간에 매우 밀접하게 연결된 것처럼 보이지만 실은 별개의 문제다. 즉 신뢰도가 매우 높은 척도라도 타당도가 낮을 수가 있으며 반면에 타당도는 높으면서 신뢰도는 상당히 떨어지는 경우도 있다. 양자의 관계를 다음과 같이 정리할 수 있다.

첫째, 타당성이 있는 측정은 항상 신뢰성이 있다.
둘째, 타당성이 없는 측정은 신뢰도가 있을 수도 있고 없을 수도 있다.
셋째, 신뢰성이 있는 측정은 타당도가 있을 수도 있고 없을 수도 있다.
넷째, 신뢰성이 없는 측정은 타당도가 없다.

25) 논문 구성상의 오류(fallacy)

논문 구성상의 오류(fallacy)에는 ① 발생론적 오류(genetic fallacy), ② 구성의 오류(fallacy of composition)와 생태적 오류(ecological fallacy), ③ 연역적 오류(deductive fallacy)와 귀납적 오류(inductive fallacy), ④ 결합의 오류(fallacy of composition)와 분해의 오류(fallacy of division), ⑤ 인과적 오류(causal fallacy), ⑥ 특수오류(particularistic fallacy) 등이 있다. 이들을 구체적으로 설명하면 다음과 같다.

(1) 발생론적 오류

어떤 이론이 참이냐 거짓이냐를 그 이론의 증거에 근거하지 않고 그 이론과 관련돼 있는 출처에 기초하여 판단하는 것이다. 그 예를 제시하면 다음과 같다.

<예> 독일의 나치가 아인슈타인이 유태인이라는 이유 때문에 그의 상대성이론을 거짓으로 판단하면 이 판단은 발생론적 오류이다.

(2) 구성의 오류

구성의 오류란 개인 또는 부분에 맞는 일이 반드시 집단이나 전체에 맞지 않는 현상을 말함. 즉 부분이나 원소의 성질을 전체의 속성으로 보는 오류를 말한다. 따로 따로 고찰해야 할 것을 일괄적으로 다룰 때 일어나는 오류이다. 그 예를 제시하면 다음과 같다.

<예 1> 노무현 대통령의 코드 인사

코드인사는 노무현 대통령 개인에게는 도움이 될지 모르나 국가 전체로는 큰 폐해를 가져올 수도 있다는 것이다. 특히 국가의 최고지도자가 주어진 환경에서 사용 가능한 인적, 물적 자원을 총동원하여 국가목표와 국가이익을 실현하는 방책을 전략이라고 정의할 때 코드인사는 국가 가용자원의 활용 면에서도 중대한 문제를 내포하고 있다.

<예 2> 한 산업의 생산물 가격상승은 그 기업에 이익이 된다. 따라서 모든 생산물의 가격상승은 모든 기업에 이익이 된다. → 모든 생산물의 가격이 상승

하면 생산요소 가격이 올라 기업이윤이 별로 늘어나지 않는다.

<예 3> 서울시 오케스트라 구성원

서울시 오케스트라 구성원은 모두 1급 연주가들이므로, 이 오케스트라는 최고다. → 오케스트라 구성원이 모두 1급 연주가들이라 해서 그 오케스트라가 최고라고 할 수는 없다. 오케스트라는 구성원 개개인의 기량도 중요하지만 그보다는 구성원들 간의 호흡이 더 중요하다.

<예 4> 자신의 입장에서 보면 분명히 옳다고 생각한 행동이 구성원 전체의 입장에서 보면 옳지 않은 경우를 생활 주변에서 자주 목격할 수 있다. 가령 교통이 매우 혼잡한 네거리에서 신호를 기다리고 있던 어떤 차량이 <긴급한 용무(예: 집에 무장 강도가 들어 노모를 해칠려 하고 있다는 이웃의 보고를 받고 급히 집으로 갈 경우)>가 있다고 해서 신호를 무시하고 질주할 경우 그 같은 행동은 본인 개인의 입장에서는 옳다고 판단될지 모른다. 그러나 신호대기중인 모든 사람이 그 같은 생각을 똑같이 갖고 있다면 이것은 도로교통법위반 이전에 차량들로 뒤엉켜 오히려 시간만 훨씬 많이 소비하는 결과를 초래하고 말 것이다.

<예 5> 경제학에서 개인이나 기업행위를 연구하는 분야인 미시경제학의 원리를 국민경제 전체의 흐름에 초점을 두고 연구하는 거시경제학에 그대로 적용할 수없는 경우가 많다.

이밖에 구성의 오류가 나타나는 예는 우리생활 주변에 많다(예: 과시소비, 농산물 파동, 경기장 관중 등)

(3) 생태적 오류

집단이나 다른 집합적인 대상을 관찰한 결과를 개인에게 적용할 때 나타나는 오류를 말함. 즉 개인의 합과 조직은 서로 다르기 때문에 발생하는 연구결과 해석상의 오류를 뜻한다. 집단차원의 패턴은 집단구성원의 행동패턴과 일치하지 않을 수도 있기 때문이다.

집단적 차원에서 수집된 자료는 집단의 특성을 나타내지 그 집단을 구성하고 있는 개인들 하나하나에 관한 특성은 아니다.

우리가 둘 이상의 <변인>들 간의 관계를 논할 때 <상관관계>라는 말을 사용하는데 이같이 집단적 차원에서 수집된 자료들 간의 상관관계를 생태학적 상관관계(ecological correlation)라고 한다.

예컨대 미국 어느 지역에서 흑인의 비율과 문맹의 비율간의 상관관계가 0.946이라고 하자. 그러나 그 지역 각 개인을 분석 분석단위로 하여 인종과 문맹간의 상관관계를 0.203이라고 한다면 이 차이는 곧 한 지역에 흑인이 많을수록 문맹률이 높다는 숨어있는 <사실>로 하여 생태학적 상관관계가 과장되게 나타난 결과이다. 우리는 이때 이것을 생태학적 오류라고 한다. 이 때문에 생태학적 상관관계는 개인들간의 상관관계에 대응하는 것으로 해석해서는 안된다. 다시 말하면 집단을 바탕으로 한 자료에서 밝혀진 상관관계를 그 집단을 구성하고 있는 개인들 간의 상관관계로 해석하면 그것은 생태학적 오류이다. 그 예를 제시하면 다음과 같다.

<예 1> 프랑스 사회학자 Emil Durkheim은 자살을 유발하는 사회적 조건에 흥미를 갖고 조사한 결과 프로테스탄트 지역의 자살률이 가톨릭지역 보다 높다는 것을 발견했다. 그렇다면 기독교신자들이 가톨릭신자들보다 더 자살을 할 확률이 높다고 할 수 있을까? → 그러나 가톨릭신자가 프로테스탄트 국가에서 박해를 받아 자살했을 수도 있기 때문에 프로테스탄트 국가에서 자살률이 가톨릭국가에서 보다 더 높을 수 있다. 이러한 생태적 오류의 가능성을 Durkheim은 결론을 엄격한 이론적 연역적 방법에 의해 유도해 이론과 사실이 부합 되도록 하고 반복적인 검증을 통해 극복할 것을 제의했다. 실제 Durkheim은 자살은 아노미의 결과, 즉 사회적 불안정성과 파괴가 자살을 높인다는 결론을 내렸다(theory of anomic suicide).

<예 2> 지역 간의 불균형을 감소시키는 것이 개인들 간의 불균형도 감소시킨다. → 반드시 그렇다고 볼 수 없다. 가난한 지역을 급속히 성장시키는 정책들은 실제로 그 지역 내의 소득의 불균형을 심화시킨다는 연구결과들도 더러 있다. 이는 한 지역의 평균적인 상태를 그 지역 내의 모든 개인에게 적용함으로써 오류를 범하게 된다는 것이다.

<예 3> 자료 수집 시 그 단위가 집단일 수도 있고, 그 집단을 구성하는 하위집단일 수도 있고, 그보다 작은 단위인 개인일 수도 있다. 우리나라의 경우 가장 큰 행정구역이 특별시, 직할시, 도로 돼 있는데 이 수준의 지역단위를 기준으로 분석을 해서 얻어진 결과를 군 또는 면단위를 기준으로 한 현상에 자동적으로 적용시키려 할 때 오류가 발생할 수 있다. 군 또는 면 등 하위집단을 단위로 해서 얻어진 결과도 대도시 및 도 등 상위집단을 단위로 해서 얻어진 결과와 다를 수 있는 것이다. 이처럼 자료의 단위 또는 수준이 다른데도 불구하고 한쪽 단위의 자료를 가지고 다른 쪽 단위의 사항을 설명하려 할 때 오류가 나타날 수 있다.

가령 가구소득이 높은 집안의 학생들의 대학진학률이 반드시 높다고 할 때 생태적 오류를 범할 수 있다. 왜냐하면 분석단위를 고등학교별로 하느냐 아니면 학생개인으로 하느냐에 따라 결과는 달라 질 수 있기 때문이다.

(4) 결합의 오류

따로 따로 고찰해야 할 것을 일괄적으로 다룸으로써 일어나는 오류이다. <집합개념>과 <일반개념>의 혼동에서 오는 오류이다. 예컨대 <2 와 3은 짝수와 홀수이다>라고 하면 이것은 결합의 오류이다. 이때는 <2는 짝수이고 3은 홀수이다>로 해야 한다. <2와 3은 5이다>의 경우 처음에 개별적으로 <의미>로 쓴 말이 뒤에는 집합적인 의미로 쓰기 때문에 결합의 오류를 범하고 있다. <2와 3의 합은 5이다>로 해야 한다.

또한 <중국에서 지진이 일어나 1명이 죽고 1천명이 부상했다>는 외신보도를 접한 한국 기자가 <긴급 스파트 뉴스 제목>을 작성한다고 할 때 이를 <1명 사망, 1천명 부상>으로 하지 않고 <1천 1명 사상(死傷)>으로 표현하는 것도 넓은 의미에서 결합의 오류에 속한다고 할 것이다. 왜냐하면 사망자는 1명 뿐인데 사상자 1천1명으로 하면 사망자가 많은 것으로 독자나 시청자에게는 인식될 수 있기 때문이다.

(5) 분해의 오류

결합의 오류와 반대로 본래 결합된 상태로 고찰해야 할 것을 분리해 다룸으로써 일어나는 오류를 분해의 오류라고 한다. 분해의 오류에서도 역시 집합개념과 일반

개념의 오류가 생긴다. 예컨대 <3과 5의 합은 4와 4의 합과 같다. 그러나 3이나 5는 4가 아니다> 또는 <8은 3과 5로 이루어진 짝수이므로, 3이나 5는 짝수다> 등이 분해의 오류이다.

(6) 귀납적 오류

사회과학적 명제나 이론에 대해 귀납적 논법으로 어떤 결론을 도출하면, 그 결론은 어떠한 오류를 내포할 수 있는데 그 내용과 예를 제시하면 다음과 같다.

① 원인의 복합(plurality of causes):동일한 결과가 상이한 여러 원인에 의해 발생하는 경우를 말함. 이러한 경우 여러 원인 가운데 어느 하나라도 허위가 있으면 이들로부터 도출된 결론에는 귀납적 오류가 포함되게 됨.

② 원인의 결합(combination of causes): 여러 원인이 서로 어울려서 하나의 결과를 가져오는 것. 이 경우 결론을 어느 하나의 원인으로 돌려 버리면 그것은 귀납적 오류가 됨.

③ 결과의 공존(coexistence of effects): 시간적 간격을 두고 두 현상이 잇달아 일어나지만 그 원인은 각기 달라서 두 현상 간에 인과관계가 없는 것을 결과의 공존이라고 함. 이 경우 잇달아 일어나는 데만 주력한 나머지 시간적 전후관계를 바로 인과관계로 보면 이것도 귀납적 오류임.

④ 원인과 결과의 혼동(confusing cause and effect): 원인을 결과로 생각하고 인과관계를 거꾸로 정립하는 경우.

<예> <실업이 증가함에 따라 범죄가 증가한다>는 명제가 참이라고 할 때 실업의 증가가 원인이고, 범죄의 증가가 결과인데 <범죄가 증가함에 따라 실업이 증가한다>고 명제를 세우면 원인과 결과가 혼동하게 됨.

(7) 연역적 오류

사회과학적 명제나 이론은 확률에 기초하고 있기 때문에 연역적 논법으로 어떤 결론을 도출하면 그 결론은 항상 오류를 내포하게 된다. 그 예를 제시하면 다음과 같다.

<예> 미국은 중국보다 부유하다(대전제)
월리엄은 미국인이고 李錫東은 중국인이다(소전제)
그러므로 월리엄은 李錫東보다 부유하다(결론)

※ 여기서 대전제는 통계적, 확률적으로 참이지만 미국인 개개인 모두가 중국인 개개인 모두보다 부유하다는 것은 아니다.

(8) 인과적 오류(causal sequency)

인과적 오류는 변수(variable)와 인과관계를 잘못 설정함으로써 일어나는 오류로, 그 예를 제시하면 다음과 같다.

<예> 만약 임신부가 충격을 받으면 배 속에 있는 아기도 충격을 받을 것이다(대전제)
갑순이는 임신 중에 산속에서 호랑이를 보고 충격을 받았다(소전제)
배 속에 있는 갑순이의 아기도 충격을 받았을 것이다(결론)

<예> 한강에서 시체 하나를 건졌다
사망원인을 알아보기 위해 허파와 위에 들어있는 내용물을 검사했다
검사결과 사망원인은 익사가 아니라 독극물이었다.

※ 여기서 대전제가 타당하지 않으면 결론은 허위가 된다.

(9) 특수오류

불충분하고 불완전하며, 무관한 자료에 기초하여 결론을 도출할 때 특수오류라고 한다. 예컨대 몇 명의 일본사람과 사귄 경험에 기초하여 "일본사람들은 간사하다"고 결론을 내리면 이는 특수오류이다.

2장 실증연구 논문작성의 이론과 방법

본 교재에서 제시하고자 하는 실증연구 논문 작성의 이론과 방법에 대해서는 서옥식 교수가 2006년 경기대학교 정치전문대학원에서 석-박사과정 학생들에게 논문작성을 지도하면서 참고자료로 작성하여 활용한 내용을 바탕으로 구성하였다.

1. 논문의 기초

1) 논문의 개념

논문이란 어떤 문제에 대한 자신의 주장을 합리적인 방법을 통해 입증하고자 하는 일정량의 글의 집합이라고 정의할 수 있다. 상술하면, 논문이란

① 어떠한 주제에 관하여 조사, 연구한 결과로 얻어진 여러 가지 사실과
② 그 사실에 대한 연구자 자신의 비판이나 평가를 종합한 것(synthesis)을
③ 일정한 양식에 따라 방증(傍證, supporting evidence)을 갖추어 적절한 체제에 맞추어 제시한 글의 집합을 말한다.

즉, 논문이란 연구논문이든 학위논문이든 어떤 문제에 대한 자신의 주장을 논리적인 방법을 통해 입증하려는 일정량의 체계적인 글의 집합이라 할 수 있다. 따라서 좋은 논문이란 논리성(logicality)과 독창성(creativity)이 뛰어나고 훌륭한 내용에 훌

륭한 글솜씨(good writing skill)가 가미될 때 생산될 수 있다.

본 교재의 목표는 주제의 선정에서 집필에 이르기 까지 학위논문 작성 전반에 걸친 이론 및 실무능력 학습을 통해 학생들에게 논문쓰기에 대한 자신감을 심어주고 좋은 논문이 나올 수 있도록 지도하는 데 있다.

※ good dissertation = logicality + creativity + good contents + good writing skill

2) 논문의 10대 기본요건

좋은 논문을 작성하게 위한 반드시 고려해야 할 기본요건들은 다음과 같다.

① 독창성(originality, creativity)
② 객관성(objectivity)
③ 정확성(accuracy)
④ 검증가능성(verifiability)
⑤ 공평성(impartiality, 특정학설 편향금지)
⑥ 타당성(validity, 관찰방법 등의 타당)
⑦ 치밀성(diversity, 자료의 풍부 및 다양성)
⑧ 윤리성(ethics, 표절금지, 타인 논문 인용시 출처 명기 등)
⑨ 용이성(readability, 가독성, 쉬운 문장)
⑩ 유용성(utility, 효용성)

3) 학위논문과 연구논문의 차이점

학위논문은 학문상의 업적을 상징하는 기념비적인 것이기보다는, 전문 연구자로서의 자격, 즉 학자적 소양과 능력, 자질을 인정받기 위한 하나의 요건인 만큼

① 완벽한 방증과
② 다루고 있는 주제에 대한 선행연구의 고찰
③ 충분한 자료의 제시

등에 대해 온갖 정성과 노력을 기울여야 한다.

또한, 연구논문의 종류는 그 논문의 작성 목적, 내용, 형태, 성격, 의미에 따라 각기 여러 가지로 분류될 수 있는데, 개략적인 내용은 다음과 같다.

- paper

paper란 논문이란 용어를 일반화 한 것이라고 볼 수 있고, 대학이나 대학원과정에서 담당 교수가 부과한 과제물들을 말한다. term paper, research paper 등 그 종류도 다양하고, 요구되는 수준에 있어서도 많은 차이가 있을 수 있다.

- report

report는 엄격한 의미에서 논문과 구별된다. 리포트는 사실, 사건, 현상 등에 관한 글로서, 여러 방식들, 예를 들면, 관찰, 견학, 답사, 채집, 실험, 분석 등을 통하여 얻은 결과를 정확하게 정리하여 제출하는 연구보고서이다. 리포트는 정확한 내용을 생명으로 하는데, 물론 리포트에도 리포터의 주관적 견해나 주장 등을 삽입하게 되는데, 이렇게 되면 논문의 성격을 띠게 된다. 리포트 작성은 논문을 쓰는 기초적 훈련이다.

- treatise

특정 논제를 매우 체계적으로 다룬 논문(systematic exposition)이다.

- essay

한 논제에 관한 일반적이고 포괄적인 의미의 논문이며, treatise 보다는 덜 체계적이다.

- article

신문이나 잡지 또는 논문집에 실리는 비교적 간단한 논문을 말한다. 대체로 상황, 계절, 환경 및 시사성에 관한 내용을 담고 있다.

- monograph

특정 분야의 문제나 한 사항에 관한 전공 논문이다. 주제가 매우 전문적이고 제한적인 것이 특징이다.

- review

review(평론)는 특정한 주제나 와 관련된 최근의 논문이나 저서를 소개하고 비평하는 것을 말한다. 그러므로 review를 잘 이용하면 논문에 대한 방향 설정과 자료수집에 도움이 된다. review를 보통 서평이라고도 하며, 보통 전문지나 학술지 후반부에 실린다.

- research paper

research paper(연구논문)는 전문 분야의 연구결과를 발표하는 논문이다. research paper는 탐구 대상에 따라 자연과학, 사회과학, 정신과학으로, 탐구방법에 따라 귀납적 방법, 분석적 방법, 연역적 방법으로 분류된다.

- thesis

thesis는 일반적으로 미국에서 석사학위논문을 말한다. 석사학위논문은 대학원 교육의 결산이다. 석사학위논문은 전공 분야에 공헌하기 위한 목적에서 연구된 논문이라기보다는 오히려 전공분야에 데뷔하기 위한 목적에서 연구된 논문이라고 보면 더 맞을 것 같다. 그러므로 석사학위논문은 학술적 가치가 높이 평가된다 해도 전문 학술지에 게재되는 연구논문과 달리 연구자의 연구능력 표시를 그 기능의 하나로 삼는다. 그렇기 때문에 석사학위논문에는 완전한 방중, 연구사적 고찰, 충분한 자료의 제시 등 학문적인 노력과 장상이 담겨져 있어야 한다. 논문원고는 대학원에서 지정하는 분량을 넘지 않아야 한다.

- dissertation

dissertation은 일반적으로 미국에서 박사학위논문이라고 말한다. dissertation은 어떤 주제에 관한 체계적인 논의를 그 기능으로 하는 것으로서 주제의 범위가 대체로 thesis보다 넓고 큰 것이 특징이다.

- habilitation

habilitation은 교수자격 취득을 원하는 학자들에게 독일, 오스트리아, 스위스 등에서 요구하는 교수자격논문을 말한다. habilitation 청원자는 해당 분야의 박사학위 소지자로서 일정한 규정에 해당하는 자격을 갖고 있어야 하며, 전공심사 위원회의 엄격한 자격심사를 거쳐 habilitation 후자로 결정된다. habilitation을 성공적으로 마치면 독자적인 학문체계를 구축한 대가로서 뿐만 아니라 해당분야의 전문가로서 인정된다. 이들은 평생동안 교수 자격 소지자로 존경 받으며 교수 석좌에 오르면 Professor 칭호가 부여된다.

4) 사회과학 논문의 목적

사회과학 논문의 목적은 자연현상이든 사회현상이든 모든 현상을 설명하는 이론을 제시하는 것이라고 말할 수 있다. 여기서, 과학은 현상을 연구대상으로 하여 이론을 도출하는 것이지, 결코 가치관이나 철학을 연구대상으로 하는 것이 아니다. 즉, 존재(Sein: what is)에 관심을 두는 것이지 당위(Sollen: what should be)는 대상이 아니라는 의미이다.

그러나 사회과학에서 가치문제에 대한 논쟁은 계속되어 왔다. 과학은 주관적 가치판단의 문제를 거의 배제하고 오직 객관적 사실을 근거로 문제해결을 위한 방법을 적용하고 있다. 특히 사회과학에서 가치가 중요시되는 이유는 가치 자체가 사회과학 연구의 주요대상이며 과학자에 내재된 가치가 연구의 객관성을 침해하는 주요 요인이 되기 때문이다.

따라서 ▲ 사회과학이 과학이 되려면 일체의 주관적 요소는 측정이 불가능하므로 처음부터 연구대상에서 가치가 배제돼야 한다는 입장(가치배제론), ▲사회과학의 주요 임무로 단순한 예견뿐만 아니라 처방도 포함하므로 가치를 배세한 처방은 불가능하다는 입장(가치포함론), ▲사회현상은 자연현상과 달리 주관적인 요소가 존재하므로 이를 인식의 대상에서 제외시킬 수 없고 다만 해석에 있어서 규범성에 입각한 처방과 같이 주관성이 개재돼서는 안 된다는 입장(가치중립화론) 등으로 논란이 되어왔다. 그러나 자연과학에서의 연구자의 태도가 가치중립적이라면 사회과학에서의 연구자의 태도는 자료수집단계를 제외하고 가설설정, 연구결과의 해석 및 평가, 적용 등에서 가치판단을 배제하기 힘들다.

요약하면, 사회과학 연구에서 과학이라는 의미는 다음과 같이 정의할 수 있다.

- 과학은 규칙성을 알리는 데 그 목적이 있다(이 때의 규칙성이란 확률적인 규칙성, 발생의 개연성이 높은 규칙성을 의미하는 것이지 약간의 예외조차 인정치 않는 절대적인 규칙성을 의미하는 것이 아님).

- 과학은 변수들 간의 관계를 기술하고 설명하려는데 그 목적이 있다.
- 과학은 이론을 바탕으로 현상을 예측(prediction)하는 데 그 목적 있다 (예측상이 크면 이론의 가치가 높음).

5) 사회과학 논문의 특징

사회과학의 논문의 특징은 다음과 같다.

- 논리적이다.
- 결정론적(deterministic)이다.
  과학에서의 모든 현상은 어떤 앞선 원인에 의해 발생하며 논리적으로 원인과 결과관계로 이해될 수 있어야 함을 가정한다. 이와 함께 확률적 결정론을 포함한다.
- 과학적 연구는 일반적인(general) 것을 추구한다.
  과학이 개별적인 현상을 하나씩 설명하기 보다는 그것들에 대한 일반적인 이해를 추구한다.
  ex. 빨간공이 땅에 떨어진다. → 색깔에 관계없이 공은 땅에 떨어진다.
- 과학연구는 간결(parsimonious)한 것을 추구한다.
- 과학연구는 구체적(specific)이어야 한다.
- 과학연구는 경험적으로 검증 가능해야 한다(empirically verifiable).
- 과학연구는 연구과정이 같으면 같은 결론(간주관성, inter-subjectivity)을 얻어야 한다.
- 과학연구는 수정가능(open to modification)해야 한다.

6) 논문 작성 절차

논문의 작성 과정은 일반적으로 다음과 같다.

① 논제(주제)선정
② 계획서 작성
③ 선행연구를 포함한 자료의 검색, 수집, 정리, 분석 및 평가

④ 필요할 경우 설문의 구성 및 통계의 활용
⑤ 목차설정(장·절 편성) 등 논문의 구성
⑥ 집필
⑦ 마무리작업

7) 논제(논문주제) 설정요건

논문을 구상하고자 할 때, 논문주제인 논제의 설정 요건은 다음과 같다.

① 흥미와 관심(interest)
② 구체성(concreteness)
③ 독창성(originality)내지 참신성(novelty)
④ 실천가능성(possibility)
⑤ 결론 도출가능성(conclusion)

※ Paul J. Meyer의 이론에 의한 논문주제 설정요건 → SMART

① Specific(구체적일 것)
② Measurable(측정가능할 것)
③ Attainable(목표달성(집필)이 가능할 것)
④ Realistic(실현가능할 것)
⑤ tangible(유형적일 것)

8) 기타 논제선정과 관련되는 사항

위에서 제시한 논제 설정 요건에 추가하여, 그 밖에 논제 선정과 관련한 고려 사항으로는 다음과 같은 사항들을 살펴 볼 필요가 있다.

① 영향성(influence) - 해당 논문으로 어떠한 방식으로든 영향을 받게 될 사람들의 크기(수효)를 의미
② 적시성 또는 시의성(timeliness, timing) - 어떤 중대한 이슈가 있을 때 이와 크

게 관련되거나 유사한 또는 비교되는 사안이 발생 또는 발견됐을 경우

③ 시사성(current affaires, events) - 공중의 관심이 집중되는 이슈(ex: 북핵문제, 한미동맹문제 등) 오랜 시일이 지난 사안이나 이슈보다는 가장 최근에 발생한 사안이나 이슈가 시사성이 높다.

④ 저명성(famousness) 똑같은 사안이라도 저명인사와 관련된 것이 그렇지 않은 것보다 논문 소재로서 조명을 받을 수 있다.

⑤ 갈등성(conflict) - 조화보다는 갈등지향적인 사안이 논문의 소재로서 주목을 받는다.

⑥ 근접성(nearing) -가까운 곳에서 발생한 사안을 논제로 하여 논문을 쓸 때는 먼 곳에서 발생한 사안을 논제로 논문을 쓸 때 보다 주목을 받는다.

9) 논제 선정방법

논제 선정 방법으로는 크게 다음의 세 가지 방법이 존재한다.

① 일상적인 경험(문제의식 또는 비판의식)
- 이것은 왜 이렇게 되어졌는가 / 되어져야만 하는가?
- 어떻게 해야 이 문제를 잘 해결할 수 있을까?
- 만약 …라면, …는 어떻게 될 것인가?
- 이 정책으로 인해 누가 이익을 얻을 것인가?

② 기존문헌(논문 및 저널)을 고찰하는 방법
- 논문 후미에서 제시하고 있는 앞으로의 연구를 위한 제언 참조
- 특정분야에 대한 연구들 간의 불일치 발견
- 연구가 이루어지지 않은 영역의 발견
- 선행연구의 방법론상의 잘못을 발견

③ 기존의 이론이나 개념적 틀을 이용하는 방법
- 기존의 일반화된 이론을 특정상황에 적용 가능한 지의 여부 검증 필요 (지식은 부단한 오류의 수정에서 얻어짐)

10) 논제선정 요령

논제는 다음 사항들을 고려하여 선정하는 것이 바람직하다.

① 연구자가 흥미와 관심을 갖는 주제를 선정하라.
② 경험이 있거나 사전 지식이 있는 주제를 선정하라.
③ 연구를 뒷받침 해 줄 이론적 배경이 있고, 자료수집이 가능한 주제를 선정하라.
④ 너무 광범위한 주제를 선정하지 말라. 범위가 좁을수록 논문을 작성하기 쉽고 기반이 튼튼하여 독창성(참신성)에 대한 시비가 적다.
⑤ 격렬한 논쟁의 불씨를 안고 있는 문제는 주제로서 적합하지 못하다. 복잡한 배경이나 이해관계가 얽히고 양론이 감정적으로 대립돼 있는 문제는 시비를 가리거나 결론의 도출이 어렵기 때문이다.
⑥ 너무 완벽한 주제를 추구하지 말라.
⑦ 교수, 선배, 동료들과 논의하라.
⑧ 철저한 평가를 한 뒤 선택여부를 결정하라.

11) 논문작성계획서의 주요 구성요소

논문작성을 위한 주요 구성요소는 다음과 같다.

① 연구주제명
② 연구의 필요성
③ 연구목적
④ 연구의 의의(기여도)
⑤ 이론적 배경
⑥ 가설의 설정
⑦ 연구방법
⑧ 기대되는 결과
⑨ 참고문헌
⑩ 부록 : 논문의 목차로 정리한 연구의 개요와 연구에 활용할 각종 도구 및 기초 자료를 제시한다.

12) 어떤 성격(접근법)의 논문을 쓸 것인가?

논문 작성을 위한 접근법으로 논문의 성격에 따라서 크게 규범적 접근법, 사실규명적 접근법, 그리고 처방적 접근법의 3가지로 나눌 수 있다.

① 규범적 접근(normative approach) - 가치판단의 문제(problems of value)

- 바람직하다고 믿는 기준(예를 들면 선, 정의, 합리성 등)에 따라 사회현상이나 질서를 바라보는 방법: 주로 평가연구
- 규범적 이론발전에 관한 연구는 독창성을 인정하기 어려우며(객관적 평가기준 인정곤란), 다만 기존 이론을 현상과 대비하는 것은 가능함

② 사실 규명적 접근(fact-finding approach) - 사실확인의 문제(problems of fact), 기술적 접근(descriptive approach)이라고도 함

- 사회 현상이나 질서를 '있는 그대로', 경험의 세계 또는 사실의 세계로 이해하려는 방법
- 기존 이론의 소개와 함께 그 일부를 변경 또는 발전시킬 수 있다. (이론연구).
- 경험적 이론과 사실을 대비하는 연구를 할 수 있다.(사실검증).
- 경험적 주요사실의 발견에 관한 연구를 할 수 있다. (실태조사 / 사례연구)

③ 처방적 접근(prescriptive approach) - 기술에 관한 문제(technical problems), 원하는 목적달성을 위한 수단과 관계가 있는 만큼 수단에 관한 문제(problems of means)라고도 함

- 실천지향적 접근(실무 / 기술)
- 정책의 개발 수정이나 행정관리개선 에 관한 연구 등을 예로 들 수 있다.

※ 사실확인의 문제라면 확인된 사실이, 가치판단에 관한 문제라면 판단된 가치가, 그리고 수단에 관한 문제라면 그 수단이 집약적으로 밝혀지는 부분이 논문에 있어서의 결론이다.

13) 논문 작성계획서에 포함시켜야 할 내용

논문작성 계획서에 포함시켜야 할 내용은 다음과 같다.

① 연구 주제
② 연구의 필요성(배경)과 목적
③ 연구대상과 범위
④ 연구의 방법(자료수집방법 및 분석틀 포함)
⑤ 선행연구의 검토
⑥ 이론적 배경
⑦ 가설의 설정
⑧ 잠정적 목차
⑨ 예상되는 연구의 결과와 기대효과(정책적 시사점)
⑩ 참고문헌 요약(및 설문지)

2. 논문의 구성

1) 논문집필 순서

논문 집필 순서는 크게 다음과 같이 3단계로 진행된다.

① 서론
② 본론
③ 결론 및 기타
(인용과 인증, 참고문헌. 국문요약, 영문초록, 목차, 약어표 만들기)

2) 문장 내용 전개의 원칙

논문 작성 시 문장 내용들의 전개는 다음의 원칙들을 명심하면서 기술해 나간다.

① 분명하게 표현

② 간결하게 표현
③ 정확하게 표현
④ 객관적으로 표현
⑤ 긍정적인 문장으로 표현(예: 일찍 오지 않았다 → 늦게 왔다)
⑥ 한 문장 내에서 능동형과 피동형의 혼용 가급적 지양
⑦ 구어체보다는 문어체 사용

※ 문장작성의 기본원칙 → 3C
Clear(분명하고) Concise(간결하며) Correct(정확해야)

3) 논문의 구성은 어떻게 하는가?

논문의 구성은 크게 목차, 서론, 본론, 결론, 참고문헌으로 이루어지고, 특히 목차는 논문의 뼈대이며 틀이기 때문에 주위 깊게 구성하여야 한다.

(1) 구성

① 목차 (Contents)
② 서론 (Introduction)
③ 본론 (Main body)
④ 결론 (Conclusion)
⑤ 참고문헌 (Bibliography)

(2) 목차 : 논문의 뼈대이며 틀이다.

예) Ⅰ
1.
(1)
(가)
①
②

(나)

(2)

2.

Ⅱ

※ 주의: 논문에서 같은 면에 두개의 장(Chapter)이 함께 들어갈 수 없다. 즉 하나의 Chapter가 끝나면 새로이 시작하는 Chapter는 반드시 다음 장에 쓰도록 해야 한다.(여기서 Chapter란 위의 Ⅰ,Ⅱ, Ⅲ 등을 가르킨다)

4) 논문 구성의 기본 형식 및 내용

논문 구성의 기본 형식과 내용에서 고려해야할 사항은 다음과 같다.

서론부 : 문제를 제기하고,

본론부 : 제기된 문제들을 논증하며,

결론부 : 본론부에서 논증한 내용이나 결과를 토대로 서론부에서 제기했던 문제들에 대한 판단을 내리고 논문을 매듭짓는다.

서론, 본론, 결론으로 이어지는 이 삼단 구성의 각 부분 사이에는 서로간의 논리상의 일관성이 있어야 한다.

(1) 서론부

논문의 시작 부분으로 고려해야할 사항은 다음과 같다.

① 연구의 주제가 어떤 성질의 것이며, 이것이 지니는 의의가 무엇인지를 먼저 밝힌다. 주제가 어떤 학문 분야(예:한국의 산업정치)에서 얼마나 중요한 것이며, 그 논제를 택하여 연구하게 된 동기나 이유가 명백하게 천명되어야 한다.

② 연구의 목적을 밝힌다. 논문 작성에 앞서 목적의식을 뚜렷하게 가져야 한다.

③ 연구 주제와 관계되는 이론적 배경이나 연구 상황, 또는 설정된 가설 등에 대하여 개략적으로 설명한다.

④ 연구의 범위와 한계를 미리 밝혀 둔다. 범위와 한계를 밝히는 데는 부제를

사용하는 것도 좋은 방법 중의 하나이다.

⑤ 연구 방법을 개략적으로 설명한다.

⑥ 서론부에서 위의 내용들을 밝히는데 있어서 주의할 점은 장황한 설명을 피하고 간결하고 잘 다듬어진 문장으로 이루어져야 한다.

(2) 본론부

논문의 몸통에 해당하는 중심, 핵심 부분이다. 서론에서 명시한 연구 목적을 달성키 위하여 제기된 문제들을 한정된 범위 내에서 특정연구방법에 따라 본격적으로 정리, 분석, 설명, 평가하는 논리적 고찰이 이루어져야 한다.

① 연구의 주제, 범위, 구성의 방법을 논리적으로 일관성 있게 전개.

② 수집된 자료의 효과적인 구사

③ 통계적 자료, 도표, 수표 등은 문장으로써 개요나 요점을 설명

④ 연구 과정의 구체적인 전개 과정이나 자세한 방법론의 논의를 제시하고 결과의 자료나 해석의 논의

⑤ 작성시 연구 결과를 인용할 때 소정의 방법에 따른 정확한 출처를 밝힌다.

⑥ 전개시 먼저 개괄적인 것에서 세부적, 구체적으로 파고들며, 핵심적 줄거리나 본질적 부분에서 벗어나지 않도록 한다.

(3) 결론부

논문의 마무리 부분으로 서론에서 문제가 제기되고 본론에서 논의 후, 연구 결과에 대한 판단을 내리는 논리적 귀결이다.

① 본론의 연구·논의 중 중요한 결과를 지적, 판단을 내린다.

② 본론 전체를 요약하여 결론을 맺는다.

③ 다루지 못한 과제, 전망, 방향 제시 등을 한다.

④ 요약은 핵심적이어야 하며, 결론은 연구논문의 열매라 생각하고 간명하면서도 논리적으로 알찬 것이 되어야 한다.

5) 논문 문장 표현

논문 문장들의 표현은 정확성, 간결성, 통일성, 그리고 평이성을 가져야 한다. 이들에 대한 세부적인 내용은 아래와 같다.

(1) 정확성

① 문자 표현이 문법적으로 정확하여야 한다.

② 단어, 특히 학술적 용어나 술어의 사용이 정확해야 하고 적절하여야한다.

③ 논리적으로 정연한 문장이어야 한다.

(2) 간결성

① 논문의 문체로는 간결체와 건조체가 적합하다.

② 지나칠 정도로 비슷한 말을 반복하거나 불필요한 부연이나 중복을 피한다.

(3) 통일성

① 하나의 문장은 길이와 관계없이 하나의 중심 화제로 이루어지도록 통일성을 지녀야 한다.

② 논문 전체적으로 문체를 통일하여야 한다.

③ 자주 사용하는 낱말이나 문구의 표현 방법도 통일성을 지녀야 한다.

(4) 평이성

① 문장의 정확성, 간결성 및 통일성은 평이성을 위한 1차적 요건들이다.

② 지나친 외래어나 한자의 사용은 피하는 것이 좋다.

6) 인용과 인증

논문 서술 시 인용 방법에는 다음과 같이 각주, 후주, 내주 3가지가 있다.

① 脚註(footnote) → 하단,

② 後註(endnote) → 논문 맨뒤

③ 內註(reference citation in text) → 본문 속에서 원저자와 출판년도를 밝히고 참고문헌에서 전거를 찾아보도록 하는 경우

※ 문장기술요령 → SEER ① Subject ② Explain ③ Example ④ Restate

7) 기타 논문 작성시 유의 사항

위에서 언급된 논문작성시 유의해야 할 사항 이외에도 고려해야 할 내용에 대한 예는 다음과 같다.

<예> 외래어의 지나친 사용, 존칭-경칭의 사용이나 최상급의 수식어는 피하는 것이 좋으며 문체는 3인칭을 쓰는 것이 좋다.

8) 논문의 논리적 구성방법

- 사회과학의 일반적인 연구방법론 적용-

논문을 보다 논리적으로 구성하기 위해서 고려해야 할 사항들은 다음과 같다.

① 사회과학 연구방법 쟁점으로서의 설명과 이해
② 인과관계와 상관관계
③ 연역적 접근과 귀납적 접근
④ 분석단위로서의 전체주의적 접근과 개체주의적 접근 및 환원주의
⑤ 객관성과 가치중립성
⑥ 타당성과 신뢰성
⑦ 명제가 참이 되기 위한 연역법칙적 조건-lawful theory(mathematical truth)와 lawlike theory(statistical truth)
⑧ 포퍼(Karl Popper)의 반증주의와 쿤(Thomas Khun)의 과학혁명이론

3장 실증연구 논문작성의 실전

논문의 구성에서 가장 중요한 것은 서론부에서 제기한 문제들이 서론에서 언급된 이론 및 방법으로 서론에서 언급된 범위만큼 연구되어지며, 서론에서 밝힌 목적에 대한 결론을 명확히 하는 것이다. 즉, 서론부에서부터 본론부를 거쳐 결론부에 이르는 논리가 명확해야 한다.

본격적으로 실증연구 논문 작성에 들어가기에 앞서 지피지기면 백전백승이란 말이 있듯이 국내 등재학술지 또는 등재후보학술지에서 좋은 논문을 선정하는 논문심사기준을 살펴보는 것이 중요하다 하겠다. 40페이지의 논문의 10대 기본요건을 바탕으로 학회마다 조금씩 상이한 기준을 적용하고 있다. 따라서 학회마다 제시하는 심사기준에 대한 면밀한 검토가 필요하다.

일부 학회의 심사기준을 살펴보고자 한다. 한국인력개발학회의 『인력개발연구』, 한국정보시스템학회의 『정보시스템연구』, 한국기업경영학회의 『기업경영연구』, 한국산업경제학회의 『산업경제연구』의 심사기준을 다음과 같이 제시하였다.

〈표 3-1〉『인력개발연구』의 심사기준

심 사 기 준		우수	양호	미흡
1. 연구주제의 참신성			○	
2. 연구목적의 명료성				○
3. 연구방법의 타당성				○
4. 관련 문헌과 자료분석의 충실성				○
5. 논문의 체계성			○	
6. 논문의 질적 수월성 및 독창성				○
7. 학문 발전에의 기여도				○
판 정	게재가			
	수정후 재심사			
	게재 불가	○		

〈표 3-2〉『정보시스템연구』의 심사기준

	문 항	매우나쁨	나쁨	보통	좋음	매우좋음
내용	1. 학회회원들의 관심분야에 대한 연구이다.				○	
	2. 연구가 독창적인 내용을 포함하고 있다.			○		
	3. 연구방법이 적절하다.			○		
	4. 선행연구에 대한 정리가 잘 되어 있다.				○	
	5. 최근의 참고문헌들을 잘 인용하고 있다.			○		
	6. 요약문과 결론의 내용이 적절하다.			○		
	7. 논문의 전개가 논리적이며 완성도가 높다.		○			
형식	8. 오자나 탈자가 없다.				○	
	9. 그림과 표가 본문에 적절히 설명되고 있다.			○		
	10. 참고문헌이 본문에 모두 인용되고 있다.				○	
	11. 논문의 내용을 쉽고 정확하게 전달하고 있다.			○		
	12. 정보시스템연구의 투고요령을 따르고 있다.			○		

『정보시스템 연구』 게재 여부에 관한 판단
수정 없이 게재 [ ]
수정 후 게재 [ ]
수정 후 재심사 [○]
게재 불가 [ ]
◇ 수정요청 내용이나 게재불가 사유는 별지에 상세하게 작성하여 주십시오.

〈표 3-3〉 『기업경영연구』 의 심사기준

논문제목	셀프리더십과 혁신행동과의 관계에서 조직몰입의 매개효과에 관한 연구					
항목평가		A	B	C	D	E
	1. 연구주제의 적절성	( )	(○)	( )	( )	( )
	2. 연구내용의 독창성	( )	(○)	( )	( )	( )
	3. 논리전개의 적절성	( )	( )	(○)	( )	( )
	4. 연구방법의 타당성	( )	(○)	( )	( )	( )
	5. 실무 및 교육 기여도	( )	( )	(○)	( )	( )
종합의견	무수정 게재	수정후 게재	수정후 재심사	게재 불가		
	( )	( )	(○)	( )		

〈표 3-4〉 『산업경세연구』 의 심사기준

주요 평가항목	매우 미흡 (1)	미흡 (2)	보통 (3)	우수 (4)	매우 우수 (5)	합계
(1) 연구주제의 적합성(학술지 성격과의 부합여부)					○	5
(2) 연구내용의 참신성(이론적·실무적 관점 포함)					○	5
(3) 연구방법의 적절성(이론전개 및 실증적 연구 포함)			○			3
(4) 논문구성의 충실성(논리 및 구성의 체계성)				○		4
(5) 연구결과의 기여도(현실적 시사점 포함)				○		4
(6) 논문의 의사전달 효과(논문작성 기준과의 부합여부)			○			3
평점 합계	0	0	6	8	10	24

A: **평점 27~30점 게재 가능** : 일부 보완 또는 원안 게재(수정여부는 편집위원장 또는 편집위원회에서 확인)
B: **평점 24점~26점 수정보완 후 게재 가능** : 수정된 논문을 심사자에게 재회부하여 수정여부 확인
C: **평점 18~23점 수정보완 후 재심사** : 제 3의 심사위원에게 재심사 의뢰
D: **평점 18점 미만 게재 부적합** : 부적합 사유를 평가의견서에 자세히 밝힘

위와 같이, 각 학회지마다 심사기준이 어떠한지 잘 살펴보았다면 이제부터 12 페이지 연구절차, 15 페이지 논문 작성순서, 58 페이지 논문 구성의 기본 형식 및 내용에 따라 실제 논문 작성을 해보기로 하자.

1. 논문제목

논문 제목은 12 페이지의 연구주제 선정 방법과 51~ 53 페이지의 논제(논문주제)와 관련된 내용을 기초로 하여 선정한다.

논문제목 예시

사례 1 윤리적 리더십이 조직시민행동에 미치는 영향: 상사신뢰의 매개 효과 및 윤리풍토의 조절효과

사례 2 셀프리더십이 상사신뢰와 조직시민행동에 미치는 영향

※ 논문제목을 선정할 때 아래와 같은 심사자들의 지적사항의 예를 참조하여 결정하여야 할 것이다.

● 여기서 잠깐 : 제목과 관련된 심사에 따른 수정요구사항의 예

- 논문제목이 연구목적의 일부분만 반영하고 있다고 판단됩니다. 논문제목을 연구목적과 연구모형을 모두 포괄할 수 있게 수정하여 주시기 바랍니다.

- 먼저 실증분석의 대상이 병원에 국한되어 있어 일반적인 기업의 형태로 확장, 일반화하기에는 무리가 있어 보이기 때문에 제목에 서비스기업 혹은 병원서비스에 한정적인 연구임을 명확하게 밝힐 필요가 있어 보임. 자칫 직무만족과 관련된 다양한 형태의 논의로 확장 해석될 가능성이 있기 때문임.

2. 목차

※ 학회지에 따라 목차를 제시해야 하는 경우도 있는데 아래의 예를 참조하여 작성해보기 바란다.

논문 목차 제목 예시

<table>
<tr><th colspan="2">목 차</th></tr>
<tr><td>Ⅰ. 서 론
Ⅱ. 이론적배경
2.1 셀프리더십
2.2 상사신뢰
2.3 조직시민행동
Ⅲ. 연구모형 및 연구가설
3.1 연구모형
3.2 연구가설
Ⅳ. 연구방법</td><td>4.1 표본 및 자료수집방법
4.2 변수의 측정
Ⅴ. 실증분석
5.1 신뢰성 및 타당성 분석
5.2 확인요인분석
5.3 가설검증
Ⅵ. 토의 및 결론
〈참 고 문 헌〉
〈Abstract〉</td></tr>
</table>

3. 국문초록

국문초록은 논문의 얼굴에 해당하는 부문으로 전체 논문을 잘 드러낼 수 있도록 주요 내용을 잘 요약하여 함축적으로 표현해야만 한다. 그리고 논문의 주요어(key word)를 잘 선정하여 심자자의 호기심 유발과 더불어 차후 논문이 게재되었을 때 후학 연구자들이 용이하게 검색을 할 수 있도록 배려해야 한다.

국문초록 예시

요 약

본 연구는 윤리적 리더십이 상사신뢰와 조직시민행동에 미치는 영향과 상사신뢰의 매개효과와 윤리풍토의 조절효과를 연구했다. 연구목적을 달성하기 위해 창원시에 근무하고 있는 종사원 277명의 응답을 표본으로 SPSS 12.0을 이용하여 검증되었다. 연구결과, 윤리적 리더십은 상사신뢰에 정(+)의 영향을 미쳤고, 상사신뢰는 조직시민행동에 정(+)의 영향을 미쳤다. 상사신뢰는 윤리적 리더십과 조직시민행동 간에 완전매개효과가 있는 것으로 나타났으며, 윤리풍토는 윤리적 리더십과 조직시민행동 간에 조절효과가 있는 것으로 나타났다. 연구결과를 바탕으로 시사점과 연구의 한계점 및 향후 연구방향을 제시하였다.

주요어 : 윤리적 리더십, 상사신뢰, 윤리풍토, 조직시민행동

※ 국문초록을 작성할 때 아래와 같은 심사자들의 지적사항의 예를 참조하여 결정하여야 할 것이다.

- **여기서 잠깐 : 국문초록과 관련된 심사에 따른 수정요구사항의 예**

  - 논문초록에 시사점과 연구의 한계점 및 향후 연구방향을 제시했다는 표현을 넣는 것은 사족이라 판단됩니다.
  - 국문초록은 보다 충분한 연구배경과 연구목적, 연구내용에 대한 설명과 보완이 이루어졌으면 함.

4. 서론

서론은 12 페이지의 연구과정의 일반적 절차, 16페이지의 논문 작성순서, 그리고 57 페이지의 논문 구성의 기본 형식 및 내용에서 서론 내용을 기초로 하여 작성한다.

서론 예시

Ⅰ. 서 론

최근 학자나 최고관리자 모두에게 관심을 받고 있는 개념 가운데 하나가 조직시민행동이다. 조직시민행동은 승진이나 임금 등과 같은 조건이 없더라도 헌신적이고 자발적이며 규정을 초월하여 조직의 각 기능이 효과적으로 발휘되도록 도와주는 구성원들의 행태이다. 조직시민행동은 크게 개인특성, 과업특성, 리더십, 조직특성, 조직문화 등의 다양한 요인들에 의해 영향을 받는다고 보고하고 있다(윤영채, 이광순, 2000). 이러한 조직구성원들의 조직시민행동을 이해하고 이들의 선행요인을 밝히려는 연구는 매우 의미가 있다고 하겠다.

이러한 맥락에서 조직시민행동의 선행요인으로 윤리적 리더십을 설정하고자 한다. 최근 기업 경영에 있어서 윤리경영의 중요성이 점차 확산되고 있고, 윤리경영에 대한 연구도 활발하게 진행되고 있다. 윤리경영에 대한 연구는 조직적인 차원에서 뿐만 아니라 리더십 차원에서도 연구가 이뤄질 수 있으며, 윤리경영에 있어서 리더십은 윤리경영의 성과를 증진시키기 위해 매우 중요한 의미를 갖는다. 또한 윤리적 리더십 연구에 있어서 성과와의 직접적 관계에 대한 연구뿐만 아니라 상사신뢰(김학수, 정범구, 2008), 리더-부하간 교환관계(LMX: Leader-member exchange)(장준호, 조용현, 2009), 심리적 임파워먼트(문지영 등, 2008) 등의 다양한 매개변수에 대한 연구의 필요성을 제기하였다.

한편 기업의 경쟁력 확보를 위해 조직유효성을 증진시키는 다양한 연구들이 진행되고 있는 가운데 기업경영에 있어서의 도덕성과 공공성 강화와 같은 윤리풍토에 관한 연구가 이루어지고 있다(유병안, 2007; 이상수 등, 2008; 정영미, 2006; 최갑열, 2009). 최근에는 윤리풍토와 관련하여 조직시민행동이 다루어지고 있는데 이는 조직시민행동이 기업에 있어 공식적인 직무가 요구하지 않는 역할 외 행동으로서 윤리풍토가 개인이나 조직의 유효성에 영향을 미치기 때문이다. 이러한 윤리풍토는 조직구성원들 사이에 내재적으로 형성되어 있으며, 업무수행 과정에서 나타나는 조직구성원들의 정직하고 성실한 행동뿐만 아니라, 기업 자체의 윤리적 행동을 촉진하는 조직의 조건이나 상태를 의미한다(정인서 등, 2008). 이에 따라 윤리적 리더십과 조직시민행동 간의 관계에 있어서 상황적 요인으로서 윤리풍토의 지각 수준에 따라 조절효과를 검증하여 독립변수와 종속변수 간의 관계를 의미 있는 집단별로 구분하여 분석함으로써 종속변수의 변화에 대한 설명력을 높일 수 있으며(김호정, 1989), 실무적으로도 집단별 차별적 관리에 대한 시사점을 제공할 수 있다.

윤리적 리더십, 상사신뢰, 조직시민행동의 인과관계와 상사신뢰의 매개효과, 윤리풍토의 조절효과를 확인하는 실증적 연구는 시도된 바가 없으나, 이들 변수의 인과관계와 그 심리과정을 이해하기 위해서 상사신뢰의 매개효과와 상황적 요인으로 윤리풍토의 조절효과를 검증하는 것은 윤리적 리더십 연구에서 매우 중요한 의미가 있을 것으로 판단된다. 또한 급변하는 기업환경이 필요로 하는 윤리적 리더십을 통해 인적자원개발(HRD: Human Resource Development) 분야에서 어떠한 부분을 통제하거나 활용할 수 있는지를 파악하는 것이 반드시 필요하다고 하겠다.

따라서 본 연구에서는 그동안 체계적 연구가 부족했던 윤리적 리더십에 대하여 관련 문헌과 실증연구를 검토하고, 조직연구에 있어서 조직시민행동의 매우 중요한 선행요인으로 인식되고 있는 상사신뢰가 윤리적 리더십과 조직시민행동의 관계에서 매개효과가 있는지와 윤리풍토의 조절효과가 있는지 여부를 확인함으로써, 윤리적 리더십이 어떠한 과정을 통해 조직시민행동에 기여하는지를 실증적으로 확인하고자 한다.

※ 서론을 작성할 때 아래와 같은 심사자들의 지적사항의 예를 참조하여 작성한다면 많은 도움이 될 것이다.

> **• 여기서 잠깐 : 제목과 관련된 심사에 따른 수정요구사항의 예**
>
> - 연구의 필요성에 대한 설득력이 다소 미흡합니다. 물론 연구자께서 서론과 이론적 배경, 연구가설 부분에서 다양한 기존 연구에 대해 제시하고 있기는 하나, 변인들 간의 연계성을 분석하는 것의 중요성이 명확하게 제시된 부분은 찾기 어렵습니다.
>
> - 첫째, 무엇보다도 아쉬운 점은 연구주제의 도출에 관한 부분입니다. 서론을 보면, 첫단락은 혁신행동의 중요성, 둘째 단락은 신뢰의 중요성, 셋째 단락에서 혁신행동과 신뢰의 관계어서 임파워먼트의 매개효과를 보겠다는 주장을 하고 있습니다. 이는 매우 갑작스럽다고 생각됩니다. 이는 연구자의 주장에 이의를 제기하기 보다는 논리적인 흐름이 어색하다는 것입니다. 특히, 셋째 단락에서 '매개효과의 필요성이 제기되고 있으며' 라는 표현이 있는데 매개효과를 검토할 필요성을 연구자가 논리적인 근거를 제시해야 하는데 이것이 부족하다고 생각됩니다.

- 둘째, 연구자는 서론에서 신뢰의 대상을 상사에 대한 신뢰로 제한하고 있는데, 왜 제한하고 있는지에 대한 설명이 부족합니다. 심사자는 동료에 대한 신뢰도 임파워먼트를 거쳐 혁신행동에 긍정적인 영향을 줄 수 있다는 주장도 가능하다고 생각되기 때문입니다.

- '서론'에서 이 연구의 변수들인 윤리적 리더십, 조직시민행동, 직무만족의 관계 및 매개효과를 검증하고자 하는 논거가 분명히 드러나지 않는다. 단순히 윤리적 리더십, 조직시민행동이 중요하기 때문이 아니라, 직무만족이 검토될 필요가 있기 때문이 아니라, 보다 구체적이고 논리적인 관계 검증의 필요성이 제시되어야 할 것이다. 이론적 배경에서 제시되고 있으나, 문맥상으로 볼 때 서론에서 문제제기 형식으로 제시되어야 할 것이다.

5. 이론적 배경

본문 중에서 이론적 배경의 작성에 관한 내용이다. 이론적 배경은 17 페이지의 논문 작성순서, 50 페이지의 사회과학 논문의 특징, 그리고 57 페이지의 논문 구성의 기본 형식 및 내용에서 본론 내용을 기초로 하여 작성한다. 이 부분이 가장 많은 시간과 노력을 투자해야 하는 분야 중의 하나이다. 구글(http://www.google.co.kr)과 학술연구정보서비스(http://www.riss.kr) 사이트를 매일 방문해서 논문 검색하는 것을 습관화시키고, 그 중에서 매일 관심있는 3편의 논문을 꾸준히 읽어 나간다면 좋은 논문을 작성할 수 있다고 확신한다.

〈그림 3-1〉 구글 사이트 검색화면 예

〈그림 3-2〉 학술연구정보서비스 사이트 검색화면 예

이론적 배경 예시

II. 이론적 배경

1. 윤리적 리더십

기업경영윤리에 대한 국민의 인식과 요구수준이 증가하면서 최근 윤리경영의 중요성과 더불어 윤리적 리더십이 중요한 연구 주제가 되고 있다. 윤리적 리더십의 정의는 다소 다양하게 존재하지만 Brown 등(2005)의 정의가 일반적으로 받아들여지고 있는데 그들에 의하면 윤리적 리더십은'리더의 행동과 대인관계상에 규범적으로 적합한 행동의 모범을 보이며, 상호간 원활한 의사소통과 적절한 강화물의 제공을 통해 부하들로 하여금 적합한 행동을 하도록 촉진하는 것'이라고 할 수 있다(장준호, 조용현, 2009).

최갑열(2009)와 장준호와 조용현(2009)의 연구에서는 윤리적 리더십의 5가지 원칙을 타인존중, 봉사, 정의, 정직 그리고 공동체 구축으로 설명하였는데 그 내용을 요약 정리하면 다음과 같다. 첫 번째 원칙인 타인존중은 다른 사람의 아이디어를 신뢰하고 그들을 하나의 인간으로 인정한다는 것을 의미하고, 두 번째 원칙은 봉사하는 리더는 부하들에게 이타적인 섬김을 행하는 것을 의미하며, 세 번째 원칙은 공정한 리더이다. 윤리적인 리더는 공정성과 정의에 관심을 기울여야 한다. 리더는 부하들을 공평하게 대해야 한다는 것을 최우선으로 순위로 삼아 행동하는 것으로써 특별한 상황을 제외하고는 누구에게도 특별한 대우를 해줘서는 안되며, 차별적인 대우가 이뤄지는 경우에는 반드시 합리적인 이유가 있어야 함을 의미한다. 네 번째 원칙은 윤리적으로 바람직한 리더가 되기 위해서는 반드시 정직해야 한다는 것을 의미하며, 다섯 번째 원칙인 공동체 구축은 가장 광범위한 의미에서 공동의 이익에 관심을 두어야 한다는 것을 의미한다. 이에 따라 본 연구에서는 윤리적 리더십을 부하에게 역할모델이 되는 직속상사의 윤리적 행동과 의사결정, 그리고 조직내에서 직속상사가 윤리적 행동을 강조하고 관리하는 리더십으로 정의한다.

윤리적 리더십은 조직구성원들의 욕구, 가치, 자율성, 봉사를 강조함으로써 그들의 자발적인 행동유발과 욕구충족을 증대시키게 된다. 이러한 윤리적 리더십을 발휘하는 리더는 크게 두 가지 측면, 즉 공정성의 실천과 사회적 책임의 실천을 통해 조직유효성 및 기업이미지를 제고시킬 수 있다(이진규 등, 2006).

윤리적 리더십의 선행연구들은 직무만족, 조직몰입, 이직의도, 조직시민행동 등의 조직유효성에 직접적으로 영향을 미치기도 하지만 간접적인 경로를 통하여 구성원의 태도와 행동을 어떻게 변화시킬 수 있는지에 많은 관심을 보여왔다. 예를 들어, 심리적 임파워먼트(문지영 등, 2008), LMX(장준호, 조용현, 2009), 상사신뢰(김학수, 정범구, 2008) 등과 같은 매개변인들이 성과에 주요한 결정요인으로 제안되는 등 연구과제가 다양해지고 있다. 이처럼 매개변인의 역할을 강조하는 이유는 개인들의 태도나 행동에 영향을 미치는 과정에서 어떤 심리적 과정을 보이는가에 초점이 있기 때문이다. 또한 선행변인으로는 개인 성격, 윤리풍토, 규범적 윤리몰입성향 등이 보고되었다(강은아, 2008; 이명신, 2009; 최갑열, 2009).

2. 상사신뢰

조직에 있어서 최근에 중요하게 부각되고 있는 개념이 신뢰이다. 신뢰는 사회를 구성하는 인간 사이에 바탕이 되는 것이며 모든 조직에서 가장 근본적인 바탕이 되는 것이다. 조직에서의 효율은 독립적인 행위자들이 효과적으로 함께 일할 때만이 가능하며 이러한 행위자들 간의 신뢰가 결정적인 요인이라고 할 수 있다.

Podsakoff 등(1996)은 신뢰의 개념을 정립함에 있어서 리더에 대한 믿음과 충성이라고 정의하므로 신뢰를 부하의 상사에 대한 평가로 보고 있다. 즉 상명하달식의 강압형 리더십보다는 부하가 상사에 대한 신뢰감, 존경심을 갖고 근무하는 것이 기업의 성과적 측면에서는 더욱 중요하다. Cook과 Wall(1980)은 신뢰란 '상사의 행동에 대해 믿고 따르고자 하는 부하의 의지'로 표현하고 있어서 Podsakoff 등(1996)과 같이 상사에 대한 부하의 신뢰가 더욱 중요하다고 할 수 있다. 한편, 리더십은 지금까지 연구자들에 의해 상사와 부하간의 관계 형성에 있어서 중요한 요인으로 작용한다고 주장되고 있는 가운데, 유효한 리더십은 구성원들과 신뢰관계를 형성하는 리더십이며(Podsakoff et al., 1990), 또한 Yukl(1989)은 상사의 리더행동에 의해 부하들이 기대이상의 성과를 수행하도록 동기유발 되는 것은 그들이 상사를 신뢰하고 존경하기 때문이라고 강조하였다(유승동, 2001).

신뢰의 유형은 구분하는 관점에 따라 Cook과 Wall(1980)은 조직 내 계층에 따른 구분으로 신뢰의 대상에 따라 상하관계에서 형성되는 수직적 신뢰(vertical trust), 동료 간의 수평적 관계에서 형성되는 수평적 신뢰(lateral trust), 조직구성원과 경영자 또는 조직 간의 관계에서 형성되는 제도적 신뢰(institutional trust)로 구분하였으며, Levering(2000)은 그의 저서에서 신뢰를 상사/경영진, 업무/조직, 동료에 대한 신뢰관계로 구분하였다. 또한 조직 내 신뢰를 동료들 간의 수평적 신뢰와 부하와 상사간, 구성원과 조직 간의 수직적 신뢰로 구분할 수 있다(McCauley & Kuhnert, 1992).

본 연구에서는 이상의 선행연구를 바탕으로 상사신뢰를 상사와의 상호작용을 통하여 부하가 갖게 되는 상사에 대한 믿음을 정의하며, 신뢰의 구분 중 수직적 신뢰에 해당하는 상사신뢰가 여러 선행연구에서 매우 중요한 요소로 다루어진(김학수, 정범구, 2008) 점을 고려하여 Levering(2000)의 신뢰관계 구분에 따른 상사에 대한 신뢰로 연구범위를 국한하였다.

3. 윤리풍토

윤리는 리더십과정에서 중심적인 역할을 하고 있다. 리더십은 영향력을 포함하는 개념이고 리더는 부하들보다 더 많은 영향력을 가지고 있기 때문에 리더는 그들의 행위가 다른 사람들에게 어떤 영향을 미치는가에 대해 매우 큰 윤리적 책임이 있는 것이다. 또한 경영자는 조직 내에서 윤리풍토를 조성하는 데에 주된 역할을 해야 한다(최성림, 2006).

윤리풍토(ethical climate)는 윤리적 정도를 가진 전형적인 조직의 관행 및 절차에 대한 지배적인 지각을 말한다(Victor & Cullen, 1988). 또한 이상수 등(2008)은 윤리풍토를 기업에서 윤리적 기준을 요구하는 다양한 업무, 과업절차 등을 수행하는데 있어 구성원이 의사결정을 어떻게 해야 하는지에 대한 인지라고 정의하였다.

윤리적 기업에서 윤리적 행위를 이해하고 관리하는 중요한 메커니즘의 하나가 윤리풍토이다. 조직 내에 윤리풍토를 만드는 것은 윤리적 행위의 실천을 위한 하나의 수단이 될 수 있다(Schwepker, 2001). 기업의 윤리풍토는 기업의 윤리적 가치와 기대 행위를 규정하며 기업 구성원의 윤리성에 영향을 미치는 것으로 나타난다(Wimbush & Shepard, 1994). 윤리풍토는 업무 풍토의 한 측면으로서 기업에서 윤리적 기준을 요구하는 다양한 업무, 과업 절차 등을 수행함에 있어서 조직구성원이 의사결정을 어떻게 해야 하는지에 대한 인지라고 할 수 있다. 따라서 윤리적 업무 분위기를 말하며, 이는 기업에서 일하는 구성원들이 기업 활동의 관행이나 절차에 동의 하게끔 함으로써 심리적으로 의미가 있는 형식으로 표현된 그들의 지각을 의미한다(Schneider, 1975).

이러한 윤리풍토는 외부 관점에 운영체계 및 인사제도 등 전반에 걸친 조직문화적 특성을 이해하는데 근거가 될 수 있으며 내부 종업원을 포함하여 다양한 이해관계자들에게 조직의 특성을 나타내는 중요한 척도가 된다(최갑열, 2009).

4. 조직시민행동

조직시민행동은 조직구성원의 자유재량의 행동으로서 공식적인 보상체제에 의해 지각되지는 않으나, 각 구성원들이 자신이 소속된 조직의 발전을 위해 자발적으로 수행하는 다양한 활동을 의미한다(Organ, 1988). 이러한 조직시민행동은 조직에서 반드시 수행해야 하는 역할 외 행동들 중에서 조직에 이로운 행동이다. 또한 직무와 관련하여 다른 동료들에 대한 협업, 사소한 불평에 삼가는 행동, 화기애애한 분위기 조성, 부탁하지 않는 경우에도 상사와 동료를 돕는 행동을 말한다(Bateman & Organ, 1983).

조직시민행동에 대한 연구는 Bateman과 Organ(1983)에 의해 시작된 이후 조직시민행동을 구성하는 하위차원을 밝히려는 연구들이 최근까지 많이 보고되고 있다. Smith 등(1983)은 일반적 순응과 이타적 행동의 2개의 차원으로 구분된다고 보고하였고, 또한 Williams 등(1986)은 이타적 행동, 정신적 각성, 참여의 3개의 차원을 보고하였으며, Karambayya(1990)은 근면행동, 주도행동, 돕는 행동, 충성행동의 4개의 차원으로 구분하였다. 이후 Podsakoff 등(1990)의 연구에서 Organ(1988)의 이타성, 양심성, 예의성, 시민정신, 스포츠맨십의 5개의 차원들을 지속적으로 수용하면서 보편적으로 이용되고 있다.

윤영채와 이광순(2009)은 조직시민행동의 선행변인과 성과에 미치는 실증적 연구에서 선행변인들을 개인특성, 과업특성, 조직특성, 그리고 리더십 등의 4가지 차원으로 구분하였다. 개인특성 차원은 리더에 대한 신뢰, 조직몰입, 과업특성은 과업 피드백, 내재적 보상, 조직특성 차원은 집단응집성, 조직지원, 그리고 리더십 등이 조직시민행동의 선행변수로 나타났다. 특히 여러 연구에서 직무만족, 조직몰입, 역할갈등 및 역할모호성, 개인적 성향 등이 조직시민행동의 중요한 선행요인으로 확인되었다. 이처럼 조직시민행동은 다양한 선행변인에 의해 영향을 받으며 오늘날까지 모든 조직에서 그 효과성을 인정받고 있다.

※ 이론적 배경을 작성할 때 아래와 같은 심사자들의 지적사항의 예를 참조하여 작성한다면 많은 도움이 될 것이다.

- **여기서 잠깐 : 이론적 배경과 관련된 심사에 따른 수정요구사항의 예**

  - 본 연구의 필요성을 2쪽 마지막 문단에 제시하고 있지만, 구체적인 연구의 중요성이 언급되지 않고 선언적으로만 기술되어 있음. 특히 HRD나 OD 등과 관련한 연구의 관련 필요성을 더 구체적으로 제시할 필요가 있음.

  - 그리고 3쪽 초반 서론 마지막 문단에서 본 연구의 목적을 기술하였으나, 여기서는 윤리풍토에 대한 언급은 없음. 연구문제에 포함되어 있는 윤리풍토의 조절 효과 연구가 어떤 연관을 가지는 지도 추가 기술해야 함.

- 이론적 배경 전체는 각각의 변인들 그 자체에 대한 연구를 나열하는 것으로 되어 있으나, 각 변인들의 관계에 대한 선행 연구들에 대한 더 세밀한 고찰이 부족함. 본 연구의 핵심은 변인들 관계에 있으므로, 이에 대한 관련 선행 연구들을 더 제시할 필요가 있음.

- 본 논문이 분석하는 3개 개념, 즉, 윤리적리더십, 직무만족, 조직시민행동이라는 개념들은 비교적 많은 연구가 이루어진 분야이며, 개념들 인과관계 혹은 상관관계에 대한 기존 연구물도 많이 축적된 편이다. 이런 점에서 본 연구의 독창성은 직무만족 변수가 갖는 매개 역할로 판단됨. 그런데 본 논문에서 직무만족이 왜 매개하는지 측면의 설명이 매우 취약한 편임. 본 논문이 학문적 공헌도를 얻는 것의 핵심은 바로 "직무만족의 매개 역할"인데, 이 핵심에 대해서 진지한 논의와 이론적 근거를 설명하고 있지 않다는 것은 큰 한계인 것으로 판단됨.

- 여기서 잠깐 : 이론적 배경과 관련된 심사에 따른 수정요구사항의 예

- '서론'에서 이 연구의 변수들인 윤리적 리더십, 조직시민행동, 직무만족의 관계 및 매개효과를 검증하고자 하는 논거가 분명히 드러나지 않는다. 단순히 윤리적 리더십, 조직시민행동이 중요하기 때문이 아니라, 직무만족이 검토될 필요가 있기 때문이 아니라, 보다 구체적이고 논리적인 관계 검증의 필요성이 제시되어야 할 것이다. 이론적 배경에서 제시되고 있으나, 문맥상으로 볼 때 서론에서 문제제기 형식으로 제시되어야 할 것이다.

- 2.3.1의 셋째 단락의 내용을 보면 인용표가 없어 해당 단락의 내용 모두가 연구자의 주장으로 생각되는데, 내용을 보면 기존의 연구를 인용한 것처럼 보이기도 합니다. 연구자의 주장이라면 표현을 좀 더 명확하게 할 필요가 있으며, 기존의 연구내용을 인용한 것이라면 인용문헌을 제시해야 합니다.

- '상사신뢰에 대한 이론들을 살펴보면 상사신뢰는 상사에 대해 부하가 느끼는 신뢰를 의미하고 있는데, p11의 변수측정에서는 조직구성원이 상사로부터 느끼는 정직성, 충성심, 지지의 정도로 정의하고 있어 본 연구에서의 상사신뢰의 측정 타당성이 미약함. 즉, 상사가 자신에 대해 느끼는 신뢰를 조직구성원 자신이 측정한다는 것은 측정의 객관성이 없다고 판단됨. Podsakoff et al.(1990) 에 대한 연구내용이 이론적 연구에서 충분한 설명과 함께 언급되었으면 함.

- '이 연구의 가장 중요한 변수가 신뢰인데 비해서 상사의 신뢰에 대한 이론적 배경의 내용이 좀 부족하다는 생각입니다. (오히려 가설설명에 더 많은 할애가 되어있구요). 국내에도 최근에는 신뢰에 관한 많은 선행연구들이 생겨나고 있습니다. 신뢰에 관한 국내연구자료(특히 실증연구자료)를 이론적배경부분에서 더 보완해 주시기 바랍니다.

6. 연구모형 및 연구가설

본문 중에서 연구모형 및 연구가설의 작성에 관한 내용이다. 이 부분은 선행연구에 대한 관련 문헌 탐색을 얼마나 꾸준히 집중해서 했는가에 대한 평가를 받는 중요한 부분이라 할 수 있다.

특히 연구가설을 기술할 때, 인용과 자신의 주장이 분명하게 구분되어져야 하며, 자신의 주장은 이론적 근거에 기초해야 하며, 문장구성은 간결·명료해야 하고, 글이 어법에 맞아야 한다는 사실을 명심해야 한다. 연구모형 및 연구가설은 56 페이지의 문장 내용 전개의 원칙, 59 페이지의 논문 문장 표현 내용을 참조하여 작성해보자.

연구모형 및 가설 예시

Ⅲ. 연구모형 및 연구가설

1. 연구모형

본 연구는 윤리적 리더십이 상사신뢰와 조직시민행동에 미치는 영향, 윤리적 리더십과 조직시민행동 간의 관계에 있어서 상사신뢰의 매개효과와 윤리풍토의 조절효과가 있는지에 대해 연구 하는데 목적이 있다. 따라서 이를 모형화하여 나타내면 [그림 1]과 같다.

〈그림 1〉 연구 모형

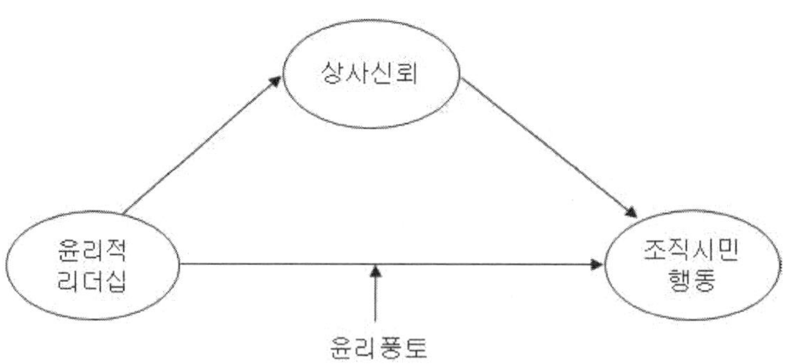

2. 연구가설

가. 윤리적 리더십과 상사신뢰

Farling 등(1999)과 Russell(2000)은 리더의 윤리, 도덕성과 관련된 속성이 상사신뢰에 영향을 준다고 주장하였다. 또한 김학수와 정범구(2008)의 연구에서 윤리적 리더십과 상사신뢰 간의 관계에 대한 논리적인 설명을 찾을 수 있는데, 그들이 정리한 Zhu 등(2004)의 주장은 다음과 같다.

Zhu 등(2004)은 윤리적 리더십이 상사에 대한 신뢰와 상관관계가 있음을 두 가지 논리를 근거로 주장하였다. 첫째, 리더의 언행일치와 타인에 대한 배려는 신뢰의 두 가지 선행요소임이 이미 확인되었고, 윤리적 리더는 그들의 도덕적 의지를 행동으로 실천하는 도덕적 용기를 가지고 있기 때문에 윤리적 리더의 일관성에 의하여 부하직원의 상사에 대한 신뢰가 증가할 것이라는 것이다. 즉, 윤리적 리더는 정직과 같은 미덕을 신뢰하고 개인의 사생활과 업무에 이를 실천하기 때문에 우리는 이러한 리더의 언행일치를 기대할 수 있고 이에 따라 부하직원들의 신뢰도 상대적으로 높게 나타날 것임을 예측할 수 있다는 것이다. 둘째, 학자들의 신뢰에 대한 개념적 정의에 의하면 신뢰는 상대방이 본인에게 이로운 방향으로 행동할 것이라는 믿음을 포함하고 있다. 윤리적 리더는 자기이익을 추구하지 않고 타인을 배려하며 조직의 이익을 우선한다. 또한 윤리적 리더는 도덕적 원칙에 따라 부하직원을 공정하게 관리하기 때문에 부하직원은 윤리적 리더로부터 공정성을 지각하게 된다. 따라서 부하직원은 그들의 리더가 그들에게 이롭게 행동할 것으로 판단하게 되며 곧 신뢰의 형성으로 이어지게 된다.

Brown 등(2005)은 윤리적 리더십과 관련된 선행연구들을 바탕으로 윤리적 리더십과 상관관계가 있을 것이라고 예상되는 주요 개념들에 대하여 실증적 연구를 수행하였으며, 연구결과로 윤리적 리더십과 리더에 대한 신뢰가 강한 정(+)의 상관관계가 있음($r=0.76$, $p<0.01$)을 확인하였다. 정부출연 연구기관의 종사자들을 대상으로 한 김학수와 정범구(2008)의 실증연구에서도 윤리적 리더십이 상사신뢰가 매우 유의한 정(+)의 영향을 미치고 있음($\beta=0.748$, $p<0.01$)을 확인하였다. 이와 같은 선행연구들의 이론적 주장과 발견에 따라 다음과 같은 가설을 설정하였다.

가설 Ⅰ : 윤리적 리더십은 상사신뢰에 정(+)의 유의한 영향을 미칠 것이다.

나. 상사신뢰와 조직시민행동

신뢰와 조직시민행동에 관한 연구는 Podsakoff 등(1990), Robinson과 Morrison (1995) 등에 의해 이루어졌으며, Konovsky와 Pugh(1994)는 신뢰가 조직시민행동의 선행요인임을 규명하였다. McAllister(1995)는 높은 수준의 대인적 신뢰가 조직시민행동을 유발시킨다는 연구 결과를 발표했다.

조직시민행동은 사회적 교환의 개념을 바탕으로 하고 있다. 조직구성원이 조직 속에서 자신이 공평하게 대접을 받고 있다고 할 때 자기도 타인에 대해 도움이 될 행동을 취하게 되는 것이다. 따라서 리더에 대한 신뢰가 높을 때 부하는 자기의 공식적, 역할 내 업무가 아니더라도 조직을 위해 이바지 하고자 하는 의지가 생긴다는 것이다(Pillai et al., 1999).

조직시민행동을 촉진하고 강화하는 최고의 방법은 상사신뢰를 탄탄하게 구축하는 것이라는 것이 중요한 결론중의 하나이며 이에 비해 상대적으로 조직신뢰는 동원할 수 있는 방법론이 규칙절차 뿐이라는 현실적 한계로 인해, 조직에서는 관리자 계층에 대한 리더십 교육훈련을 통해 상사신뢰를 강화해 나가는 것이 조직구성원들의 조직시민행동을 장려하는데 최적의 방법론으로 보인다.

또한 상사와 부하 간의 신뢰는 상호작용하는 상대방의 행동을 예측할 수 있게 하고 당사자 간의 믿음을 갖도록 함으로써 집단이나 조직의 목표달성을 위한 협력과 협동행위를 높이며, 양자간 강한 공동체의식을 통해 조직의 문제에 자율적이고 자발적으로 참여하도록 함으로써 유기적이고 탄력적인 조직운영을 가능케 한다. 따라서 상사에 대한 부하의 신뢰는 조직목표달성을 위한 자발적이고 적극적인 행동을 유발시킬 수 있다.

기업체 종사원을 연구대상으로 한 서인덕과 이원형(2006)의 연구에서 상사신뢰가 조직시민행동에 유의한 정(+)의 영향을 미치고 있음을 보고하였고, 또한 정영미(2006)의 실증연구에서도 상사신뢰가 조직시민행동에 유의한 정(+)의 영향을 미치는 것으로 나타났다. 따라서 선행연구들의 이론적 근거와 연구결과에 따라 다음과 같은 가설을 설정하였다.

가설 Ⅱ : 상사신뢰는 조직시민행동에 정(+)의 유의한 영향을 미칠 것이다.

다. 윤리적 리더십과 조직시민행동

조직구성원들의 조직시민행동에 긍정적 영향을 가져 온다는 것은 리더십 연구에서 중요한 의미를 가질 수 있다. 최근 들어 많은 연구들이 조직시민행동을 유발시킬 수 있는 리더십에 관심을 두었고 대부분 변혁적 리더십이나 카리스마적 리더십에 초점을 맞추고 있었다(Brown et al., 2005). 그러나 앞으로 윤리적 리더십과 조직시민행동과 관계를 밝히고자 하는 도덕적 윤리적 측면의 연구가 이론적, 실무적으로 필요하다고 하겠다(장준호, 조용현, 2009).

윤리적 리더십과 조직시민행동과의 관계에 있어서 윤리적 리더십은 사회적 학습(Bandura, 1986) 뿐만 아니라 사회적 교환 과정을 통해 조직구성원의 친사화적행위(prosocial behavior) 혹은 시민행동(citizenship behavior)에 영향을 끼친다(Brown & Trevino, 2006). 이러한 관계는 bandura(1997)의 사회적 학습이론에 기초를 두고 있으며, 상황적 요인과 개인적 특성은 구성원으로 하여금 윤리적 리더십을 지각하게하고 이러한 윤리적 리더십의 지각은 리더의 행동 모델이 되어 윤리적인 의사 결정을 하게 되고, 조직시민행동이 강화될 수 있다(최갑열, 2009).

목표를 달성함에 있어서 각 구성원들의 공식적인 업무 수행만으로는 충분치 않다고 볼 때, 기업의 발전을 위해 자발적으로 수행하는 여타의 노력은 중요할 수밖에 없다. 이와 같은 점을 고려해볼 때 윤리적 리더십과 부하들의 조직시민행동 간에 나름의 관련이 있다고 할 수 있다(장준호, 조용현, 2009). 또한 윤리적 리더들은 업무수행과정에서 타인이나 부하들을 배려하고, 조언과 권한의 위임을 통해 부하들이 조직시민행동을 실천할 수 있도록 자극하고(Brown et al., 2005), 부하들의 역할모델로서 작용함으로써, 부하들에게 자신들의 이익보다는 공동체의 이익을 우선하도록 동기부여 한다(Gini, 1997). 따라서 상사의 윤리적 리더십은 부하직원들의 조직시민행동을 야기한다고 할 수 있다(Bass & Steidlmeier, 1999)

실증적 연구로는 기업체 종사원을 연구대상으로 한 이명신(2009), 장준호와 조용현(2009)의 연구에서 윤리적 리더십이 조직시민행동에 유의한 정(+)의 영향을 미치고 있음을 보고하였다. 이와 같이 기존 연구들의 이론적 근거와 연구결과에 따라 다음과 같은 가설을 설정하였다.

가설 Ⅲ : 윤리적 리더십은 조직시민행동에 정(+)의 유의한 영향을 미칠 것이다.

라. 상사신뢰의 매개작용

윤리적 리더십과 조직시민행동 간의 관계에서 상사신뢰의 매개효과에 대한 실증연구는 시도된 바 없으나, 상사신뢰의 매개작용은 윤리적 리더십과 상사신뢰에 대한 영향관계, 윤리적 리더십과 조직시민행동 그리고 상사신뢰의 조직시민행동에 대한 영향관계의 결합을 통해 설명될 수 있다. 앞서 윤리적 리더십이 상사신뢰의 선행변수인 동시에 조직시민행동의 선행변수로 제안되고 이를 지지하는 결과가 보고되고 있었고, 또한 상사신뢰가 조직시민행동의 선행변수로 제안되고 있고 이를 지지하는 결과를 살펴보았다.

Jung과 Avolio(2000)의 연구에서도 리더십과 부하들의 성과간 영향력에 있어 신뢰가 중요한 매개효과가 있음을 밝힌 바 있다. Podsakoff 등(1990)의 연구에서 변혁적 리더십, 거래적 리더십과 조직시민행동 간의 관계에 관한 매개변수로서 리더에 대한 신뢰의 역할을 연구한 결과, 리더에 대한 부하의 신뢰가 매개역할을 한다는 사실을 제시하였고, Konovsky과 Pugh(1994)는 조직시민행동의 사회적 교환모델을 실증분석 하는 연구에서 상사의 의사결정에 있어서 상사에 대한 신뢰가 종사원의 시민행동 간의 관계에 매개 역할을 하고 있음을 검증하였다.

이진규와 박지환(2003)은 선행요인인 리더십과 매개요인인 신뢰, 그리고 결과요인인 성과사이의 관계 모형에서 리더십은 성과에 대한 직접적인 효과뿐만 아니라 부하의 리더에 대한 신뢰를 통한 간접효과도 나타낸다는 연구결과를 제시하였다.

김학수와 정범구(2008)는 정부출연기관에 근무하는 종업원들을 대상으로 윤리적 리더십이 상사신뢰와 직무만족 및 조직몰입의 조직유효성에 미치는 영향에 대한 실증분석을 한 결과 윤리적 리더십이 이들 변수에 모두 유효한 영향을 미치는 것으로 밝혔다. 또한 상사신뢰가 이러한 윤리적 리더십과 조직유효성의 관계에 매개역할을 하고 있음을 확인하였으며 이러한 결과를 통해 기업의 리더는 부하직원들에게 의사소통을 통하여 윤리적 행동의 필요성을 인식시킬 필요가 있음을 강조하였다.

앞서 제시한 선행연구들을 정리하여 보면, 윤리적 리더십이 상사신뢰에 영향을 미치고, 상사신뢰는 조직구성원의 조직시민행동에 영향을 미치게 된다. 아울러 윤리적 리더십은 조직구성원의 조직시민행동에도 유의한 영향을 미칠 것이다. 따라서 기존 연구들의 이론적 근거와 연구결과에 따라 다음과 같은 가설을 설정하였다.

가설 Ⅳ : 상사신뢰는 윤리적 리더십과 조직시민행동 간의 관계에 있어서 매개역할을 할 것이다.

마. 윤리풍토의 조절작용

최근 윤리풍토와 관련하여 조직시민 행동이 새로운 측정변수로 등장하고 있다(유병안, 2007; 허갑수, 변상우, 2006). 이는 조직시민행동이 기업에 있어 공식직무가 요구하지 않는 역할외 행동으로서 윤리풍토가 개인이나 조직의 유효성에 영향을 미치기 때문이다(정인서 등, 2008).

신철우(2006)는 리더십 유형(거래적, 변혁적)을 독립변수로, 리더의 윤리적 성실성을 조절변수로, 종업원들의 동기부여, 조직몰입 및 조직시민행동을 결과변수로 설정하였으며, 리더십 요인이 조직유효성에 미치는 영향관계에 있어서 윤리적 성실성의 조절효과 분석을 위하여 높은 윤리성을 가진 경영자의 부하들과 낮은 윤리성을 지닌 경영자의 부하들 사이의 조직유효성 차이를 분석함으로써 윤리성의 조절효과를 검증하였다. 분석결과 리더의 윤리성이 높을수록 조직시민행동이 향상되는 것으로 나타나 경영자의 윤리적 성실성이 리더십 스타일과 조직시민행동의 관계에 있어서 조절효과가 있는 것으로 보고하고 있다.

정부출연 연구기관의 종사자들을 대상으로 한 강은아(2008)의 실증연구에서도 윤리적 리더십과 조직시민행동의 관계에 윤리풍토, 최고경영자의 윤리적 태도, 부하의 윤리적 태도가 조절효과가 있음을 확인하였다. 따라서 기존 연구들의 이론적 근거와 연구결과에 따라 다음과 같은 가설을 설정하였다.

가설 Ⅴ: 윤리풍토는 윤리적 리더십과 조직시민행동 간의 관계에 있어서 조절역할을 할 것이다.

※ 연구모형 및 연구가설을 작성할 때 아래와 같은 심사자들의 지적사항의 예를 참조하여 작성한다면 많은 도움이 될 것이다. 이 부분도 심사자의 지적이 가장 많은 부분 중의 하나임을 명심하기 바란다.

- 여기서 잠깐 : 연구모형 및 연구가설 관련된 심사에 따른 수정요구사항의 예

1. 가설의 정리가 명확하지 못하다. 매개작용의 경우 그 방향을 명확하게 제시하는 것이 필요하다.

2. 선행연구의 검토에서 "변수x와 변수y간에 유의미한 관계가 있는 것으로 나타났다"라는 식으로 정리하고 있다. 이는 구체적으로 방향과 크기, 그리고 그것이 가지는 의미 등을 포함하여 기술되어야 한다. 그런데 선행연구를 정리할 때 거의 모두 이런 식의 정리에 그치고 있다.

3. 연구가 어떤 변수의 매개작용을 연구대상으로 하고자 할 때는 그 변수가 매개변수인지를 설명하는 부분에 신경을 많이 써야 한다. 이론적으로 충분한 근거를 제공하여야 하며, 다른 연구에서 단순히 이런 결과가 있었다는 식으로 자신의 연구를 정당화해서는 곤란하다. 특히 거의 모든 한국 논문에서 매개변수에 대한 이론적 근거가 분명하게 제시되지 못하고 있기 때문에 더욱 그렇다.

- 이론적 배경의 reference가 적절하지 않습니다. 예를 들어 p3의 상사신뢰 부분의 마지막 단락은 기존의 이론을 정리한 것으로 보이지만 근거가 제시되지 않고 있으며, p5의 두 번째 단락 역시 어떤 연구의 결과인지 제시되지 않고 있습니다. 이론적 배경이 변인 및 연구모형 설정의 이론적 토대가 된다는 점을 고려할 때 보다 신중한 기술이 필요하리라 생각됩니다.

- 가설 설정의 근거가 부족합니다. 예를 들어 p7의 두 번째 단락에서 혁신행동의 선행변수를 찾기 위해 창의성에 대한 연구를 근거로 드셨는데, 연구자께서도 지적하셨듯이 학문적으로는 분명히 구분되는 개념이라 적절치 않은 근거라 판단됩니다.

- 여기서 잠깐 : 연구모형 및 연구가설과 관련된 심사에 따른 수정요구사항의 예

- 본 연구는 상사신뢰가 임파워먼트에 영향을 미치고 임파워먼트는 혁신행동에 영향을 미친다는 내용을 임파워먼트의 매개효과에 초점을 두어 전개하고 있습니다. 그렇다면 가설1은 상사신뢰와 임파워먼트간의 관계에 관한 가설이어야 하며, 가설2는 임파워먼트와 혁신행동간의 관계에 관한 가설이 설정되어야 하며, 가설3은 매개효과에 관한 가설이 되어야 합니다. 수정하시기 바랍니다.

- 연구모형과 가설의 내용이 일치하지 않습니다. 연구자의 가설을 따른다고 하더라도 상사신뢰와 혁신행동간의 관계에 관한 가설은 제시되지 않았습니다.

- 가설 2의 설정에서 서번트 리더십이 서비스 품질에 긍정적인 영향을 미칠 것이라는 연구자의 주장을 뒷받침하기 위한 논거가 필요함

- 연구가설로 제시된 4가지 가설의 도출과정이 취약합니다. 즉 선행연구결과들을 나열하는데 그침으로써 독립변수, 매개변수, 종속변수간의 설명관계가 불충분하며 각각이 독립적으로 끼워져 있는 것 같은 흐름으로 나타나고 있습니다. 특히 2.3.2 서번트 리더십과 서비스품질의 관계에서 김상호/최우성(2005)의 연구와 국내연구 결과들(박미옥, 2004 등)은 변혁적 리더십과 서비스품질간의 관계를 다루고 있는데, 이를 서번트 리더십과 관련지어 설명하는 것은 논리의 비약이 아닌지?

- 12쪽 윤리풍토 조절작용의 선행 관련 연구 기술에 있어, 선행 연구에서는 윤리적 리더십과 조직시민행동의 관계에의 조절 변인들을 여러 개 기술하고 있는데, 왜 이 연구에서는 윤리풍토 하나만을 조절변인으로 연구하고자 하는지 이해가 되지 않습니다. 이를 설명하기 바랍니다.

7. 연구방법

본문 중에서 연구방법의 작성에 관한 내용이다. 앞에서 설정한 연구가설을 검증하기 위한 연구방법은 10 페이지의 「3. 사회과학의 연구방법」에서 「1) 실증연구에 의한 과학적 연구방법」, 14 페이지의 「6. 연구과정의 일반적 절차」에서 「Ⅱ. 연구방법」, 그리고 18 페이지의 「9. 실증연구 관련개념」을 충분히 숙지하여 그 내용을 기초로 하여 작성한다. 이 부분은 본 교재를 집필하게 된 가장 중요한 이유라고 할 수 있으며, 그 내용을 각각 살펴보도록 하자.

독자들이 처음 논문을 접하고 읽어 나가면서 가장 힘들어 하는 부분이 바로 연구방법에 나오는 수많은 표에서 제시되는 수치들이다. 이러한 수치들의 출처를 파악하는 것이 쉽지는 않은데, 이러한 어려움을 극복할 수 있도록 도움을 주고자 한다. 이 부분은 설명해야 할 부분이 많기 때문에 연구방법의 소제목 단위로 설명을 해나가고자 한다.

표본 및 자료수집방법 예시

Ⅳ. 연구방법

1. 표본 및 자료수집방법

본 연구의 연구대상은 조직에서 근무하는 조직구성원으로 연구자의 연구수행에 편의성을 자료수집의 근거로 사용하는 편의표집법(convenience sampling)에 의해(권대봉, 현영섭, 2004) 창원시의 제조업 종사자들을 대상으로 수집하였다. 객관적인 자료 수집을 위해 연구자가 직접 방문하여 설문취지를 설명하고 설문지 300부를 배부하였다. 2009년 10월 4일부터 2010년 1월 7일까지 총 280부가 회수되었다. 이들 중 응답내용이 불성실한 3부의 설문지를 제외한 277부가 최종 분석자료로 사용되었다. 모든 설문지는 5점 리커드 척도로 되어 있다.

분석대상인 표본의 특성을 살펴보면 다음과 같다. 응답자의 성별은 남성이

81.9%, 여성이 18.1%, 연령별로는 20대가 29.6%, 30대가 35.4%, 40대 이상이 35.0%이었다. 결혼유무에 대해 기혼자가 63.9%, 미혼자가 36.1%로 나타났다. 교육수준은 중졸이 2.5%, 고졸이 31.0%, 전문대졸이 24.2%, 대졸이 37.9%, 대학원졸이 4.3%로 나타났다. 정규직으로 86.6%, 비정규직이 13.4%이었다. 재직기간은 1년 미만은 15.5%, 1년 이상 5년 미만은 49.5%, 5년 이상 10년 미만은 13.0%, 10년 이상 장기종사자가 22.0%를 차지했다.

「Ⅳ. 연구방법」의 「1. 표본 및 자료수집방법」에서 우선 연구목적에 부합되는 연구대상을 선정하는 것이 매우 중요하다. 예를 들면 윤리적 리더십에 대한 주장을 하고자 한다면 어떤 조직이 가장 윤리적 리더십을 필요로 하는지 충분한 검토가 이루어져야 할 것이다. 다음으로 연구변수를 측정할 수 있는 설문지를 기획하는 것이다. 가능하다면 선행연구에서 신뢰성과 타성성이 검증된 측정도구를 선택하여 사용하는 것이 심사자로부터 좋은 평가를 받는데 유리하다고 볼 수 있다. 설문지에 대한 검토가 끝난 후에는 어떠한 방법으로 설문조사를 할 것인가? 대표적인 방법들로는 전화를 이용하는 방법, 최근에는 인터넷 메일을 이용하는 방법, 직접 연구대상을 만나 충분한 설명을 하고 설문조사를 하는 방법 등 다양하다. 하지만 전화와 메일을 이용하는 방법은 회수률이 현저하게 떨어지기 때문에 시도하기는 용이하지만 충분한 데이터를 확보하는데 많은 한계가 있다고 볼 수 있다. 따라서 가장 회수률이 높은 직접 연구대상을 만나 충분한 설명을 하고 설문조사를 하는 방법을 추천한다. 다음은 설문지의 사례를 제시하고 있다. 참조하기 바란다.

설문지 작성 예시

설 문 지

안녕하십니까?

본 설문지는 **"윤리적리더십이 조직시민행동에 미치는 영향"**을 연구하기 위한 목적에서 작성되었습니다. 연구결과는 기업의 윤리적리더십 모형을 제시함으로써 기업 조직의 발전을 도모하는데 귀중한 자료로 사용되리라 믿습니다.

본 설문지는 실증적 연구에 사용될 자료를 수집하기 위한 것으로써 **응답하신 내용은 학술적인 목적으로만 사용되며 무기명**으로 처리될 것입니다. 귀하께서 응답하신 내용에 관한 모든 정보는 어떠한 경우에도 공개되지 않습니다.

바쁘신 업무에 여러모로 번거로우시겠지만, 본 설문에 성실하게 응답해 주신다면 본 연구를 가능케 하는 **귀중한 자료로 활용하겠습니다.**

귀하의 도움과 호의에 다시 한번 감사드리며 성실한 답변을 부탁드립니다.

대단히 감사합니다.

20xx년 xx월

0 0 0 대학 0 0 0

0 0 0

<연락처> 휴대폰 :

e-mail :

설문응답요령

- 각 설문문항에는 정답이 없습니다. 문항을 읽고 난 후 즉각적인 느낌이나 생각이 표현된 곳에 ○표해 주십시오.

- 서로 유사한 문항 또는 비슷하다고 느끼게 되는 문항이라 할지라도, 한 문항도 빠뜨리지 마시고 응답해 주십시오.

- 귀하의 귀중한 시간과 노력이 헛되지 않게 훌륭한 연구로 보답하고자 하오니 마지막 페이지까지 응답을 부탁드립니다. 대단히 감사합니다.

다음은 귀하의 윤리적 리더십과 상사와 조직에 대한 질문입니다. 각 문장을 주의 깊게 읽으시고 귀하의 느낌이나 생각을 가장 가까운 곳에 다음과 같이 한 숫자에 표시해 주십시오.

항　　목	전혀 그렇지 않다	그렇지 않다	그저 그렇다	그렇다	매우 그렇다
1. 나의 상사는 부하직원이 이야기하는 것을 잘 경청한다.	1	2	3	4	5
2. 나의 상사는 윤리 규정을 위반한 부하직원을 규제하는 편이다.	1	2	3	4	5
3. 나의 상사는 사생활에서도 윤리적으로 행동한다.	1	2	3	4	5
4. 나의 상사는 부하직원의 생각에 대해 매우 관심을 가지고 있다.	1	2	3	4	5
5. 나의 상사는 공정하고 균형 있는 의사결정을 한다.	1	2	3	4	5
6. 나의 상사는 믿음직하다.	1	2	3	4	5
7. 나의 상사는 우리 회사의 윤리나 가치관에 대해 부하직원과 이야기 하는 편이다.	1	2	3	4	5
8. 나의 상사는 어떻게 일을 올바르게 윤리적으로 처리할 수 있는지 예시를 보여준다.	1	2	3	4	5
9. 나의 상사는 성공의 판단기준에 결과뿐만 아니라 과정에서 얻은 방법론도 포함한다.	1	2	3	4	5
10. 나의 상사는 의사결정을 할 때, 무엇이 올바른 결정인지에 관해 의견을 구한다.	1	2	3	4	5
1. 나의 상사는 나를 항상 공정하게 대한다는 것을 확신한다.	1	2	3	4	5
2. 나의 상사는 결코 어떤 이익을 위해 남을 속일 사람이 아니다.	1	2	3	4	5
3. 나는 나의 상사의 정직성을 완벽히 믿는다.	1	2	3	4	5
4. 나는 나의 상사에게 충성한다.	1	2	3	4	5
5. 나는 어떤 긴급 상황에 있어서도 나의 상사를 지지한다.	1	2	3	4	5
6. 나는 나의상사에 대하여 강한 충성심을 느낀다.	1	2	3	4	5
1. 나는 우리 회사의 발전을 위해 자발적으로 일한다.	1	2	3	4	5
2. 나는 우리 회사의 모든 상황을 잘 파악하고 있다.	1	2	3	4	5
3. 나는 우리 회사의 발전을 위해 최선을 다해 노력하고 있다.	1	2	3	4	5
4. 나는 우리 회사의 이미지를 위해 자발적으로 적극적인 참여를 한다.	1	2	3	4	5
5. 나는 우리 회사를 위해 개선된 방법으로 일을 하려고 한다.	1	2	3	4	5
6. 나는 우리 회사에서 요구하는 이상으로 일을 한다.	1	2	3	4	5
7. 나는 우리 회사를 위해 업무개선을 위한 제안을 자주한다.	1	2	3	4	5

다음은 윤리풍토에 대한 질문입니다. 각 문장을 읽으시고 귀하의 느낌이나 생각을 가장 가까운 곳에 다음과 같이 한 숫자에 표시해 주십시오.

항　　목	전혀 그렇지 않다	그렇지 않다	그저 그렇다	그렇다	매우 그렇다
1. 우리 회사에서 비윤리적 행동은 흔하지 않는 일이다.	1	2	3	4	5
2. 우리 회사에서 성공하기 위해서는 개인 윤리와의 타협이 절대 필요하지 않다.	1	2	3	4	5
3. 우리 회사는 직원이 개인적 이득을 위해 비윤리적인 행동을 했다는 것이 밝혀지면 즉시 징계를 받게 된다.	1	2	3	4	5
4. 우리 회사는 직원이 회사의 이득을 위해 비윤리적인 행동을 했다는 것이 밝혀지면 즉시 징계를 받게 된다.	1	2	3	4	5

다음은 설문을 완성하기 위한 【일반적인 사항】에 대한 질문입니다. 각 질문을 읽고 해당란에 응답 혹은 ○표 해주십시오.

1. 귀하의 성별은? ① 남 ② 여

2. 귀하의 연령은?
① 20대 미만 ② 20대 ③ 30대 ④ 40대 ⑤ 50대 이상

3. 귀하의 결혼유무는? ① 기혼 ② 미혼 ③ 기타

4. 귀하의 학력은?
① 중졸 ② 고졸 ③ 전문대졸 ④ 대졸 ⑤ 대학원졸

5. 귀하의 월 평균 소득은?
① 100만 미만 ② 100~200만 미만 ③ 200~300만 미만 ④ 300~400만 미만 ⑤ 400만 이상

6. 귀하의 재직기간은?
① 1년 미만 ② 1~3년 미만 ③ 3~5년 미만 ④ 5~10년 미만 ⑤ 10년 이상

끝까지 설문에 답하여 주셔서 대단히 감사합니다.

직접 연구대상을 만나 충분한 설명을 하고 설문조사를 통해 설문지 회수가 성공적으로 되었다면 독자들이 익숙한 엑셀에 데이터를 입력한다. 엑셀 시트의 행에는 설문지 한부의 내용이, 각 열에는 설문문항의 결과가 입력되도록 한다. 물론 SPSS 직접 입력하는 것도 가능하다. 엑셀과 SPSS는 호환성이 뛰어나기 때문에 아무래도 독자들은 엑셀이 익숙하기 때문에 엑셀에 입력을 마친 후 SPSS에 복사하는 것이 시간적으로 유리할 것이다. <그림 3-3>은 설문내용을 엑셀에 데이터를 입력한 화면의 예이고, <그림 3-4>는 엑셀에서 복사한 데이터를 SPSS에 붙여넣기를 하고 난 이후의 화면의 예이다.

〈그림 3-3〉 설문내용을 엑셀에 데이터를 입력한 화면의 예

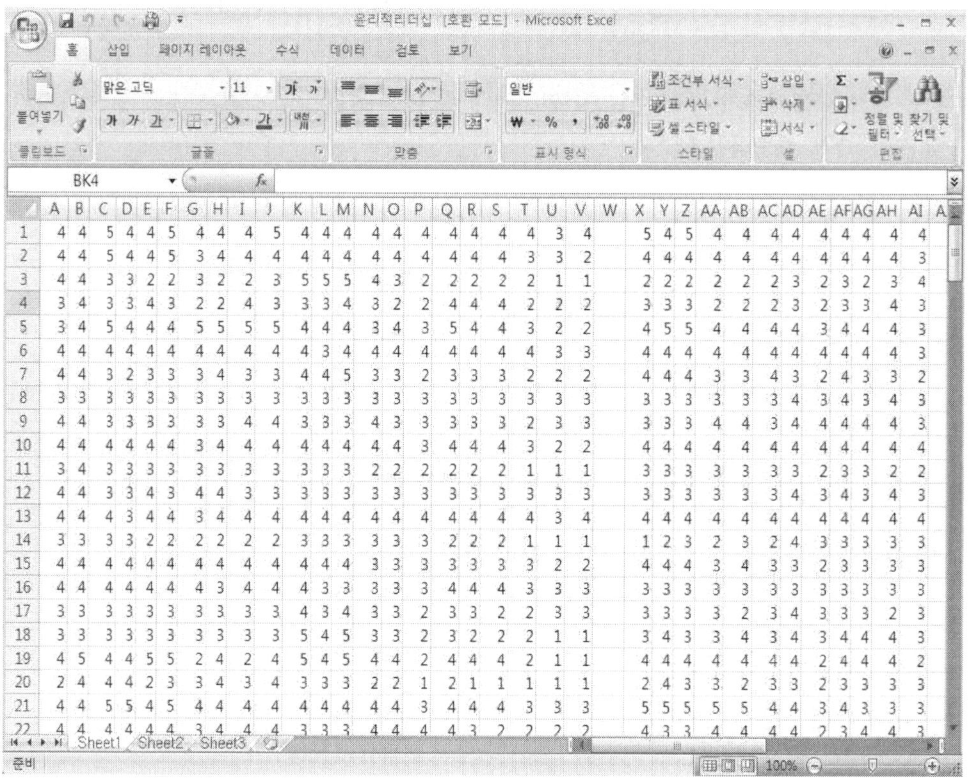

	A	B	C	D	E	F	G	H	I	J	K	L	M	N	O	P	Q	R	S	T	U	V	W	X	Y	Z	AA	AB	AC	AD	AE	AF	AG	AH	AI
1	4	4	5	4	4	5	4	4	4	5	4	4	4	4	4	4	4	4	4	4	3	4		5	4	5	4	4	4	4	4	4	4	4	4
2	4	4	5	4	4	5	3	4	4	4	4	4	4	4	4	4	4	4	4	3	3	2		4	4	4	4	4	4	4	4	4	4	4	3
3	4	4	3	3	2	2	3	2	2	3	5	5	5	4	3	2	2	2	2	2	1	1		2	2	2	2	2	2	3	2	3	2	3	4
4	3	4	3	3	4	3	2	2	4	3	3	3	4	3	2	2	4	4	4	2	2	2		3	3	3	2	2	2	3	2	3	3	4	3
5	3	4	5	4	4	4	5	5	5	5	4	4	4	3	4	3	5	4	4	3	2	2		4	5	5	4	4	4	4	3	4	4	4	3
6	4	4	4	4	4	4	4	4	4	4	4	3	4	4	4	4	4	4	4	4	3	3		4	4	4	4	4	4	4	4	4	4	4	3
7	4	4	3	2	3	3	3	4	3	3	4	4	5	3	3	2	3	3	3	2	2	2		4	4	4	3	3	4	3	2	4	3	3	2
8	3	3	3	3	3	3	3	3	3	3	3	3	3	3	3	3	3	3	3	3	3	3		3	3	3	3	3	3	4	3	4	3	4	3
9	4	4	3	3	3	3	3	3	4	4	3	3	3	4	3	3	3	3	3	2	3	3		3	3	3	4	4	3	4	4	4	4	4	3
10	4	4	4	4	4	4	3	4	4	4	4	4	4	4	4	3	4	4	4	3	2	2		4	4	4	4	4	4	4	4	4	4	4	4
11	3	4	3	3	3	3	3	3	3	3	3	3	3	2	2	2	2	2	2	1	1	1		3	3	3	3	3	3	3	2	3	3	2	2
12	4	4	3	3	4	3	4	4	3	3	3	3	3	3	3	3	3	3	3	3	3	3		3	3	3	3	3	3	4	3	4	3	4	3
13	4	4	4	3	4	4	3	4	4	4	4	4	4	4	4	4	4	4	4	4	3	4		4	4	4	4	4	4	4	4	4	4	4	4
14	3	3	3	3	2	2	2	2	2	2	3	3	3	3	3	3	2	2	2	1	1	1		1	2	3	2	3	2	4	3	3	3	3	3
15	4	4	4	4	4	4	4	4	4	4	4	4	4	3	3	3	3	3	3	3	2	2		4	4	4	3	4	3	3	2	3	3	3	3
16	4	4	4	4	4	4	4	3	4	4	4	3	3	3	3	3	4	4	4	3	3	3		3	3	3	3	3	3	3	3	3	3	3	3
17	3	3	3	3	3	3	3	3	3	3	4	3	4	3	3	2	3	3	2	2	3	3		3	3	3	3	2	3	4	3	3	3	2	3
18	3	3	3	3	3	3	3	3	3	3	5	4	5	3	3	2	3	2	2	2	1	1		3	4	3	3	4	3	4	3	4	4	4	3
19	4	5	4	4	5	5	2	4	2	4	5	4	5	4	4	2	4	4	4	2	1	1		4	4	4	4	4	4	4	2	4	4	4	2
20	2	4	4	4	2	3	3	4	3	4	3	3	3	2	2	1	2	1	1	1	1	1		2	4	3	3	2	3	3	2	3	3	3	3
21	4	4	5	5	4	5	4	4	4	4	4	4	4	4	4	3	4	4	4	3	3	3		5	5	5	5	5	4	4	3	4	3	3	3
22	4	4	4	4	4	4	3	4	4	4	3	3	3	4	4	4	4	3	2	2	2	2		4	3	3	4	4	4	4	2	3	4	4	3

〈그림 3-4〉 SPSS 데이터 입력 화면의 예

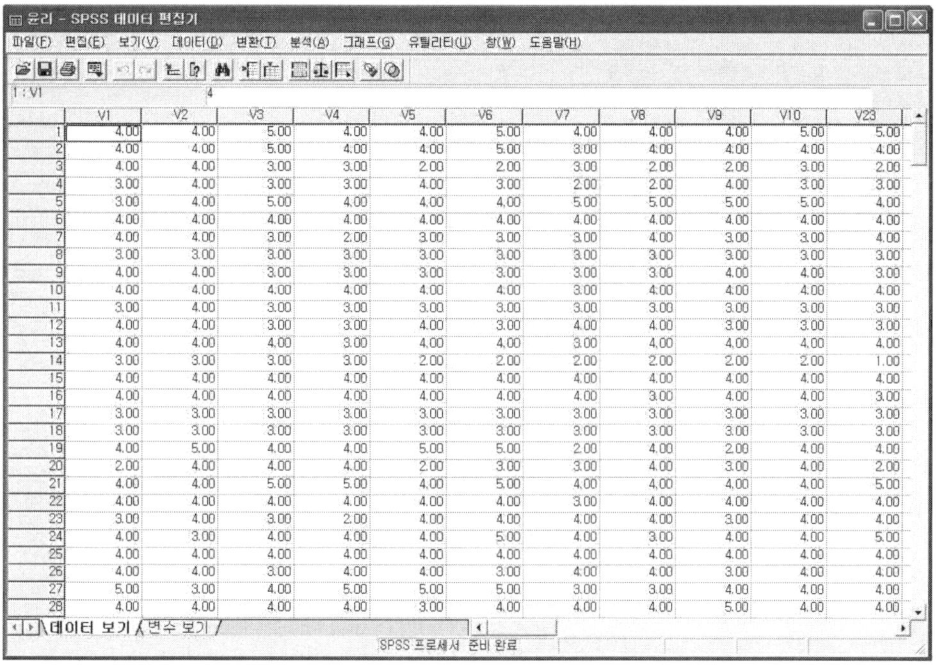

〈그림 3-5〉 빈도분석 화면의 예

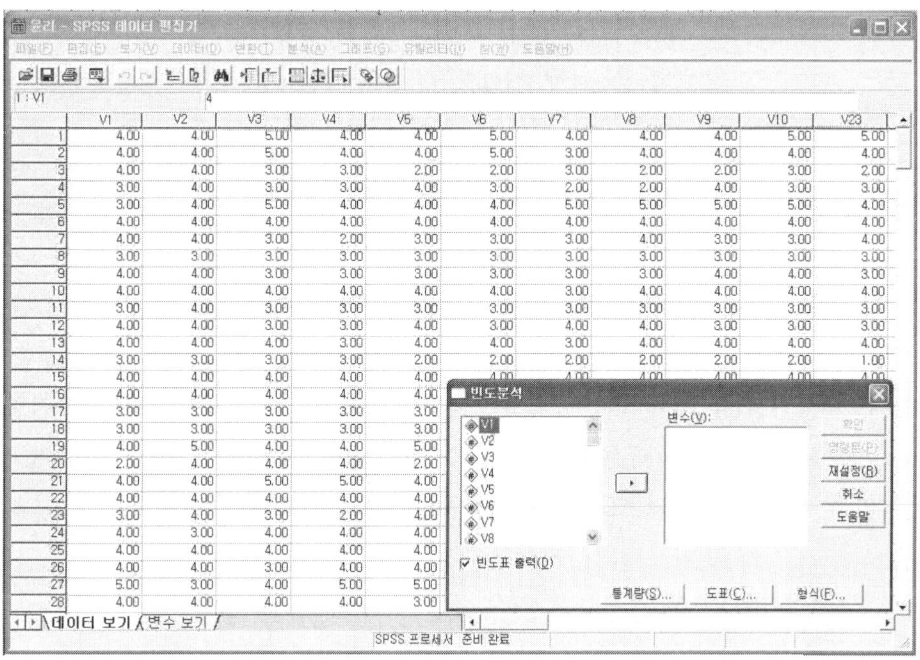

〈그림 3-6〉 빈도분석 실행결과 화면의 예

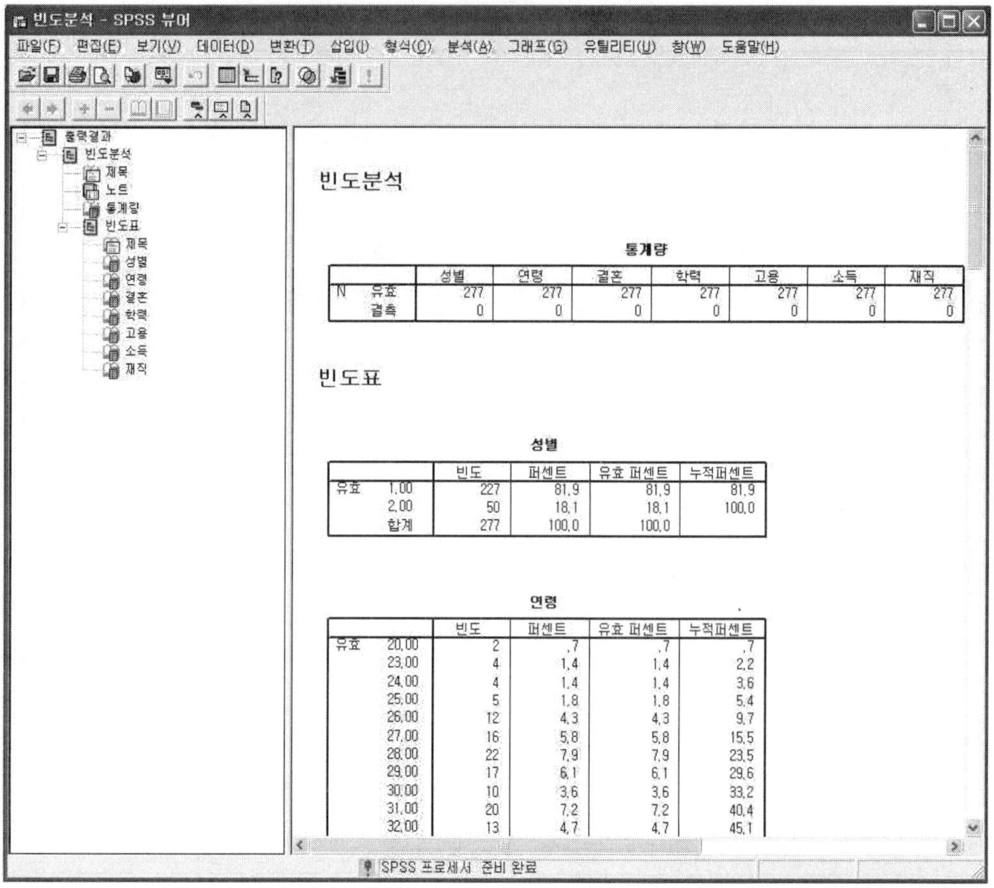

지금까지 소중한 데이터를 잘 입력했다면, 결측치, 동일한 데이터의 반복 등의 유효하지 않는 데이터를 정리하고 첫 번째 빈도분석을 SPSS에서 해보자. 빈도분석은 SPSS의 메뉴 중 분석 / 기술통계량 / 빈도분석에서 시행하면 된다. <그림 3-5>와 같이 빈도분석의 팝업 메뉴에서 인구통계학 변수(성별, 연령, 결혼유무, 교육수준, 고용형태, 재직기간)를 선택하여 실행하면 <그림 3-6>과 같은 실행결과를 확인할 수 있다. 빈도분석의 실행결과는 잘 정리하여 「Ⅳ. 연구방법」의 「1. 표본 및 자료수집 방법」에서 마지막 문단의 표본의 특성에 기술하면 된다.

변수의 측정 예시

2. 변수의 측정

윤리적 리더십은 부하에게 역할모델이 되는 직속상사의 윤리적 행동과 의사결정, 그리고 조직내에서 직속상사가 윤리적 행동을 강조하고 관리하는 정도를 의미하며, 강은아(2008)의 연구에서 사용한 10개 문항을 측정하였다. 상사신뢰는 상사와의 상호작용을 통하여 부하가 갖게 되는 상사에 대한 믿음을 의미하며, Podsakoff 등(1990)의 설문항목을 사용하여 6개 문항을 측정하였다. 윤리적 풍토는 자신이 근무하는 조직의 투명성에 대한 평가로 윤리적 행동에 대한 보상 및 처벌의 유무를 통해 실제로 기업에 윤리적 가치인식이 내재 되어있는지를 나타내는 정도를 의미하며, 강은아(2008)의 연구에서 사용한 4개 항목을 사용하였다. 조직시민행동은 조직구성원의 자유재량의 행동으로서 공식적인 보상체제에 의해 지각되지는 않으나, 각 구성원들이 자신이 소속된 조직의 발전을 위해 자발적으로 수행하는 다양한 활동을 의미하며 배성현과 김미선(2009)의 연구에서 사용한 9개 문항을 측정하였다.

※ 변수의 측정을 기술할 때 아래와 같은 심사자들의 지적사항의 예를 참조하여 작성한다면 많은 도움이 될 것이다.

• 여기서 잠깐 : 변수의 측정과 관련된 심사에 따른 수정요구사항의 예

- 본 연구에서 제시하는 윤리적 리더십의 정의는 무엇이며, 윤리적 리더십의 조작적 정의와의 관련성이 불분명하게 제시되어 있음. 본 연구에서 제시하는 상사신뢰의 정의가 무엇이며, 본 연구의 정의와 조작적 정의와의 관련성도 제시할 필요가 있음.

- 측정변수의 조작적 정의가 명쾌하지 못합니다. 설문항목이 첨부되어 있지 않아 측정된 변수값의 내용을 이해하기 어려워 조작적 정의에 있어서 측정된 내용이 무엇인지 알 수가 없습니다.

3. 신뢰성과 타당성 분석

본 연구에서 제안된 가설들의 검증을 위해 측정도구의 신뢰성과 타당성을 점검하였다. 크론바하 알파 신뢰계수는 윤리적 리더십(0.916), 상사신뢰(0.890), 윤리풍토(0.786), 조직시민행동(0.909)으로 아주 높게 나타났으며(<표 1>참조), 측정도구의 요인분석을 위해 보편적으로 활용하는 요인추출방법으로 주성분분석(principal component analysis)을 통한 직각회전(varimax rotation)을 이용하였다.

탐색적 요인분석결과, 고유치(eigen value)가 1 이상인 요인의 수는 4개로 추출되었다. 구체적으로 보면 윤리적 리더십의 10개 문항이 단일요인으로 묶였고, 분산비율이 43.247%로 나타났다. 조직시민행동은 총 7개 문항이 단일요인으로 묶였고, 분산비율이 10.911%로 나타났다. 상사신뢰는 총 6개의 문항 중 1개 문항이 제거되어 5개 문항이 단일요인으로 묶였고, 분산비율이 5.619%로 나타났다. 윤리풍토는 총 4개 문항이 단일요인으로 묶였고, 분산비율은 4.286%로 나타났다. 이때 누적분산비율은 64.063%로 나타났다.

〈표 1〉 연구 변수들의 신뢰성 및 타당성 분석 결과

변수 및 문항		요인적재치	아이젠값	설명비율	누적비율	크론바하 알파계수
윤리적 리더십 (EL)	EL 4	0.712	11.244	43.247	43.247	0.916
	EL 1	0.711				
	EL 5	0.708				
	EL 6	0.691				
	EL 3	0.675				
	EL 10	0.666				
	EL 2	0.651				
	EL 9	0.649				
	EL 8	0.643				
	EL 7	0.635				
조직시민행동 (OCB)	OCB 4	0.786	2.837	10.911	54.158	0.909
	OCB 2	0.779				
	OCB 5	0.763				

	OCB 3	0.757				
	OCB 6	0.751				
	OCB 1	0.750				
	OCB 7	0.746				
상사신뢰 (TOS)	TOS 4	0.704	1.461	5.619	59.777	0.890
	TOS 5	0.703				
	TOS 2	0.629				
	TOS 6	0.612				
	TOS 3	0.600				
윤리풍토 (EC)	EC 3	0.799	1.114	4.286	64.063	0.786
	EC 4	0.759				
	EC 1	0.620				
	EC 2	0.575				

이제부터 본격적으로 SPSS 통계분석을 한 결과를 제시하는 부분이다. 먼저 연구 별수들의 신뢰성과 타당성을 분석해야 한다. 타당성 분석은 SPSS에서의 요인분석 결과를 가지고 제시하고, 신뢰성 분석은 크론바하 알파계수 값을 가지고 제시해야 하는데 이는 SPSS에서 신뢰도분석 결과를 제시하면 된다.

요인분석은 SPSS의 메뉴 중 분석 / 데이터축소 / 요인분석에서 시행하면 된다. <그림 3-7>와 같이 요인분석의 팝업 메뉴에서 왼쪽에 있는 측정문항에서 분석하고 하는 문항들을 선택하여 오른쪽 변수 란으로 이동시킨다. 그런 다음 아래 쪽에 있는 기술통계와 요인추출은 default로 두고, 요인회전은 방법을 '베리멕스'로 체크한다. 그리고 요인점수는 '변수로 저장'을 체크하며, 방법은 '회귀분석'을 체크하고, '요인점수 계수행렬 출력'을 체크한다. 옵션에서 계수출력형식은 '크기순 정렬'을 체크하여 확인을 클릭한다

이러한 요인분석은 한번의 실행으로 끝나는 것이 아니라 아이겐 값이 1이상이 되도록 여러 번의 시행착오를 해야만 한다. 이 과정에서 변수에 대한 설명력이 다소 떨어지는 측정문항들이 제거된다. 즉, 요인적재치가 0.4이하인 문항들이 제거되어야 한다. 요인분석결과 중에서 신뢰성과 타당성 분석 사례의 '<표 1> 연구 변수들의 신뢰성 및 타당성 분석 결과'에서 사용되는 부분은 <그림 3-8>과 <그림 3-9>이다. 좀더 구체적으로 설명을 하자면 <그림 3-8>에서의 추출 제곱합 적재값을 '<표 1>

연구 변수들의 신뢰성 및 타당성 분석 결과'의 아이겐값, 설명비율, 누적비율에 대응시켜 옮겨 적는다. 그리고 <그림 3-9>에서 회전된 성분행렬의 성분 1, 2, 3, 4에 요인적재치를 '<표 1> 연구 변수들의 신뢰성 및 타당성 분석 결과'의 변수별 요인적재치에 대응시켜 옮겨 적는다.

〈그림 3-7〉 요인분석 화면의 예

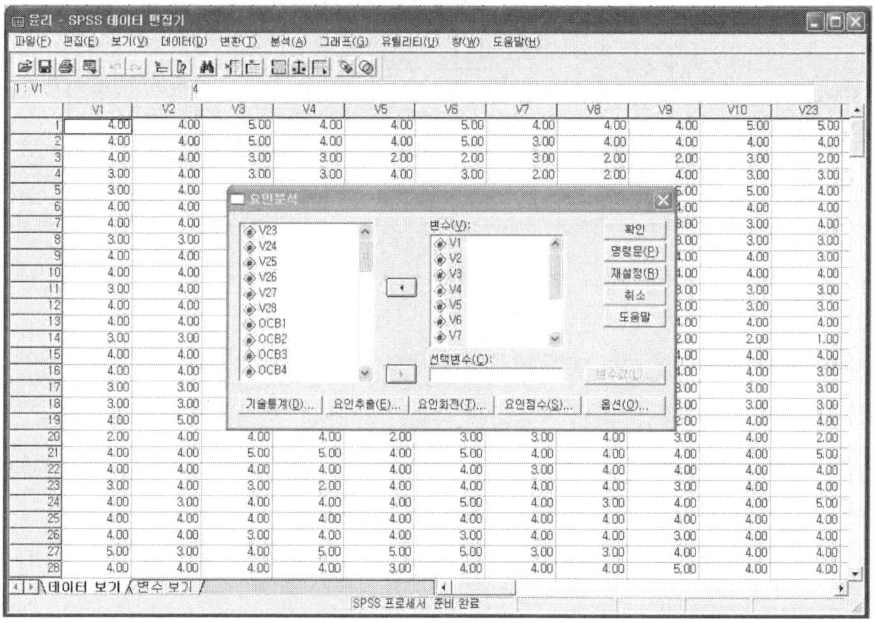

〈그림 3-8〉 요인분석 결과(설명된 총분산) 화면의 예

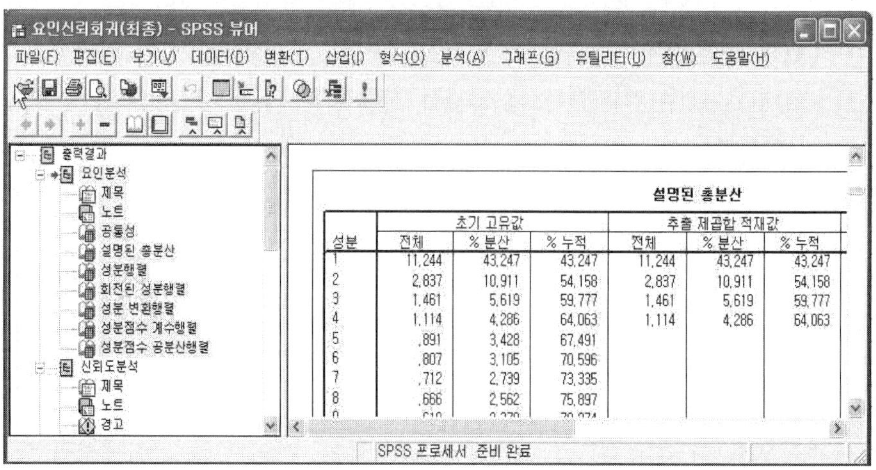

〈그림 3-9〉 요인분석 결과(회전된 성분행렬) 화면의 예

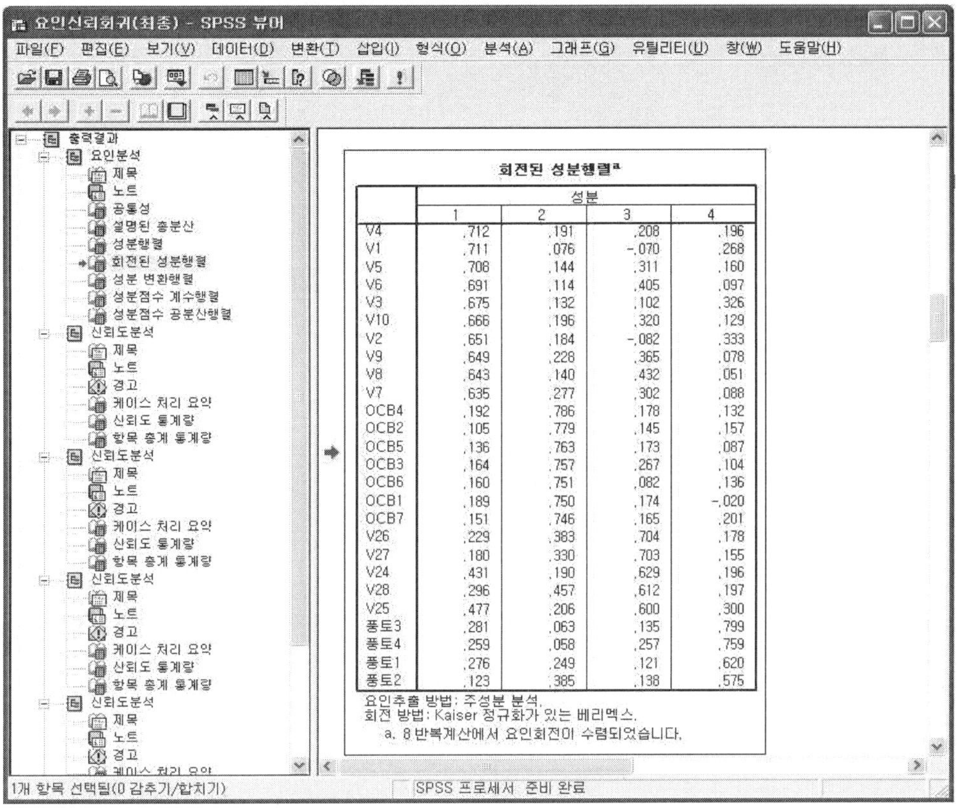

회전된 성분행렬[a]

	성분			
	1	2	3	4
V4	,712	,191	,208	,196
V1	,711	,076	-,070	,268
V5	,708	,144	,311	,160
V6	,691	,114	,405	,097
V3	,675	,132	,102	,326
V10	,666	,196	,320	,129
V2	,651	,184	-,082	,333
V9	,649	,228	,365	,078
V8	,643	,140	,432	,051
V7	,635	,277	,302	,088
OCB4	,192	,786	,178	,132
OCB2	,105	,779	,145	,157
OCB5	,136	,763	,173	,087
OCB3	,164	,757	,267	,104
OCB6	,160	,751	,082	,136
OCB1	,189	,750	,174	-,020
OCB7	,151	,746	,165	,201
V26	,229	,383	,704	,178
V27	,180	,330	,703	,155
V24	,431	,190	,629	,196
V28	,296	,457	,612	,197
V25	,477	,206	,600	,300
풍토3	,281	,063	,135	,799
풍토4	,259	,058	,257	,759
풍토1	,276	,249	,121	,620
풍토2	,123	,385	,138	,575

요인추출 방법: 주성분 분석.
회전 방법: Kaiser 정규화가 있는 베리멕스.
a. 8 반복계산에서 요인회전이 수렴되었습니다.

신뢰성 분석은 SPSS의 메뉴 중 분석 / 척도화분석 / 신뢰도분석에서 시행하면 된다. <그림 3-10>와 같이 신뢰도분석의 팝업 메뉴에서 왼쪽에 있는 측정문항 중에서 분석하고자 하는 변수에 해당하는 문항들을 선택하여 오른쪽 항목 란으로 이동시킨다. 그런 다음 아래 쪽에 있는 '통계량' 버튼을 클릭하면 통계량 팝업 창이 나타난다. '항목제거시 척도'를 체크하여 오른쪽에 있는 '계속' 버튼을 누른 후 신뢰도분석의 팝업 메뉴에서 확인을 클릭한다.

〈그림 3-10〉 신뢰성분석 화면의 예

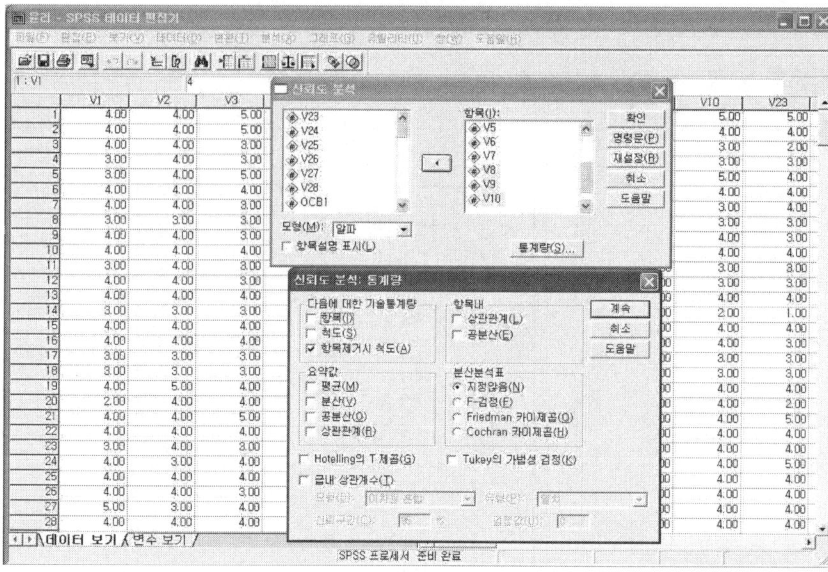

신뢰도분석의 결과는 <그림 3-11>과 같다. <그림 3-11>에서 신뢰도 통계량의 Cronbach의 알파에 해당하는 값을 '<표 1> 연구 변수들의 신뢰성 및 타당성 분석 결과'의 변수별 크론바하 알파계수에 대응시켜 옮겨 적는다.

〈그림 3-11〉 신뢰성분석 결과 화면의 예

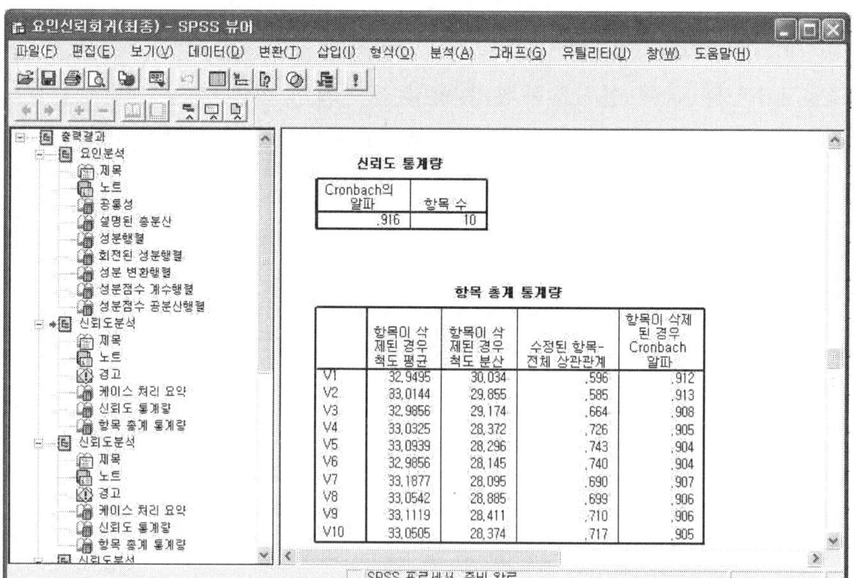

신뢰성과 타당성 분석을 통해 제거된 문항을 제외한 측정문항들이 변수를 충분히 설명하는 것으로 보고 각 변수에 대한 측정문항의 평균합을 계산하여 이후 분석에 사용하게 된다. 예를 들어 윤리적 리더십의 경우는 측정 문항 V1~V10까지 제거된 문항 없이 10개 문항이 모두 아이겐값(고유치)이 1이상이므로 윤리적 리더십 = (V1 + V2 + … + V10)/10을 윤리적 리더십의 값으로 본다. 상사신뢰, 조직시민행동, 윤리풍토도 이와 같이 계산한다. 이러한 과정은 <그림 3-12>와 같이 SPSS의 메뉴 중 변환/변수계산에서 시행하면 된다.

〈그림 3-12〉 변수계산 화면의 예

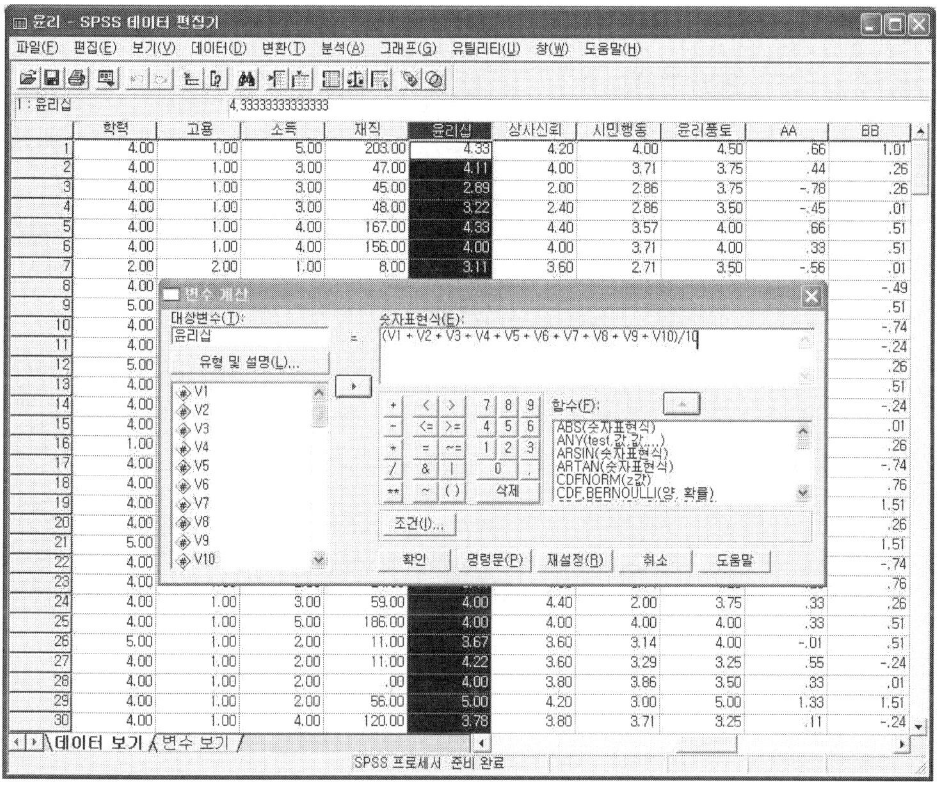

※ 신뢰성과 타당성 분석을 기술할 때 아래와 같은 심사자들의 지적사항의 예를 참조하여 작성한다면 많은 도움이 될 것이다.

● 여기서 잠깐 : 신뢰성과 타당성 분석과 관련된 심사에 따른 수정요구사항의 예

- 146쪽에 요인분석 결과를 제시하고 있는데, 독립변수, 매개변수와 종속변수를 모두 포함해서 요인분석을 동시에 실시하는 것이 적절한지 의문임.

- 〈표1〉 요인분석 결과를 제시함에 있어서 "건설적 사고1", "혁신행동3" 등으로만 제시할 것이 아니라 각각의 문항에 대해 그 구체적인 내용을 간략히 제시하는 것이 필요함. 즉, 어떻게 측정하였는지 이해를 돕기 위해 각각의 문항을 간략히 서술하는 것이 요구됨.

변수 간의 상관관계 예시

4. 변수 간의 상관관계

<표 2>는 가설검증을 위한 선행단계로 연구변수들과 통제변수들의 평균과 표준편차 그리고 상관관계를 보여준다. 일반적으로 상관계수가 0.4이상인 경우 높은 상관관계를 가지고 있다고 판단하고, 0.8이상의 경우는 다중공선성의 가능성이 있다(김종관, 2008). 본 연구에서 사용된 변수들의 상관관계를 분석한 결과 <표 2>에서 보는 바와 같이 다중공선성의 우려는 없는 것으로 판단되었다. 상관관계 분석을 통해서 셀프리더십의 세 가지 요인과 직무만족 및 혁신행동은 서로 높은 관련성이 있음을 확인하였다.

〈표 2〉 평균, 표준편차 및 상관관계

변수	평균	표준편차	1	2	3	4	5	6	7	8	9	10	11
1.	1.18	0.39	1.000										
2.	35.97	8.49	−.321**	1.000									
3.	1.36	0.49	.264**	−.619	1.000								
4.	3.10	0.98	−.291**	−.277**	.064	1.000							
5.	1.15	0.41	.447**	−.280**	.180**	−.173**	1.000						
6.	1.96	0.97	−.380**	.379**	−.422**	.466**	−.295**	1.000					

7.	64.18	63.82	-.126*	.526**	-.465**	-.052	-.088	.552**	1.000				
8.	3.67	0.60	-.127*	.124*	-.109	.011	-.094	.059	-.122*	1.000			
9.	3.61	0.65	-.167**	.095	-.067	.022	-.120*	.063	-.098	.704**	1.000		
10.	3.49	0.66	-.226**	.101	-.058	.058	-.042	.068	-.106	.595**	.556**	1.000	
11.	3.54	0.64	-.106	.220**	-.067	-.082	-.105	.017	-.019	.480**	.624**	.454**	1.000

주) 1.성별, 2.연령, 3. 결혼유무, 4.학력, 5.고용형태, 6.월소득, 7.재직기간, 8.윤리적 리더십, 9.상사신뢰, 10.윤리풍토, 11.조직시민행동, *p 〈 0.05, **p 〈 0.01

상관관계 분석은 SPSS의 메뉴 중 분석 / 상관분석 / 이변량상관계수에서 시행하면 된다. <그림 3-13>와 같이 이변량상관계수의 팝업 메뉴에서 왼쪽에 있는 인구통계학적 변수들과 연구변수측정문항 중에서 분석하고자 하는 변수에 해당하는 문항들을 선택하여 오른쪽 항목 란으로 이동시킨다. 그런 다음 아래 쪽에 있는 '통계량' 버튼을 클릭하면 통계량 팝업 창이 나타난다. '항목제거시 척도'를 체크하여 오른쪽에 있는 '계속' 버튼을 누른 후 신뢰도분석의 팝업 메뉴에서 확인을 클릭한다.

〈그림 3-13〉 상관분석 화면의 예

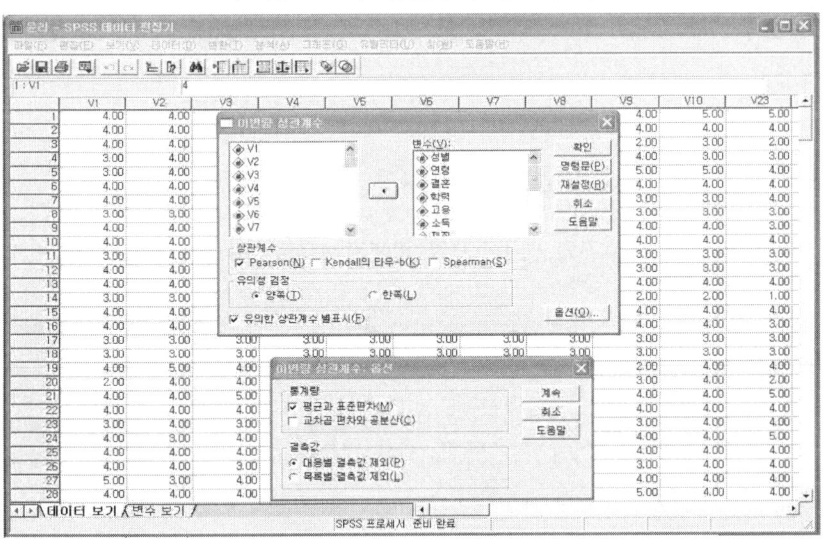

상관분석의 결과는 <그림 3-14>과 같다. <그림 3-14>에서 인구통계학적 변수와 연구변수들의 평균, 표준편차, 상관계수 및 유의도(p) 값을 '<표 2> 평균, 표준편차 및 상관관계'의 각 위치에 대응시켜 옮겨 적는다.

〈그림 3-14〉 상관분석 결과 화면의 예

※ 변수 간의 상관관계를 기술할 때 아래와 같은 심사자들의 지적사항의 예를 참조하여 작성한다면 많은 도움이 될 것이다.

- 여기서 잠깐 : 변수간의 상관관계와 관련된 심사에 따른 수정요구사항의 예

- 〈표2〉를 보면 성별의 경우 남=1, 여=2로 놓고 분석하였는데, dummy variable의 경우 0과 1로 투입하여 분석하는 것이 통상적임.

- 표2에서 고용형태는 어떤 것이며, 월소득은 어떻게 구분한 것이며, 성별은 어떻게 구분하여 코딩한 것인가요? 이에 대한 설명이 매우 부족합니다. 이들 변수를 통제변수로 이용하였기에 이에 대한 정보는 필요합니다.

8. 가설검증결과

본문 중에서 가설검증결과의 작성에 관한 내용이다. 최근 실증연구에서 두 가지 통계분석방법이 대표적으로 사용되고 있는데 그 하나가 SPSS에서 회귀분석을 통해 검증하는 방법과 또 다른 하나는 AMOS에서 구조방정식 모형분석을 통해 검증하는 방법이 있다. 먼저 SPSS에서 회귀분석을 통해 검증하는 방법을 소개하고자 한다.

또한 실증연구에서 여러 변수들 간의 영향 관계에 대한 가설은 크게 세 가지 관점에서 다루어지고 있다. 첫 번째, 독립변수와 종속변수 간의 직접관계, 두 번째, 독립변수와 종속변수 간의 관계에서 매개변수의 작용, 세 번째, 두 번째, 독립변수와 종속변수 간의 관계에서 조절변수의 작용이 있다. 여기서는 매개효과와 조절효과에 대해 집중적으로 다루고자 한다.

가설검증결과 예시

V. 가설검증결과

검증에 앞서 상관관계 분석에서 다중공선성의 우려는 없는 것으로 나타났지만 보다 확실한 분석을 하고자 추가적으로 변수들 간의 다중공선성 검토를 위해 분산팽창요인(**VIF : variance inflation factor**)을 조사하였다. 일반적으로 **VIF**의 값이 10을 넘지 않으면 다중공선성의 가능성이 없다고 할 수 있다(유승동, 2001). VIF의 값을 확인한 결과, 변수들 중에서 가장 큰 값이 **2.767**로 나타나 다중공선성의 문제는 없는 것으로 판단된다.

가설 Ⅰ은 윤리적 리더십과 상사신뢰의 관계에 관한 것이다. <표 3>에서 보는 바와 같이 회귀분석을 실시한 결과 윤리적 리더십이 상사신뢰에 대해 50.4%의 설명력을 보이고 있으며 통계적으로 유의한 수준(**β =.691, $p<0.01$**)에서 영향을 미치고 있는 것으로 나타났다. 따라서 가설 Ⅰ이 지지되었다.

가설 Ⅱ는 상사신뢰와 조직시민행동과의 관계에 관한 것이다. <표 3>에서 상사신뢰는 조직시민행동에 대해 통계적으로 유의한 수준(**β =.616, $p<0.01$**)에

서 영향을 미치고 있는 것으로 나타났다. 따라서 가설 Ⅱ는 지지되었다.

가설 Ⅲ은 윤리적 리더십과 조직시민행동과의 관계에 관한 것이다. <표 3>에서 윤리적 리더십은 조직시민행동에 대해 통계적으로 유의한 수준(β =.460, p<0.01)에서 영향을 미치고 있는 것으로 나타났다. 따라서 가설 Ⅲ은 지지되었다.

가설 Ⅳ는 윤리적 리더십과 조직시민행동 간의 관계에 있어서 상사신뢰의 매개효과에 관한 것이다. 가설 Ⅳ를 검증하기 위해 3단계 매개회귀분석을 실시하였다. Baron과 Kenny(1986)는 매개작용을 완전매개와 부분매개로 구분하고 각 매개작용이 성립되기 위해서는 네 가지 조건들이 충족되어야 한다고 제시하고 있다. 즉 (1) 독립변수는 매개변수에 유의적인 영향을 미쳐야 하고, (2) 독립변수는 종속변수에 유의적인 영향을 미쳐야 하며, (3) 매개변수는 종속변수에 유의적인 영향을 미쳐야한다. (4) 매개변수를 포함한 회귀방정식에서 종속변수에 대한 독립변수의 영향은 조건(2)의 경우보다 적거나 전혀 없어야 한다. 감소한 경우는 부분매개효과가 존재함을 의미하며 전혀 없는 경우는 완전매개효과가 존재함을 의미한다.

<표 3>은 단계별 회귀분석결과를 보여준다. 먼저 1단계에서 윤리적 리더십은 상사신뢰에 대해 통계적으로 유의한 수준(β =.691, p<0.01)에서 영향을 미치고 있는 것으로 나타났다. 매개회귀분석 조건(1)이 충족되었다. 3단계에서 매개변수를 통제한 상태에서 윤리적 리더십은 조직시민행동에 대해 통계적으로 유의한 수준(β =.460, p<0.01;)에서 영향을 미치고 있는 것으로 나타났다. 매개회귀분석 조건(2)가 충족되었다. 2단계에서 상사신뢰가 조직시민행동에 대해 통계적으로 유의한 수준(β =.616, p<0.01)에서 영향을 미치고 있는 것으로 나타났으며, 매개회귀분석 조건(3) 또한 충족되었다. 마지막으로 3단계에서 매개변수를 투입한 상태에서의 조직시민행동에 대한 윤리적 리더십의 영향이 없어져(β =.064에서 p=.332) 조건 (4)도 충족시키고 있다. 따라서 윤리적 리더십과 조직시민행동 간의 관계에서 상사신뢰가 완전매개효과가 있는 것으로 검증되었다. 따라서 가설 Ⅳ는 지지되었다.

<표 4>는 윤리적 리더십과 조직시민행동 간의 관계에서 상사신뢰의 매개효과를 직접효과 및 간접효과로 나누어 추가 분석을 실시한 결과를 나타낸 것이다. 윤리적 리더십이 조직시민행동에 대한 직접효과는 .080이며 상사신뢰를 매개로 윤리적 리더십이 조직시민행동에 미치는 간접효과는 .400(.704×.568)로 나타나 윤리적 리더십이 조직시민행동에 대한 전체효과는 .480(.080+.400)로 분석되었다.

〈표 3〉 가설에 대한 회귀분석 결과표

독립변수 \ 종속변수	1단계 (독립–〉매개)	2단계 (매개–〉종속)	3단계(독립, 매개–〉종속) 매개통제(O)	3단계(독립, 매개–〉종속) 매개통제(X)
통제변수:				
성별	–.079	.036	–.012	.034
연령	–.030	.268***	.244***	.261***
결혼여부	.002	.106*	.110	.109*
학력	–.038	.018	–.005	.017
고용형태	–.029	–.011	–.029	–.012
월 소득	–.030	–.073	–.060	–.077
재직기간	–.029	–.006	–.012	.004
연구변수:				
윤리적 리더십	.691***		.460***	.064
상사신뢰		.616***		.573***
R^2	.504	.432	.271	.434
수정R^2	.489	.415	.249	.415
F	34.070***	25.440***	12.462***	22.714***

*p 〈 0.10 **p 〈 0.05 ***p 〈 0.01

〈표 4〉 직접, 간접효과 분석결과표

매개변수/종속변수	독립변수	t 값	경로(회귀)계수 직접효과	경로(회귀)계수 간접효과	경로(회귀)계수 전체효과	F 값	R^2
상사신뢰	윤리적 리더십	16.459 ***	.704		.704	270.911 ***	.496
조직시민행동	윤리적 리더십	1.203	.080	.400	.480	88.756 ***	.393
	상사신뢰	8.570***	.568	–	.568		

*p 〈 0.10 **p 〈 0.05 ***p 〈 0.01

가설 Ⅴ는 윤리적 리더십과 조직시민행동 간의 관계에 있어서 윤리풍토의 조절효과에 관한 것이다. 가설 Ⅴ를 검증하기 위해 다중공선성의 가능성을 감소시키고 회귀계수의 용이성을 위해 윤리적 리더십과 윤리풍토를 평균중심화(mean centering)하여 Baron과 Kenny(1986)의 위계적 회귀분석을 실시하였다. 일반적으로 조절효과를 파악하기 위해서 위계적 회귀분석에 의한 조절회귀분석은 상호작용효과를 검증하는 가장 유효한 통계기법으로 간주되고 있다(조용현, 양동민, 2008).

〈표 5〉 조절회귀분석

독립변수 \ 종속변수	1단계	2단계	3단계	4단계
통제변수:				
성별	−0.034	−0.012	0.039	0.044
연령	0.327***	0.250***	0.232***	0.138*
결혼여부	0.076	0.116*	0.103	0.108*
학력	−0.023	−0.008	−0.011	0.007
고용형태	−0.029	−0.027	−0.056	−0.048
월 소득	0.008	−0.057	−0.064	−0.022
재직기간	−0.168**	−0.013	0.007	0.032
연구변수:				
윤리적 리더십		0.460***	0.309***	0.333***
윤리풍토			0.265***	0.175***
윤리적 리더십*윤리풍토				0.342***
R^2	.079	.272	.314	.415
ΔR^2		.193***	.042***	.101***
F	3.276***	12.498***	13.604***	18.832***

*p 〈 0.10 **p 〈 0.05 ***p 〈 0.01

이와 같은 조절회귀분석을 통하여 검증을 하고자 먼저 조직시민행동을 종속변수로 하고 1단계로 통제변수만을 투입하고, 2단계로 윤리적 리더십을 독립변수로 추가적으로 투입하고, 그 다음으로 3단계에서 윤리풍토를 추가적으로 투입한 후, 4단계로 윤리적 리더십과 윤리풍토의 곱으로 이루어진 상호작용항을 추가적으로 투입하여 설명력의 변화(ΔR^2)가 유의하게 발생하는 지를 살펴보았다. <표 4>에서 보는 바와 같이 윤리풍토의 조절효과가 있는 것으로 나타났는데, 상호작용항을 투입했을 때 R^2의 증가분은 .101이며, 이러한 설명력의 증가분은 $p<0.01$ 수준에서 유의한 것으로 나타났다. 따라서 윤리적 리더십과 조직시민행동 간의 관계에 있어서 윤리풍토의 조절효과가 있는 것으로 검증되었으며, 가설 Ⅴ는 지지되었다.

회귀분석은 SPSS의 메뉴 중 분석 / 회귀분석 / 선형에서 시행하면 된다. 먼저 매개효과에 대한 설명이다. '<표 3> 가설에 대한 회귀분석 결과표'의 1단계의 경우,

<그림 3-15>와 같이 선형회귀분석의 팝업 메뉴에서 왼쪽에 있는 인구통계학적 변수들을 오른쪽에 있는 독립변수 블록 1/2로 이동시킨다. 독립변수인 윤리적 리더십을 오른쪽에 있는 독립변수 블록 2/2로 이동시킨다. 상사신뢰를 오른쪽에 있는 종속변수로 이동시킨다.

'<표 3> 가설에 대한 회귀분석 결과표'의 2단계의 경우, 선형회귀분석의 팝업 메뉴에서 왼쪽에 있는 인구통계학적 변수들을 오른쪽에 있는 독립변수 블록 1/2로 이동시킨다. 상사신뢰을 오른쪽에 있는 독립변수 블록 2/2로 이동시킨다. 조직시민행동을 오른쪽에 있는 종속변수로 이동시킨다.

'<표 3> 가설에 대한 회귀분석 결과표'의 3단계의 경우, 선형회귀분석의 팝업 메뉴에서 왼쪽에 있는 인구통계학적 변수들을 오른쪽에 있는 독립변수 블록 1/3로 이동시킨다. 윤리적 리더십을 오른쪽에 있는 독립변수 블록 2/3로 이동시킨다. 상사신뢰를 오른쪽에 있는 독립변수 블록 3/3로 이동시킨다. 조직시민행동을 오른쪽에 있는 종속변수로 이동시킨다.

그런 다음 아래쪽에 있는 '통계량' 버튼을 클릭하면 통계량 팝업 창이 나타난다. '추정값', '모형적합', '공선성진단'를 체크하여 오른쪽에 있는 '계속' 버튼을 누른 후 선형회귀분석의 팝업 메뉴에서 확인을 클릭한다.

〈그림 3-15〉 회귀분석 화면의 예

매개회귀분석의 결과는 <그림 3-16>, <그림 3-17>, <그림 3-18>과 같다. <그림 3-16>과 <그림 3-17>에서 모형요약의 모형 2에서 R제곱과 수정된 R제곱, 분산분석의 모형 2에서 F값, 계수에서 모형 2의 표준화계수 베타와 유의확률 값을 '<표 3> 가설에 대한 회귀분석 결과표'의 1단계와 2단계의 각 위치에 대응시켜 옮겨 적는다. <그림 3-18>에서 모형요약의 모형 2,3에서 R제곱과 수정된 R제곱, 분산분석의 모형 2,3에서 F값, 계수에서 모형 2,3의 표준화계수 베타와 유의확률 값을 '<표 3> 가설에 대한 회귀분석 결과표'의 3단계의 각 위치에 대응시켜 옮겨 적는다.

〈그림 3-16〉 회귀분석 결과(1단계) 화면의 예

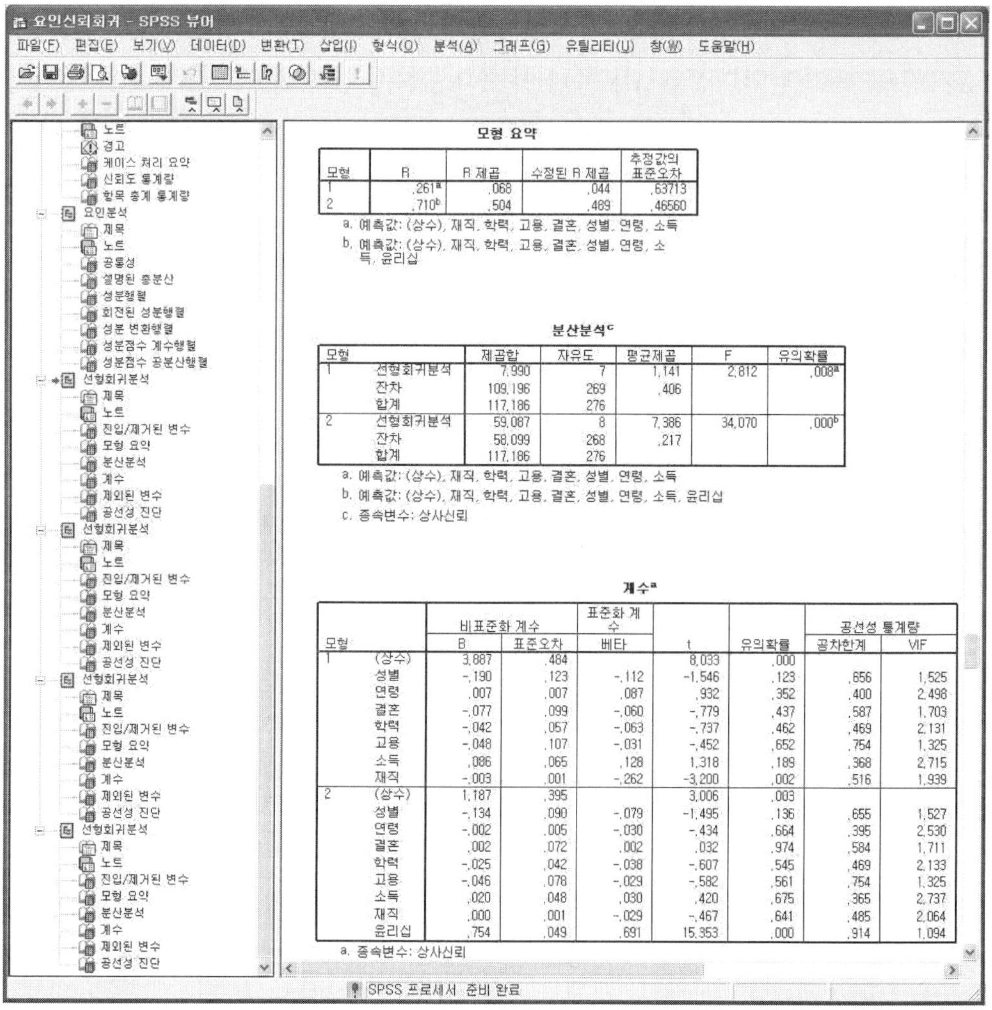

모형 요약

모형	R	R 제곱	수정된 R 제곱	추정값의 표준오차
1	,261[a]	,068	,044	,63713
2	,710[b]	,504	,489	,46560

a. 예측값: (상수), 재직, 학력, 고용, 결혼, 성별, 연령, 소득
b. 예측값: (상수), 재직, 학력, 고용, 결혼, 성별, 연령, 소득, 윤리십

분산분석[c]

모형		제곱합	자유도	평균제곱	F	유의확률
1	선형회귀분석	7,990	7	1,141	2,812	,008[a]
	잔차	109,196	269	,406		
	합계	117,186	276			
2	선형회귀분석	59,087	8	7,386	34,070	,000[b]
	잔차	58,099	268	,217		
	합계	117,186	276			

a. 예측값: (상수), 재직, 학력, 고용, 결혼, 성별, 연령, 소득
b. 예측값: (상수), 재직, 학력, 고용, 결혼, 성별, 연령, 소득, 윤리십
c. 종속변수: 상사신뢰

계수[a]

모형		비표준화 계수		표준화 계수	t	유의확률	공선성 통계량	
		B	표준오차	베타			공차한계	VIF
1	(상수)	3,887	,484		8,033	,000		
	성별	-,190	,123	-,112	-1,546	,123	,656	1,525
	연령	,007	,007	,087	,932	,352	,400	2,498
	결혼	-,077	,099	-,060	-,779	,437	,587	1,703
	학력	-,042	,057	-,063	-,737	,462	,469	2,131
	고용	-,048	,107	-,031	-,452	,652	,754	1,325
	소득	,086	,065	,128	1,318	,189	,368	2,715
	재직	-,003	,001	-,262	-3,200	,002	,516	1,939
2	(상수)	1,187	,395		3,006	,003		
	성별	-,134	,090	-,079	-1,495	,136	,655	1,527
	연령	-,002	,005	-,030	-,434	,664	,395	2,530
	결혼	,002	,072	,002	,032	,974	,584	1,711
	학력	-,025	,042	-,038	-,607	,545	,469	2,133
	고용	-,046	,078	-,029	-,582	,561	,754	1,325
	소득	,020	,048	,030	,420	,675	,365	2,737
	재직	,000	,001	-,029	-,467	,641	,485	2,064
	윤리십	,754	,049	,691	15,353	,000	,914	1,094

a. 종속변수: 상사신뢰

〈그림 3-17〉 회귀분석 결과(2단계) 화면의 예

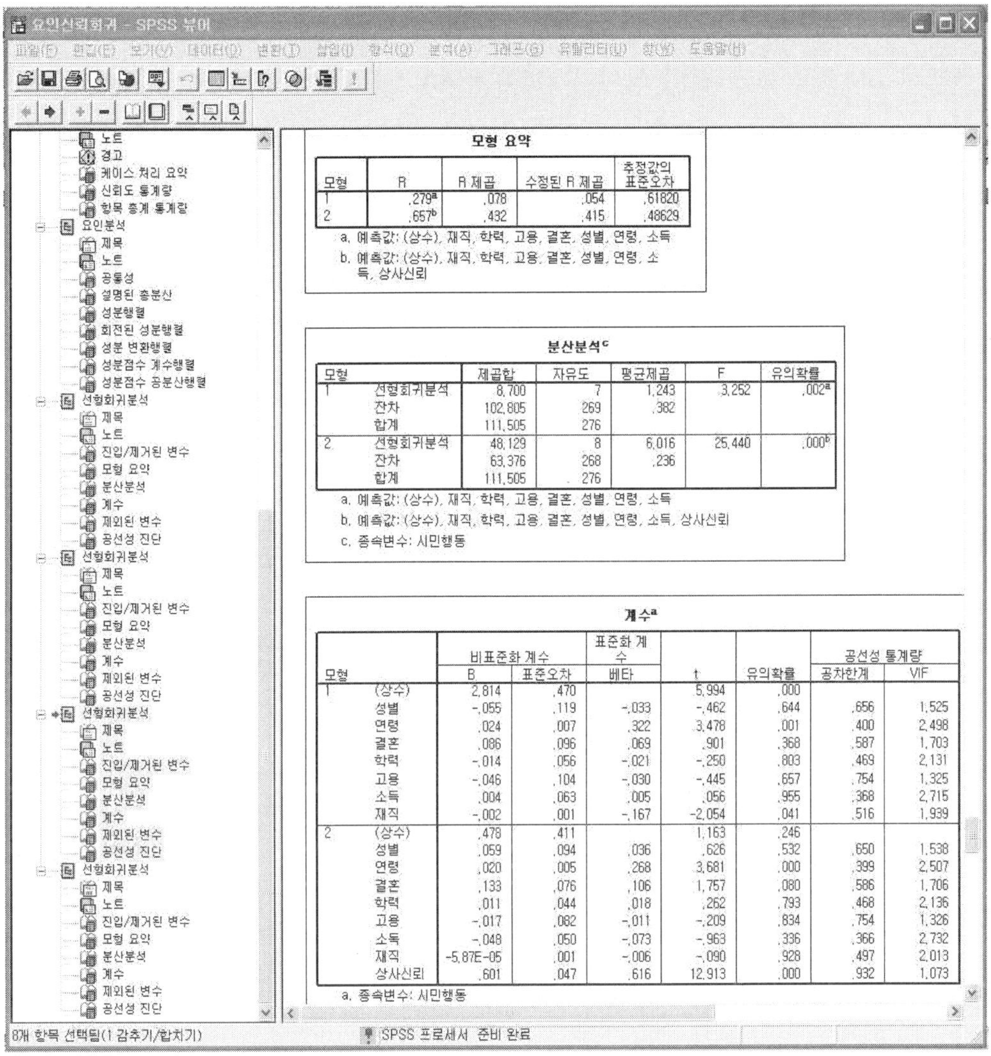

모형 요약

모형	R	R 제곱	수정된 R 제곱	추정값의 표준오차
1	.279[a]	.078	.054	.61820
2	.657[b]	.432	.415	.48629

a. 예측값: (상수), 재직, 학력, 고용, 결혼, 성별, 연령, 소득

b. 예측값: (상수), 재직, 학력, 고용, 결혼, 성별, 연령, 소득, 상사신뢰

분산분석[c]

모형		제곱합	자유도	평균제곱	F	유의확률
1	선형회귀분석	8.700	7	1.243	3.252	.002[a]
	잔차	102.805	269	.382		
	합계	111.505	276			
2	선형회귀분석	48.129	8	6.016	25.440	.000[b]
	잔차	63.376	268	.236		
	합계	111.505	276			

a. 예측값: (상수), 재직, 학력, 고용, 결혼, 성별, 연령, 소득

b. 예측값: (상수), 재직, 학력, 고용, 결혼, 성별, 연령, 소득, 상사신뢰

c. 종속변수: 시민행동

계수[a]

모형		비표준화 계수		표준화 계수	t	유의확률	공선성 통계량	
		B	표준오차	베타			공차한계	VIF
1	(상수)	2.814	.470		5.994	.000		
	성별	-.055	.119	-.033	-.462	.644	.656	1.525
	연령	.024	.007	.322	3.478	.001	.400	2.498
	결혼	.086	.096	.069	.901	.368	.587	1.703
	학력	-.014	.056	-.021	-.250	.803	.469	2.131
	고용	-.046	.104	-.030	-.445	.657	.754	1.325
	소득	.004	.063	.005	.056	.955	.368	2.715
	재직	-.002	.001	-.167	-2.054	.041	.516	1.939
2	(상수)	.478	.411		1.163	.246		
	성별	.059	.094	.036	.626	.532	.650	1.538
	연령	.020	.005	.268	3.681	.000	.399	2.507
	결혼	.133	.076	.106	1.757	.080	.586	1.706
	학력	.011	.044	.018	.262	.793	.468	2.136
	고용	-.017	.082	-.011	-.209	.834	.754	1.326
	소득	-.048	.050	-.073	-.963	.336	.366	2.732
	재직	-5.87E-05	.001	-.006	-.090	.928	.497	2.013
	상사신뢰	.601	.047	.616	12.913	.000	.932	1.073

a. 종속변수: 시민행동

지금까지 매개효과를 검증하기 위한 회귀분석 방법에 대한 설명에 이어서 이제부터는 조절효과를 검증하기 위한 회귀분석 방법에 대한 설명을 하고자 한다. 조절효과 분석에 있어서 가장 우선 다중공선성의 가능성을 감소시키고 회귀계수의 용이성을 위해 독립변수인 윤리적 리더십과 조절변수인 윤리풍토를 평균중심화(mean centering)하여야 한다. 평균중심화는 원 데이터에서 평균값을 뺀 것을 의미한다. 예를 들어 윤리적 리더십(X라고 하자)의 경우는 평균값이 3.67이므로 AA = X - 3.67, 윤리풍

토(M라고 하자)의 경우는 평균값이 3.49이므로 BB = M - 3.49 으로 평균중심화를 할 수 있다. 다시말하면, 독립변수(X)와 조절변수(M)의 상호작용항(Interaction)을 직접적으로 XM으로 하는 것이 아니라 MOD = AA * BB로 상호작용항을 만들어 회귀분석을 해애만 한다는 것이다. 이러한 과정은 SPSS의 메뉴 중 변환 / 변수계산에서 시행하면 된다.

〈그림 3-18〉 회귀분석 결과(3단계) 화면의 예

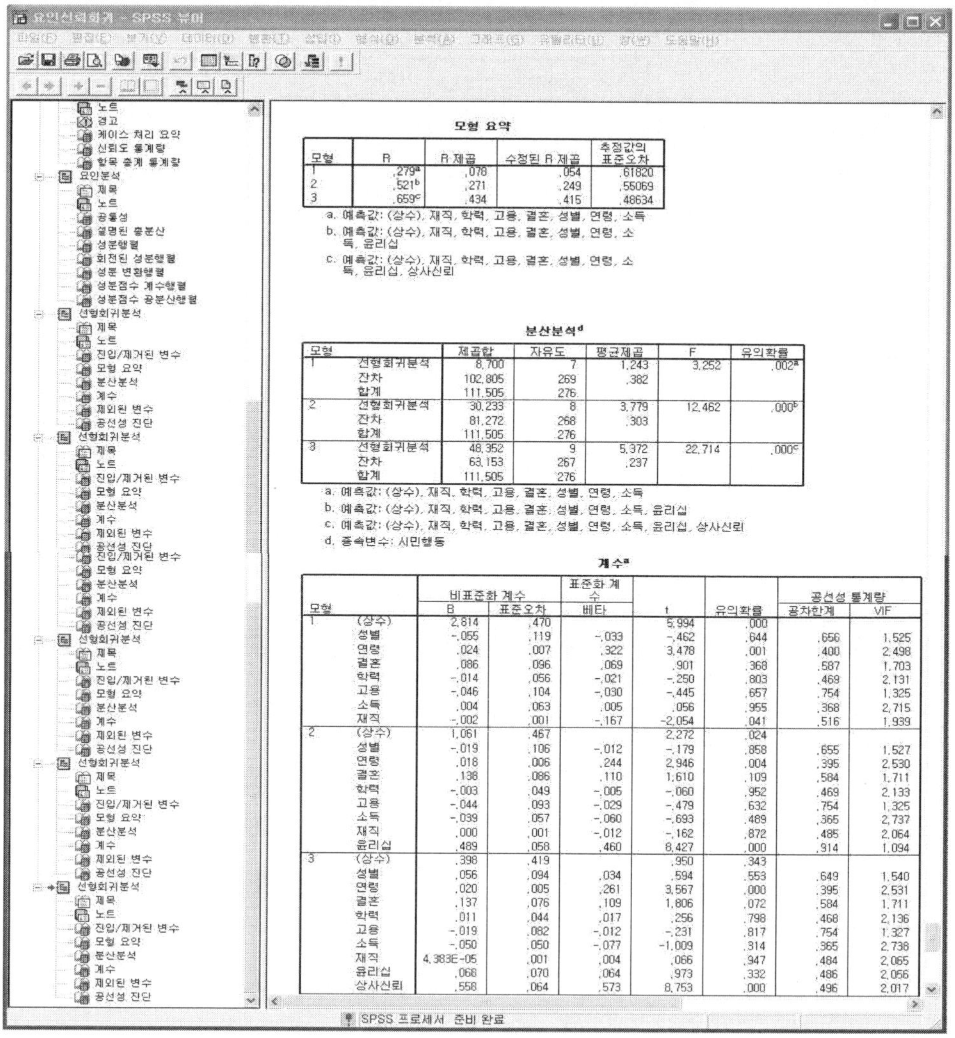

모형 요약

모형	R	R 제곱	수정된 R 제곱	추정값의 표준오차
1	,279[a]	,078	,054	,61820
2	,521[b]	,271	,249	,55069
3	,659[c]	,434	,415	,48634

a. 예측값: (상수), 재직, 학력, 고용, 결혼, 성별, 연령, 소득
b. 예측값: (상수), 재직, 학력, 고용, 결혼, 성별, 연령, 소득, 윤리십
c. 예측값: (상수), 재직, 학력, 고용, 결혼, 성별, 연령, 소득, 윤리십, 상사신뢰

분산분석[d]

모형		제곱합	자유도	평균제곱	F	유의확률
1	선형회귀분석	8,700	7	1,243	3,252	,002[a]
	잔차	102,805	269	,382		
	합계	111,505	276			
2	선형회귀분석	30,233	8	3,779	12,462	,000[b]
	잔차	81,272	268	,303		
	합계	111,505	276			
3	선형회귀분석	48,352	9	5,372	22,714	,000[c]
	잔차	63,153	267	,237		
	합계	111,505	276			

a. 예측값: (상수), 재직, 학력, 고용, 결혼, 성별, 연령, 소득
b. 예측값: (상수), 재직, 학력, 고용, 결혼, 성별, 연령, 소득, 윤리십
c. 예측값: (상수), 재직, 학력, 고용, 결혼, 성별, 연령, 소득, 윤리십, 상사신뢰
d. 종속변수: 시민행동

계수[a]

모형		비표준화 계수		표준화 계수	t	유의확률	공선성 통계량	
		B	표준오차	베타			공차한계	VIF
1	(상수)	2,814	,470		5,994	,000		
	성별	-,055	,119	-,033	-,462	,644	,656	1,525
	연령	,024	,007	,322	3,478	,001	,400	2,498
	결혼	,086	,096	,069	,901	,368	,587	1,703
	학력	-,014	,056	-,021	-,250	,803	,469	2,131
	고용	-,046	,104	-,030	-,445	,657	,754	1,325
	소득	,004	,063	,005	,056	,955	,368	2,715
	재직	-,002	,001	-,167	-2,054	,041	,516	1,939
2	(상수)	1,061	,467		2,272	,024		
	성별	-,019	,106	-,012	-,179	,858	,655	1,527
	연령	,018	,006	,244	2,946	,004	,395	2,530
	결혼	,138	,086	,110	1,610	,109	,584	1,711
	학력	-,003	,049	-,005	-,060	,952	,469	2,133
	고용	-,044	,093	-,029	-,479	,632	,754	1,325
	소득	-,039	,057	-,060	-,693	,489	,365	2,737
	재직	,000	,001	-,012	-,162	,872	,485	2,064
	윤리십	,489	,058	,460	8,427	,000	,914	1,094
3	(상수)	,398	,419		,950	,343		
	성별	,056	,094	,034	,594	,553	,649	1,540
	연령	,020	,005	,261	3,567	,000	,395	2,531
	결혼	,137	,076	,109	1,806	,072	,584	1,711
	학력	,011	,044	,017	,256	,798	,468	2,136
	고용	-,019	,082	-,012	-,231	,817	,754	1,327
	소득	-,050	,050	-,077	-1,009	,314	,365	2,738
	재직	4,383E-05	,001	,004	,066	,947	,484	2,065
	윤리십	,068	,070	,064	,973	,332	,486	2,056
	상사신뢰	,558	,064	,573	8,753	,000	,496	2,017

조절회귀분석을 통하여 검증을 하고자 먼저 조직시민행동을 종속변수로 하고 1단계로 통제변수만을 투입하고(독립변수 블록 1/4), 2단계로 윤리적 리더십을 독립변수로 추가적으로 투입하고(독립변수 블록 2/4), 그 다음으로 3단계에서 윤리풍토를 추가적으로 투입한 후(독립변수 블록 3/4), 4단계로 윤리적 리더십과 윤리풍토의 곱으로 이루어진 상호작용항(MOD)을 추가적으로 투입(독립변수 블록 4/4)하여야 한다.

그런 다음 아래쪽에 있는 '통계량' 버튼을 클릭하면 통계량 팝업 창이 나타난다. '추정값', '모형적합', '공선성진단'과 'R제곱 변화량'을 추가로 체크하여 오른쪽에 있는 '계속' 버튼을 누른 후 선형회귀분석의 팝업 메뉴에서 확인을 클릭한다.

조절회귀분석의 결과는 <그림 3-19>과 같다. <그림 3-19>에서 모형요약의 모형 1, 2, 3, 4에서 R제곱과 R제곱 변화량, 분산분석의 모형 1, 2, 3, 4에서 F값, 계수에서 모형 1, 2, 3, 4의 표준화계수 베타와 유의확률 값을 '<표 4> 조절 회귀분석'의 1, 2, 3, 4단계의 각 위치에 대응시켜 옮겨 적는다.

〈그림 3-19〉 조절회귀분석 결과 화면의 예

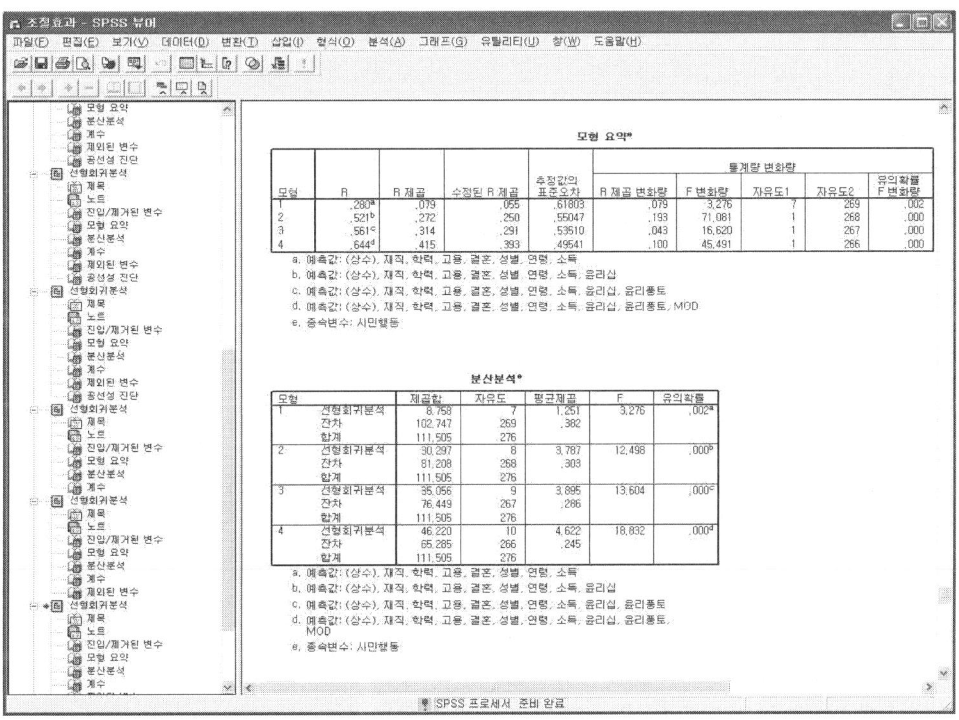

모형 요약[e]

모형	R	R 제곱	수정된 R 제곱	추정값의 표준오차	통계량 변화량: R 제곱 변화량	F 변화량	자유도1	자유도2	유의확률 F 변화량
1	,280[a]	,079	,055	,61803	,079	3,276	7	269	,002
2	,521[b]	,272	,250	,55047	,193	71,081	1	268	,000
3	,561[c]	,314	,291	,53510	,043	16,620	1	267	,000
4	,644[d]	,415	,393	,49541	,100	45,491	1	266	,000

a. 예측값: (상수), 재직, 학력, 고용, 결혼, 성별, 연령, 소득
b. 예측값: (상수), 재직, 학력, 고용, 결혼, 성별, 연령, 소득, 윤리십
c. 예측값: (상수), 재직, 학력, 고용, 결혼, 성별, 연령, 소득, 윤리십, 윤리풍토
d. 예측값: (상수), 재직, 학력, 고용, 결혼, 성별, 연령, 소득, 윤리십, 윤리풍토, MOD
e. 종속변수: 시민행동

분산분석[e]

모형		제곱합	자유도	평균제곱	F	유의확률
1	선형회귀분석	8,758	7	1,251	3,276	,002[a]
	잔차	102,747	269	,382		
	합계	111,505	276			
2	선형회귀분석	30,297	8	3,787	12,498	,000[b]
	잔차	81,208	268	,303		
	합계	111,505	276			
3	선형회귀분석	35,056	9	3,895	13,604	,000[c]
	잔차	76,449	267	,286		
	합계	111,505	276			
4	선형회귀분석	46,220	10	4,622	18,832	,000[d]
	잔차	65,285	266	,245		
	합계	111,505	276			

a. 예측값: (상수), 재직, 학력, 고용, 결혼, 성별, 연령, 소득
b. 예측값: (상수), 재직, 학력, 고용, 결혼, 성별, 연령, 소득, 윤리십
c. 예측값: (상수), 재직, 학력, 고용, 결혼, 성별, 연령, 소득, 윤리십, 윤리풍토
d. 예측값: (상수), 재직, 학력, 고용, 결혼, 성별, 연령, 소득, 윤리십, 윤리풍토, MOD
e. 종속변수: 시민행동

〈그림 3-19〉 조절회귀분석 결과 화면의 예(계속)

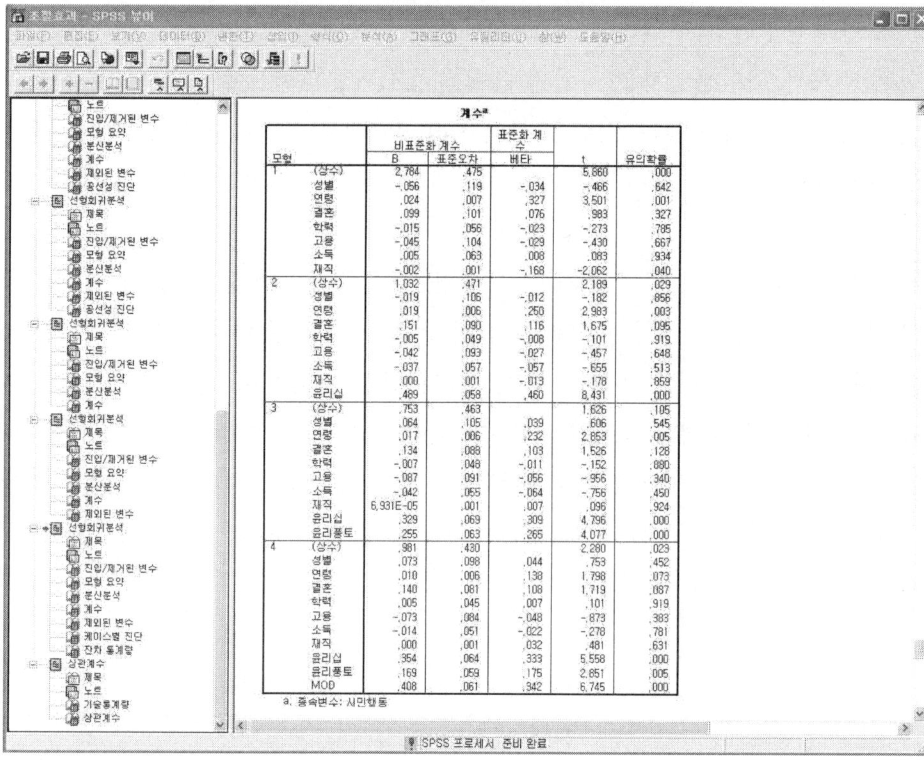

계수[a]

모형		비표준화 계수 B	비표준화 계수 표준오차	표준화 계수 베타	t	유의확률
1	(상수)	2,784	,475		5,860	,000
	성별	-,056	,119	-,034	-,466	,642
	연령	,024	,007	,327	3,501	,001
	결혼	,099	,101	,076	,983	,327
	학력	-,015	,056	-,023	-,273	,785
	고용	-,045	,104	-,029	-,430	,667
	소득	,005	,063	,008	,083	,934
	재직	-,002	,001	-,168	-2,062	,040
2	(상수)	1,032	,471		2,189	,029
	성별	-,019	,106	-,012	-,182	,856
	연령	,019	,006	,250	2,983	,003
	결혼	,151	,090	,116	1,675	,095
	학력	-,005	,049	-,008	-,101	,919
	고용	-,042	,093	-,027	-,457	,648
	소득	-,037	,057	-,057	-,655	,513
	재직	,000	,001	-,013	-,178	,859
	윤리십	,489	,058	,460	8,431	,000
3	(상수)	,753	,463		1,626	,105
	성별	,064	,105	,039	,606	,545
	연령	,017	,006	,232	2,853	,005
	결혼	,134	,088	,103	1,526	,128
	학력	-,007	,048	-,011	-,152	,880
	고용	-,087	,091	-,056	-,956	,340
	소득	-,042	,055	-,064	-,756	,450
	재직	6,931E-05	,001	,007	,096	,924
	윤리십	,329	,069	,309	4,796	,000
	윤리풍토	,255	,063	,265	4,077	,000
4	(상수)	,981	,430		2,280	,023
	성별	,073	,098	,044	,753	,452
	연령	,010	,006	,138	1,798	,073
	결혼	,140	,081	,108	1,719	,087
	학력	,005	,045	,007	,101	,919
	고용	-,073	,084	-,048	-,873	,383
	소득	-,014	,051	-,022	-,278	,781
	재직	,000	,001	,032	,481	,631
	윤리십	,354	,064	,333	5,558	,000
	윤리풍토	,169	,059	,175	2,851	,005
	MOD	,408	,061	,342	6,745	,000

a. 종속변수: 시민행동

※ 변수 간의 상관관계를 기술할 때 아래와 같은 심사자들의 지적사항의 예를 참조하여 작성한다면 많은 도움이 될 것이다.

- 여기서 잠깐 : 가설 검증결과와 관련된 심사에 따른 수정요구사항의 예

- 연구자가 제기한 가설 중 기각된 가설에 대한 충분한 설명이 부연되어야 함. 연구자는 직접·간접효과 분석결과에 기인하여 직접효과보다 간접효과가 강해서라고 설명하고 있으나 실증분석과정에 채집된 데이터가 병원서비스업이어서 인지, 아니면 또 다른 이유가 존재하는 지에 대한 구체적인 기술이 있어야 독자들이 납득할 수 있을 것으로 판단됨

- 〈표3〉과 〈표4〉의 계층적 회귀분석에서 self-leadership의 세 차원을 각각 따로 투입하여 분석했는데, 이들 세 차원을 동시 투입하여 분석하는 것이 요구됨. 그리고 조직몰입의 두 차원(정서적 몰입과 지속적 몰입)도 구분해서 분석하는 것이 아니라 동시에 투입하여 분석하는 것이 필요함. 그래야만 self-leadership의 어떤 차원은 유의적이고 어떤 차원은 그렇지 않은지, 조직몰입의 어떤 차원이 매개작용을 하는지 아닌지를 하나의 큰 그림 속에서 분석 · 파악할 수 있음.

- p.17에서는 직접효과와 간접효과 결과를 제시하고 있는데 이 내용은 가설설정과 어떤 관계가 있는지 궁금합니다. 개인적 생각으로 가설과 관련된 실증결과만 제시하면 될 것 같습니다.

- 〈표3〉과 〈표4〉의 계층적 회귀분석에서 self-leadership의 세 차원을 각각 따로 투입하여 분석했는데, 이들 세 차원을 동시 투입하여 분석하는 것이 요구됨. 그리고 조직몰입의 두 차원(정서적 몰입과 지속적 몰입)도 구분해서 분석하는 것이 아니라 동시에 투입하여 분석하는 것이 필요함. 그래야만 self-leadership의 어떤 차원은 유의적이고 어떤 차원은 그렇지 않은지, 조직몰입의 어떤 차원이 매개작용을 하는지 아닌지를 하나의 큰 그림 속에서 분석 · 파악할 수 있음.

● 여기서 잠깐 : 가설 검증결과와 관련된 심사에 따른 수정요구사항의 예

- 가설 1, 가설 2, 가설 3을 검증하기 위한 다중회귀분석결과인 〈표 4〉, 〈표 5〉, 〈표 6〉에 대한 분석방법에 대한 지적입니다. 같은 지적이기 때문에 〈표 4〉의 심리적 임파워먼트와 서비스품질의 회귀분석결과를 예로 들겠습니다. 이러한 방식은 독립변수들간의 다중공선성문제를 유발한다고 봅니다. 즉, 독립변수들 간의 중복된 부분에 대한 통제가 이루어지지 않음으로서 종속변수에 대한 설명력이 과장되는 결과를 초래할 것입니다. 이러한 주장이 충분하다는 증거는 〈표 3〉의 상관관계분석결과를 보게되면 〈표 4〉에서의 독립변수인 임파워먼트 구성요소들(의미성, 역량성, 자기결정력, 영향력)간에 대부분 유의적 상관관계가 있는 것으로 나타났고, 〈표 5〉와 〈표 6〉에서의 독립변수인 조직공정성의 구성요소인 분배공정성, 절차공정성, 상호작용공정성도 〈표 3〉의 상관관계표에서 상당부분 유의적관계가 있는 것으로 나타난 것이 그 증거입니다. 이러한 다중공선성을 해소하는 방법은 〈표 4〉, 〈표 5〉, 〈표 6〉에서 독립변수들을 1개씩 투입하지 말고 모두 투입함으로서 상호 통제가 되도록하는 것입니다. 이렇게 한다면 매개효과분석결과도 다르게 나타나리라 판단됩니다.

- 분석결과에서 매개효과 검증의 경우 p.15 하단 5째줄부터 설명되고 있지만 이 내용만으로는 독자의 이해를 구하는데 다소 어려움이 있다고 생각합니다. 뿐만 아니라 가설검증결과만을 제시하고 있는데 왜 그러한 결과가 나왔는지에 대한 논의도 요구된다 하겠습니다.

- 표4에서 직접효과와 간접효과의 추가분석과정에 대한 설명이 없어 결과에 대한 해석이 어렵습니다. 회귀식을 이용한 경로분석의 결과인지 또는 구조방정식 모형을 이용한 것인지를 명확히 할 필요가 있습니다. 구조방정식모형을 이용한 것이라면 추가적인 연구모형에 관한 여러 통계치들이 제시되어야 하며, 회귀식을 이용한 경로분석이라면 본 연구의 통계결과와는 조금 차이가 있을 것이라고 생각됩니다.

9. 가설검증결과(구조방정식 모형)

SPSS에서 회귀분석을 통해 검증하는 방법에 이어서 AMOS에서 구조방정식 모형

분석을 통해 검증하는 방법을 소개하고자 한다. 여기서는 매개효과에 대해서만 집중적으로 다루고자 한다.

가설검증결과(구조방정식모형) 예시

V. 가설검증결과

1. 확인적 요인분석

본 연구는 탐색적 요인분석에 이어서 전체요인에 대한 확인적 요인분석을 실시하였다. 셀프리더십과 조직시민행동에 대해 2차 요인분석을 실시하여 하나의 잠재적 요인으로 변환시켰다. 확인적 요인분석 결과는 <표 4>와 같다. 대부분의 지표 값들은 $\chi 2$=254.639, d.f=70, p=.000, GFI=.939, AGFI=.909, CFI=.932, RMR=.032로 적합도 평가기준(GFI, CFI가 .9이상, RMR은 .05～.08이하)을 충족시키는 것으로 나타나 측정모형의 적합도는 수용할만한 수준이라 할 수 있다.

복합신뢰도와 평균분산추출값(AVE)은 Bagozzi와 Yi(1988)가 제시한 기준(각각 0.7 이상, 0.5 이상)보다 높게 나타났으며, 측정항목들과 구성개념들을 연결하는 표준화 요인적재치가 통계적으로 95% 신뢰구간에서 유의적이기 때문에 (t>1.96) 집중타당성이 입증되었다(Anderson & Gerbing, 1988). <표 5>는 구성개념들 간의 상관행렬을 나타낸 것이다. <표 4>의 각 구성개념 AVE가 <표 5>의 대각선 위쪽에 나타낸 구성개념간 상관자승치 보다 커야 한다는 조건(Fornell & Larcker, 1981)을 충족되기 때문에 판별타당성이 입증되었다.

〈표 4〉 확인적 요인분석 결과

구성개념	측정항목/요인	표준요인 적재치	표준 오차	t	복합 신뢰도	AVE	적합지수
셀프리더십	행동지향	.724	.011	11.131	.907	.765	
	자연보상	.722	.016	9.786			
	건설사고	.661	.016	11.277			

상사신뢰	상사신뢰 1	.624	.029	14.688	.907	.623	χ 2=254.639, d.f=70, p=.000, GFI=.939, AGFI=.909, CFI=.932, RMR=.032
	상사신뢰 2	.618	.030	14.972			
	상사신뢰 3	.807	.021	11.780			
	상사신뢰 4	.881	.021	8.200			
	상사신뢰 5	.709	.029	14.286			
	상사신뢰 6	.603	.030	15.367			
조직시민 행동	이타성	.606	.014	14.258	.908	.667	
	양심성	.594	.014	14.644			
	스포츠맨십	.568	.029	15.751			
	예의성	.637	.011	13.881			
	시민정신	.741	.015	11.725			

〈표 5〉 구성개념간 상관행렬

구분	평균	표준편차	셀프리더십	상사신뢰	조직시민행동
셀프리더십	3.68	0.43		.419	.590
상사신뢰	3.42	0.65	.255***(.008)		.392
조직시민행동	3.49	0.30	.646***(.009)	.503***(.009)	

주) N=572. *p < 0.10 **p < 0.05 ***p < 0.01, 대각선 아래쪽은 구성개념간 상관계수 (괄호안의 숫자는 표준오차), 대각선 위쪽은 구성개념간 상관자승치

2. 가설검증

본 연구에서 사용된 셀프리더십, 상사신뢰, 그리고 조직시민행동 간에 어떠한 영향관계를 나타내는지를 검증하기 위해 연구모형을 각각 공분산 구조분석을 이용하여 구조모형을 검증하였다. 구조방정식 모형을 살펴보면 χ 2=264.109, d.f=71, p=.000, GFI=.937, AGFI=.907, CFI=.929, RMR=.033을 갖는 모형이 도출되었다. 이 모형은 공분산 구조분석의 일반적인 평가기준을 삼는 지표들과 비교해 볼 때 전반적으로 만족할 만한 수준으로 나타났기 때문에 적절한 것으로 판단된다. 본 연구에서 제시한 모형에 대한 검증 결과는 <그림 2>에, 연구가설의 검증결과는 <표 6>에 제시하였다.

〈그림 2〉 구조방정식 모형

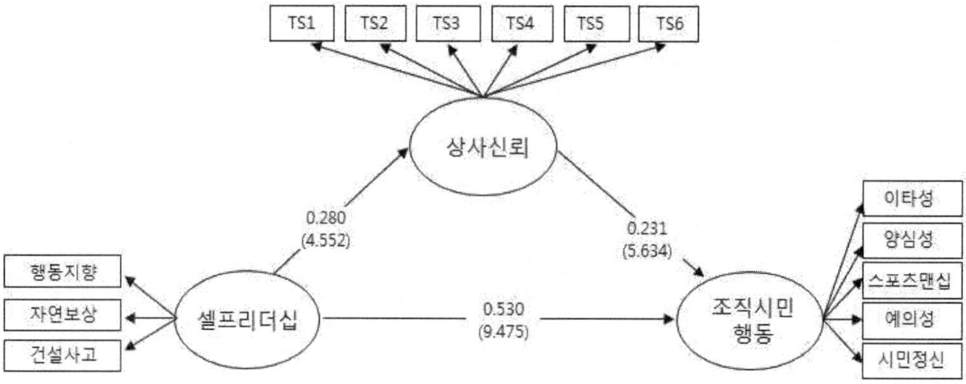

주) TS = 상사신뢰

〈표 6〉 구조모형 경로분석 결과

가설	경로	Estimate	S.E	C.R	p	채택여부
1	셀프리더십 -〉 상사신뢰	.280	.061	4.552	.000	채택
2	셀프리더십 -〉 조직시민행동	.530	.056	9.475	.000	채택
3	상사신뢰 -〉 조직시민행동	.231	.041	5.634	.000	채택
4	셀프리더십-〉상사신뢰 -〉조직시민행동	-				채택

본 연구의 결과를 정리하면 첫째, 셀프리더십은 상사신뢰에 유의한 영향(estimate=.280, p=.000)을 미치는 것을 알 수 있다. 따라서 가설 1은 채택되었다. 둘째, 셀프리더십은 조직시민행동에 유의한 영향(estimate=.530, p=.000)을 미치는 것을 알 수 있다. 따라서 가설 2는 채택되었다. 셋째, 상사신뢰는 조직시민행동에 유의한 영향(estimate=.231, p=.000)을 미치는 것을 알 수 있다. 따라서 가설 3은 채택되었다. 넷째, 상사신뢰가 통계적으로 유의미한 매개역할을 하는지에 대해 경쟁모델 분석방법을 통해 추가적인 분석을 실시하였다. 경쟁모델 분석방법에서는 매개효과를 인정하기 위해서 다음과 같은 조건이 모두 충족되어야 한다(Singh, et al., 1994; 신영미 등, 2007). 1) 매개효과 모델이 직접효과 모델보다 더 많은 분산을 설명하여야 하며, 2) 독립변수와 매개변수와의 관계가 통계적으로 유의해야 한다. 3) 매개변수와 종속변수와의 관계가 통계적으로 유의해야 하며, 4) 직접효과 모델에서의 독립변수와 종속변수 사이의 유의적 관계가 매개효과 모델에서 감소하거나 제거되어야 한다.

매개효과 모델에서의 조직시민행동에 대한 분산은 .646, 직접효과 모델에서의 분산은 .575로, 매개효과 모델이 직접효과 모델보다 더 많은 분산을 설명하였다. 또한, 독립변수인 셀프리더십이 상사신뢰에 유의한 영향을 미치며, 매개변수로 상사신뢰가 종속변수인 조직시민행동에 유의한 영향을 미치는 것을 확인할 수 있다. 마지막으로 직접효과 모델에서의 독립변수인 셀프리더십이 종속변수인 조직시민행동에 통계적으로 미치는 유의한 영향(0.596)이 매개효과 모델에서는 유의한 영향이 감소되었다. 따라서 셀프리더십은 상사신뢰의 매개를 통해서 조직시민행동에 영향을 미치고 있는 것으로 볼 수 있다. 즉, 상사신뢰가 부분매개를 하는 것으로 나타나 가설 4도 채택되었다.

한편 직접효과 및 간접효과를 측정한 결과 셀프리더십과 상사신뢰의 관계에서는 직접효과(.280)만 있는 것으로 나타났고, 상사신뢰와 조직시민행동의 관계에서도 직접효과(.231)만 있는 것으로 나타났으며, 셀프리더십이 조직시민행동에 미치는 직접효과는 .530이고 간접효과는 .065로 나타났다.

지금까지 회귀분석 방법에 대한 설명에 이어서 이제부터는 매개효과를 검증하기 위한 AMOS에 의한 구조방정식 모형 분석에 대한 설명을 하고자 한다.

회귀분석에서의 탐색적 요인분석까지는 동일하지만 AMOS에서는 추가적으로 확인적 요인분석을 시행해야 한다. 확인적 요인분석을 통해 적합도를 살펴보고 집중타당성과 판별타당성을 검토하여야 한다.

<그림 3-20>에서 보는 바와 같이 왼쪽 상단에 있는 Diagram tool을 이용하여 직접모델을 그리고 output에 대한 체크를 한 다음 실행을 한다. <그림 3-20>를 실행시킨 결과는 적합도에 대해서는 <그림 3-21>에, 경로계수에 대해서는 <그림 3-22>에 제시하였다.

확인적 요인분석의 결과는 <그림 3-21>, <그림 3-22>와 같다. <그림 3-21>에서 χ2=(CMIN), d.f, p, GFI, AGFI, CFI, RMR 값을 '<표 4> 확인적 요인분석 결과'의 적합지수의 각 위치에 대응시켜 옮겨 적는다. <그림 3-22>에서 Standardized Regression Weights에서 Estimate 값, Variances에서 SE와 CR 값을 '<표 4> 확인적 요인분석 결과'의 표준요인적재치, 표준오차와 t의 각 위치에 대응시켜 옮겨 적는다. 평균분산추출값과 복합신뢰도는 아래 계산식을 이용하여 직접 계산하여 '<표 4> 확인적 요인분석 결과'에 기록한다.

평균분산추출값(AVE : Average Variance Extracted)
= (Σ표준요인적재치2)/[(Σ표준요인적재치2)+측정변수의 오차합]

복합신뢰도(CR : Composite Reliability)
= (Σ표준요인적재치)2/[(Σ표준요인적재치)2+측정변수의 오차합]

〈그림 3-20〉 확인적 요인분석 모형의 예

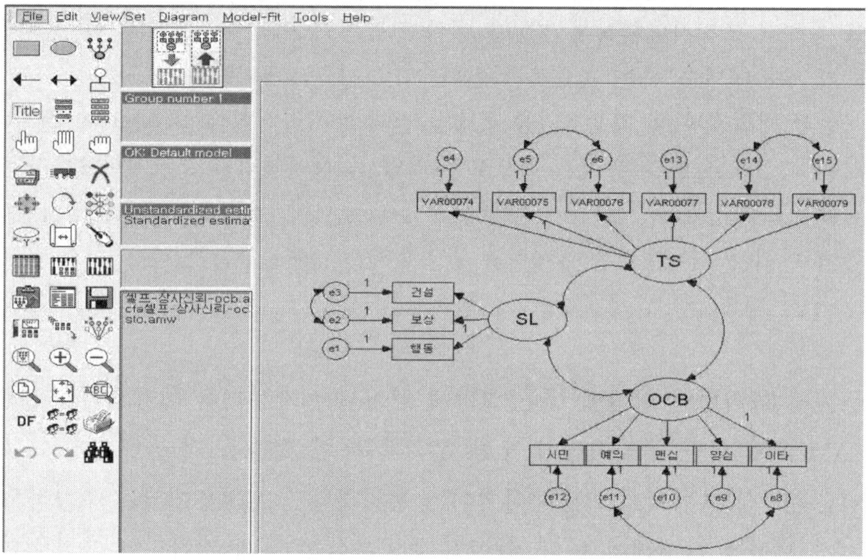

〈그림 3-21〉 확인적 요인분석 결과(적합도)의 예

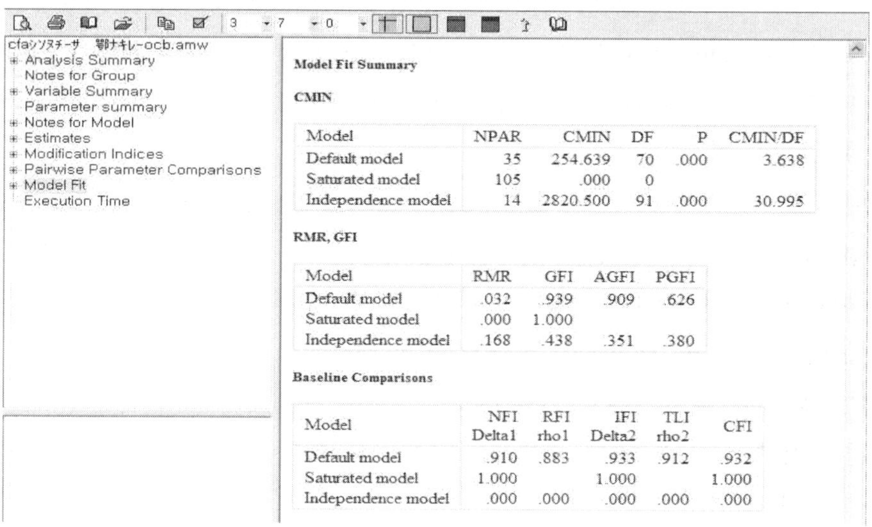

Model Fit Summary

CMIN

Model	NPAR	CMIN	DF	P	CMIN/DF
Default model	35	254.639	70	.000	3.638
Saturated model	105	.000	0		
Independence model	14	2820.500	91	.000	30.995

RMR, GFI

Model	RMR	GFI	AGFI	PGFI
Default model	.032	.939	.909	.626
Saturated model	.000	1.000		
Independence model	.168	.438	.351	.380

Baseline Comparisons

Model	NFI Delta1	RFI rho1	IFI Delta2	TLI rho2	CFI
Default model	.910	.883	.933	.912	.932
Saturated model	1.000		1.000		1.000
Independence model	.000	.000	.000	.000	.000

Regression Weights:

			Estimate	S.E.	C.R.	P	Label
행동	<---	SL	1				
보상	<---	SL	1.152	0.095	12.067	***	par_1
건설	<---	SL	1.042	0.093	11.26	***	par_2
VAR00074	<---	TS	1				
VAR00075	<---	TS	1.323	0.149	8.906	***	par_3
VAR00076	<---	TS	1.707	0.174	9.825	***	par_4
이타	<---	OCB	1				
양심	<---	OCB	1.235	0.13	9.494	***	par_5
맨십	<---	OCB	1.312	0.16	8.22	***	par_6
예의	<---	OCB	1.183	0.109	10.826	***	par_7
시민	<---	OCB	1.697	0.162	10.488	***	par_8
VAR00077	<---	TS	1.928	0.193	10.003	***	par_9
VAR00078	<---	TS	1.637	0.173	9.442	***	par_10
VAR00079	<---	TS	1.29	0.146	8.845	***	par_11

Standardized Regression Weights:

			Estimate
행동	<---	SL	0.724
보상	<---	SL	0.722
건설	<---	SL	0.661
VAR00074	<---	TS	0.624
VAR00075	<---	TS	0.618
VAR00076	<---	TS	0.807
이타	<---	OCB	0.606
양심	<---	OCB	0.594
맨십	<---	OCB	0.568
예의	<---	OCB	0.637
시민	<---	OCB	0.741
VAR00077	<---	TS	0.881
VAR00078	<---	TS	0.709
VAR00079	<---	TS	0.603

〈그림 3-22〉 확인적 요인분석 결과(경로계수)의 예

Covariances:

			Estimate	S.E.	C.R.	P	Label
SL	〈—〉	TS	0.036	0.008	4.371	***	par_12
TS	〈—〉	OCB	0.054	0.009	6.059	***	par_13
SL	〈—〉	OCB	0.073	0.009	7.955	***	par_14
e2	〈—〉	e3	−0.05	0.012	−4.124	***	par_15
e14	〈—〉	e15	0.086	0.022	3.948	***	par_16
e5	〈—〉	e6	0.075	0.019	3.964	***	par_17
e8	〈—〉	e11	0.027	0.009	3.022	0.003	par_18

Correlations:

			Estimate
SL	〈—〉	TS	0.255
TS	〈—〉	OCB	0.503
SL	〈—〉	OCB	0.646
e2	〈—〉	e3	−0.295
e14	〈—〉	e15	0.197
e5	〈—〉	e6	0.225
e8	〈—〉	e11	0.152

〈그림 3-22〉 확인적 요인분석 결과(경로계수)의 예(계속)

Variances:

	Estimate	S.E.	C.R.	P	Label
SL	0.129	0.015	8.57	***	par_19
TS	0.157	0.031	4.997	***	par_20
OCB	0.073	0.013	5.726	***	par_21
e1	0.117	0.011	11.131	***	par_22
e2	0.157	0.016	9.786	***	par_23
e3	0.181	0.016	11.277	***	par_24
e4	0.418	0.029	14.688	***	par_25
e5	0.345	0.03	14.972	***	par_26
e8	0.213	0.014	14.258	***	par_27
e9	0.205	0.014	14.644	***	par_28

e10	0.25	0.029	15.751	***	par_29
e11	0.15	0.011	13.881	***	par_30
e12	0.173	0.015	11.725	***	par_31
e6	0.246	0.021	11.78	***	par_32
e13	0.168	0.021	8.2	***	par_33
e14	0.316	0.029	14.286	***	par_34
e15	0.359	0.03	15.367	***	par_35

또한 <그림 3-22>에서 Correlations에서 Estimate 값, Covariances에서 SE와 CR값을 '<표 5> 구성개념간 상관행렬'의 각 위치에 대응시켜 옮겨 적는다.

이어서 가설검증에서 구조방정식 모형을 <그림 3-23>에서 보는 바와 같이 왼쪽 상단에 있는 Diagram tool을 이용하여 직접 모델을 그리고 output에 대한 체크를 한 다음 실행을 한다. <그림 3-23>을 실행시킨 결과는 적합도에 대해서는 <그림 3-24>에, 경로계수에 대해서는 <그림 3-25>에 제시하였다.

<그림 3-24>에서 χ2=(CMIN), d.f, p, GFI, AGFI, CFI, RMR 값을 ▶ 가설검증결과(구조방정식모형) 사례에서 2. 가설검증의 아래 4번째 줄에 있는 문장'구조방정식 모형을 살펴보면 χ2=264.109, d.f=71, p=.000, GFI=.937, AGFI=.907, CFI=.929, RMR=.033을 갖는 모형이 도출되었다.'에 옮겨 적는다. <그림 3-25>에서 Regression Weights에서 Estimate, SE, CR, p 값을 '<표 6> 구조모형 경로분석 결과'에 대응시켜 그대로 옮겨 적는다.

<그림 3-25>에서 Squared Multiple Correlations에서 OCB에 대한 Estimate 값을 아래 문장에 옮겨 적었다. 직접모델에서도 동일한 요령으로 하기 바란다.

'매개효과 모델에서의 조직시민행동에 대한 분산은 .646, 직접효과 모델에서의 분산은 .575로, 매개효과 모델이 직접효과 모델보다 더 많은 분산을 설명하였다.'

<그림 3-25>에서 Total Effects, Direct Effects, Indirect Effects의 값을 아래 문장에 옮겨 적었다.

'한편 직접효과 및 간접효과를 측정한 결과 셀프리더십과 상사신뢰의 관계에서는 직접효과(.280)만 있는 것으로 나타났고, 상사신뢰와 조직시민행동의 관계에서도 직접효과(.231)만 있는 것으로 나타났으며, 셀프리더십이 조직시민행동에 미치는 직접효과는 .530이고 간접효과는 .065로 나타났다.'

〈그림 3-23〉 구조방정식 모형의 작성 예

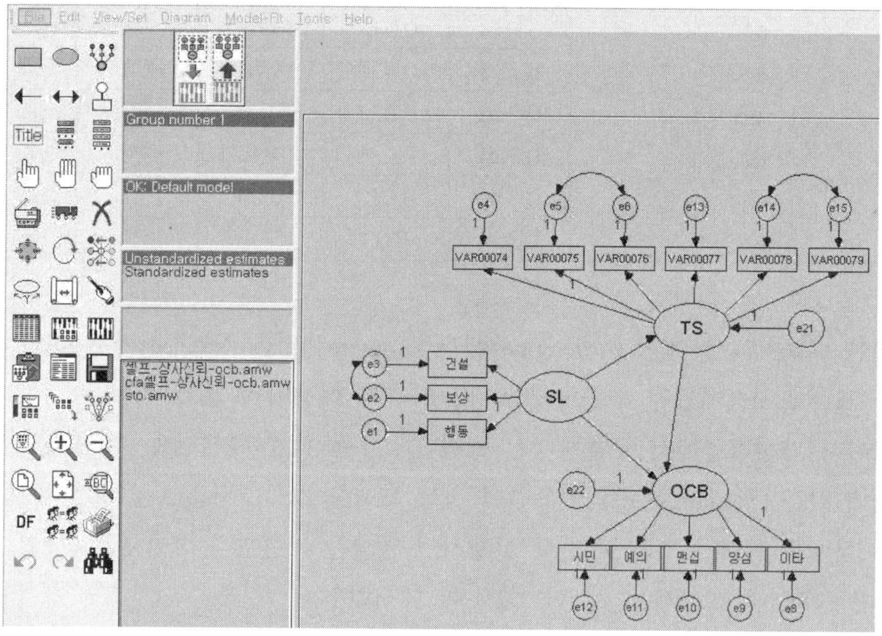

〈그림 3-24〉 구조방정식 모형 분석 결과(적합도)의 예

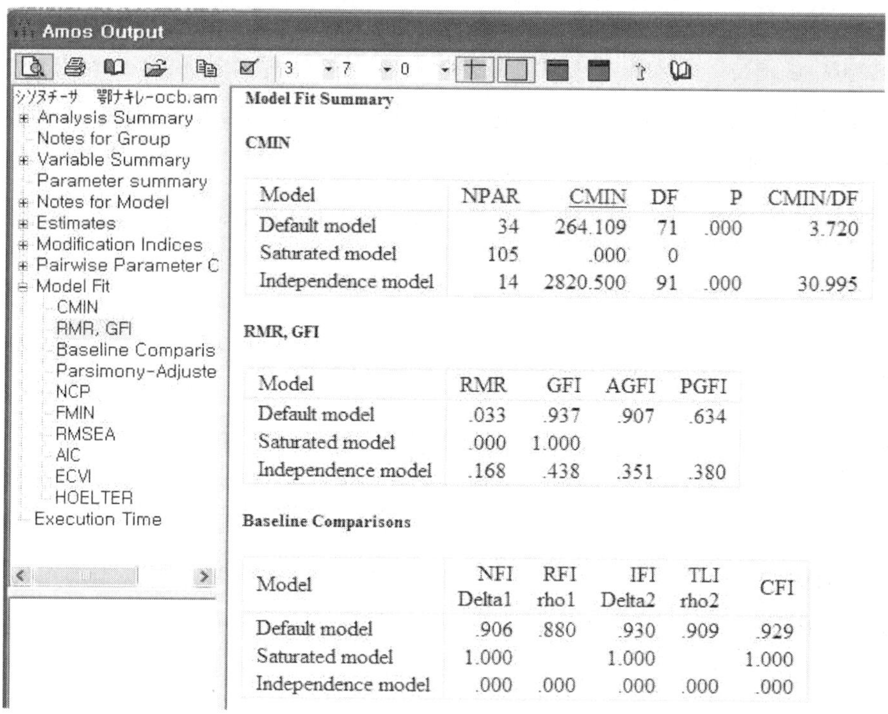

Model Fit Summary

CMIN

Model	NPAR	CMIN	DF	P	CMIN/DF
Default model	34	264.109	71	.000	3.720
Saturated model	105	.000	0		
Independence model	14	2820.500	91	.000	30.995

RMR, GFI

Model	RMR	GFI	AGFI	PGFI
Default model	.033	.937	.907	.634
Saturated model	.000	1.000		
Independence model	.168	.438	.351	.380

Baseline Comparisons

Model	NFI Delta1	RFI rho1	IFI Delta2	TLI rho2	CFI
Default model	.906	.880	.930	.909	.929
Saturated model	1.000		1.000		1.000
Independence model	.000	.000	.000	.000	.000

〈그림 3-25〉 구조방정식 모형 분석 결과(경로계수)의 예

Regression Weights:

			Estimate	S.E.	C.R.	P	Label
TS	<---	SL	0.28	0.061	4.552	***	par_9
OCB	<---	SL	0.53	0.056	9.475	***	par_10
OCB	<---	TS	0.231	0.041	5.634	***	par_11

Squared Multiple Correlations:

	Estimate
TS	0.065
OCB	0.646

Total Effects

	SL	TS	OCB
TS	0.28	0	0
OCB	0.595	0.231	0

Direct Effects

	SL	TS	OCB
TS	0.28	0	0
OCB	0.53	0.231	0

Indirect Effects

	SL	TS	OCB
TS	0	0	0
OCB	0.065	0	0

10. 결론

결론은 14 페이지의 「6. 연구과정의 일반적 절차」의 「V. 요약 및 결론」, 17 페이지의 「8. 논문 작성순서」의 「3) 결론」, 그리고 57 페이지의 「4) 논문 구성의 기본 형식 및 내용」에서 「다) 결론부」 내용을 기초로 하여 작성한다.

결론 예시

Ⅵ. 토의 및 결론

기업의 중요한 무형자산으로서 인적자원은 조직의 경쟁력 제고와 성장의 필수적인 요소로 부각되고 있으며 기업은 인적자원의 관리와 육성을 위해 많은 노력을 기울이고 있다(송기웅, 심원술, 2007). 이와 같이 기업조직의 변화와 혁신의 성공적인 추진 및 경쟁력 향상을 위해 매우 중요하게 다루어지는 변수들 중에서 윤리적 리더십과 상사신뢰, 윤리풍토 및 조직시민행동 간의 관계를 규명하고자 실증적 연구를 수행하였다.

검증결과 윤리적 리더십은 상사신뢰에 정(+)의 유의한 영향을 미치고, 상사신뢰 또한 조직시민행동에 정(+)의 유의한 영향을 미치는 것으로 나타났다. 이러한 결과는 선행연구(김학수, 정범구, 2008; 서인덕, 이원형, 2006, 정영미, 2006)의 결과를 지지하였다. 더 나아가 매개변수인 상사신뢰가 통제된 상황에서는 독립변수인 윤리적 리더십이 조직시민행동에 대해 유의한 영향을 미치지 않는 것으로 나타나 상사신뢰는 윤리적 리더십과 조직시민행동 간의 관계에 있어서 완전매개작용을 하는 것으로 나타났다. 즉, 윤리적 리더십이 조직시민행동에 대해 직접적으로 영향을 미치는 것이 아니라 윤리적 리더십이 상사신뢰에 영향을 미치고 상사신뢰가 다시 조직시민행동에 영향을 미치는 간접적인 관계가 나타나고 있다. 이는 김학수와 정범구(2008)의 상사신뢰의 매개효과에 대하여 직무만족과 조직몰입을 결과 변수로 한 연구에 이어 조직시민행동도 조직유효성 변수로 유용하다는 점을 인식할 수 있었다. 또한 윤리풍토는 윤리적 리더십과 조직시민행동 간의 관계에 있어서 조절작용을 하는 것으로 나타나 강은아(2008)의 연구결과를 지지하였다.

본 연구의 결과는 다음과 같은 시사점을 제공할 수 있다. 첫째, 상사신뢰가 조직시민행동의 선행변수일 뿐만 아니라 윤리적 리더십과 조직시민행동 간의 관계를 매개하는 변수로도 작용한다는 것을 처음으로 입증한 것으로, 이는 윤리적 리더십의 이론을 축적하고 그 논리를 확대하여 향 후 연구의 선행연구로써 중요한 의미를 부여할 수 있다고 하겠다. 즉, 이러한 연구결과를 토대로 윤리적 리더십에 대한 연구를 보다 활성화 한다면 우리사회의 윤리적 문제들을 점진적으로 해결하고 기업의 유효성을 증진하는데 기여할 수 있을 것이다.

둘째, 본 연구의 결과를 통해서 윤리적 리더십 그 자체만으로 조직시민행동에 향상을 기대하기 보다는 상사신뢰의 간접효과의 작용도 고려함으로써 구성원으로부터 바람직한 성과를 이끌어내는 주요 기제로서 상사신뢰의 중요성이 높게 인지되어야 하고 상사신뢰를 향상시킬 수 있는 방안의 모색을 위한 노력이 필요함을 시사한다. 이는 상사의 따뜻한 조언과 그들의 진실한 감정을 상사에게 털어놓고 상담할 수 있는 커뮤니케이션을 장려할 수 있는 프로그램이 필요하다고 하겠다.

셋째, 구성원들의 조직시민행동과 관련하여 조직 내부적으로 공식적인 보상체계가 존재하지 않는 만큼 이를 활성화 시키려면 다양한 비공식적인 보상이 이루어질 수 있어야 한다. 특히 조직구성원들의 태도와 행동에 가장 큰 영향력을 행사할 수 있는 직속 상사의 관심과 인정이 중요하다. 본 연구의 결과에 의하면 윤리풍토에 따라 구성원들의 조직시민행동의 발휘여부가 조절되기 때문에 리더들은 구성원들을 면밀히 관찰하면서 조직시민행동에 대해 즉각적으로 칭찬 격려하는 윤리풍토를 조성하여 조직구성원들이 보다 적극적으로 조직시민행동을 발휘할 수 있도록 한다.

본 연구는 다음과 같은 한계점을 가지고 있어 향후 연구에는 충분히 고려할 필요가 있다. 첫째, 연구 변수들에 대한 측정은 자기보고식(self-report) 설문지를 이용하였기 때문에 개인적 특성에 따른 동일한 방법으로 측정됨으로 인하여 발생하는 오류(common method variance)의 가능성이 높다. 둘째, 수집된 자료는 어느 한 시점에서의 횡단적 연구(cross-sectional study)방법을 실시하였기 때문에 연구결과에 대한 확실한 결론을 내리기에는 한계가 있다. 향후 연구에서는 종단적 연구방법을 통하여 윤리적 리더십과 상사신뢰, 윤리풍토의 특성들이 조직시민행동의 증가나 감소를 일으키는 인과관계 과정을 설명할 수 있을 것이다. 셋째, 조사대상이 창원지역 기업체 종사원들을 대상으로 검증되었기 때문에 연구의 결과를 일반화하는 데에는 한계가 있다. 따라서 이들 변수에 대하여 다양한 산업분야와 업종을 대상으로 인적자원개발의 발전에 기여할 수 있는 실증적 연구를 하여야 할 것이다. 넷째, 윤리적 리더십과 조직시민행동 간 관계를 총체적이고 종합적으로 접근함에 따라 하위 구성요소에 대한 구체적이고 개별적인 효과를 살피지 못했다. 이 또한 본 연구의 한계이자 향후 연구 과제로서 좀 더 구체적인 접근을 통해 이론의 일반화를 꾀할 수 있는 연구설계가 필요할 것이다. 또한 연구의 초점을 다양한 변수들 간의 관계와 매개 및 조절작용에 대한 확대 연구가 필요하다고 하겠다.

※ 결론을 작성할 때 아래와 같은 심사자들의 지적사항의 예를 참조하여 작성한다면 많은 도움이 될 것이다.

- **여기서 잠깐 : 결론과 관련된 심사에 따른 수정요구사항의 예**

- 본 연구의 결정적인 취약점은 연구의 필요와 시사점에 대한 강점이 드러나지 않는다는 것입니다. 일반적인 선행 연구들에서 다루어진 변인들의 관계를 다루고 있으나, 왜 그 변인들의 관계를 HRD나 조직 연구에서 탐구해야 하는 지에 대한 필요성을 더 설명하시기 바랍니다. 그리고 결론 부분의 시사점도 본 연구 결과 자체가 중요하다는 방식이 아니라, 이 연구가 향후 어떠한 연구로 이어질 수 있는 지에 대한 것을 더 보강하시기 바랍니다.

- 토의 및 결론의 첫 번째 단락 "기업의 중요한 ~인적자원개발 연구의 중요성을 인식하고"는 본 연구의 내용과 관련성이 낮으며 본문에서도 언급된 바가 없으므로 삭제하는 것이 내용의 전개상 원활할 수 있음. 토의에 대한 내용이 없고 결론과 제언만이 제시되어 있음. 선행연구와 비추어 유사한 결론이 무엇인지, 본 연구에서 독특하게 밝힌 새로운 내용이 무엇인지에 대해서 분명하게 제시할 필요가 있음. 따라서 논의를 별도의 장으로 분리하여 제시하는 것이 필요함.

- 토의 및 결론은 결과를 토대로 학술적 시사점을 도출하는 방향으로 재진술 요망, 과장된 자화자찬의 표현이 일부 있음

- '토의 및 결론'은 학술지 형식에 맞게 수정하도록 하고, 이 연구의 학술적 및 이론적 가치에 대한 논의를 좀더 보완했으면 한다. 즉 이 연구가 기존 연구와 유사한 점들이라든가 상이한 점들을 좀더 부각시켜 논의되도록 했으면 한다. 그리고 연구자가 주장하는 것처럼 '윤리적 리더십'이 인적자원개발 이론으로 어떤 기여를 할 수 있는지에 대해서 추가적으로 논의될 필요가 있다. 마지막의 연구 한계는 너무 상세하게 지적되어서 오히려 연구의 가치를 저하시킬 우려가 있으므로, 연구방법과 관련된 부분은 앞의 '연구방법' 장에 포함시키도록 하는 것이 좋을 듯함.

- 본 논문의 가장 장점은 연구의 구체적 활용가능성이 매우 높다는 점인데 저자는 결론 부분에 각 변인에 대한 이론적 인과관계와 간단한 시사점만을 언급하고 있음. 보다 연구결과에 대한 활용과 시사하는 바에 대한 구체적인 대안이 제시되면 보다 충실한 연구논문이 될 수 있을 것으로 판단됨.

● 여기서 잠깐 : 결론과 관련된 심사에 따른 수정요구사항의 예

- p.18 토의 및 결론에서 가설검증 결과에 대한 토의가 제시되지 않고 있습니다. 즉 본 연구에서의 가설이 왜 채택되었는지 또는 왜 기각되었는지에 대한 해석이 요구됩니다.

- 결론에서 본 연구의 분석결과를 기초로 현실적 문제해결을 위한 시사점을 도출하셔야 할 것입니다. 특히 본 연구는 병원조직을 대상으로 하였기 때문에 이와 관련된 부분에 대한 보완이 요구됩니다. 병원근로자를 대상으로 하였다는 것만 제시하고 이외의 부분은 이와 관련된 내용이 보이지 않습니다.

- 적절한 방법론에 따라 나름대로 논리적인 분석결과를 제시하고 있습니다. 그러나 연구 결과가 보다 실무적으로 기여하기 위해서는 풍부한 시사점을 제시하려는 노력이 필요합니다. 저자는 본문에서 '본 연구의 결과는..... 윤리적 리더십의 중요성이 높게 인지되어야 하고 윤리적 리더십을 향상시킬 수 있는 방안을 모색하기 위한 노력이..... 상사신뢰를 탄탄하게 구축하는 것이라는 것이 중요한 결론중의 하나이며............, 상사신뢰를 강화해 나가는 것이....' 등으로 기술하고 있습니다만 이는 연구결과에 대한 실무적인 시사점의 제시로 보기 어렵습니다. 보다 구체적이고 실무적인 관점에서의 기술이 필요합니다. 만일 추가적인 기술이 어렵다면 응답자들을 중심으로 본 연구결과에 대한 견해를 토의하면서 시사점을 취합하시는 것도 하나의 방법이 될 수 있을 것입니다. (분석결과에 대한 단순한 기술은 연구의 가치성을 저하시킬 수 있습니다.)

11. 참고문헌

참고문헌은 17 페이지의 「8. 논문 작성순서」의 「4) 참고문헌」내용을 기초로 하여 작성한다. 또한 투고하고자 하는 학회의 투고 및 편집규정을 준수하여야 한다.

참고문헌 예시

참고문헌

강은아(2008). 연구개발 조직에서 상사의 윤리적 리더십과 부하의 윤리성향과의 관계 연구 : 조직적 요인의 조절효과를 중심으로. 박사학위논문. 대전: 충남대학교.

권대봉, 현영섭(2004). 인문사회과학 연구방법. 서울: 학지사.

김학수, 정범구(2008). 윤리적 리더십과 조직유효성의 관계에 있어서 상사신뢰의 매개효과. 경영경제연구 30(2). 29-54.

김호정(1989). 한국관료의 직무특성과 직무만족의 관계 및 그 조절변수로서 행정문화에 관한 연구. 한국행정학보 23(2). 653-679.

문지영, 남정숙, 이상길(2008). 리더의 윤리적 리더십이 조직구성원의 심리적 임파워먼트와 조직시민행동에 미치는 영향에 관한 연구. 한국인사관리학회 학술대회 발표논문집. 233-252.

배성현, 김미선(2009). 조직공정성과 상사신뢰, 직무긴장, 이직의도와의 관계 및 조직 정치 지각의 매개효과. 인적자원관리연구 16(3). 123-148.

서인덕, 이원형(2006). 조직문화, 리더십 그리고 조직시민행동 간의 관계에 있어서 리더신뢰 및 조직몰입의 매개효과. 인적자원관리연구 13(4). 71-106.

Bandura, A.(1977). Social learning theory. Englewood Cliffs, NJ: Prentice Hall.

Bandura, A.(1986). Social foundations of thought and action. Englewood Cliffs, NJ: Prentice Hall.

Baron, R. M. & Kenny, D. A.(1986). The moderator-mediator variable distinction in social psychological research: conceptual, strategic, and statistical considerations. *Journal of Personality and Social Psychology* 51(6). 1173-1182.

Bass, B. M. & Steidlmeier, P.(1999). Ethics, character, and authentic transformational leadership behavior. Leadership Quarterly 10. 181-217.

※ 참고문헌을 작성할 때 아래와 같은 심사자들의 지적사항의 예를 참조하여 작성한다면 많은 도움이 될 것이다.

- 여기서 잠깐 : 참고문헌과 관련된 심사에 따른 수정요구사항의 예

- 참고문헌의 표기가 학회지의 투고요령과 차이를 보이는 부분이 있습니다. 수정하시기 바랍니다.

12. Abstract

영문초록은 국제화에 경쟁력을 높이기 위해 학회마다 해마다 엄격하게, 그리고 양적으로 많은 것을 요구하는 추세이다. Key word를 잘 선정하여야 하며, 투고하고자 하는 학회의 투고 및 편집규정에 따라 영문초록을 작성하여야 한다.

영문초록 예시

Abstract

The Relationship Between Ethical Leadership and Organizational Citizenship Behavior: The Mediating Effect of Trust in Supervisor and The Moderating Effect of Ethical Climate

The purpose of this study were to examine the effects of ethical leadership on trust in supervisor and organizational citizenship behavior, and to examine the mediating effects of the trust in supervisor, and to examine the moderating effects of the ethical climate. In order to verify the relationships, mediating effect, and moderating effect. data were obtained from 277 employees working in firms at Changwon City were analyzed by using SPSS 12.0. and AMOS 5.0. The findings are as follows: Firstly, there was a positive relationship between ethical leadership and trust in supervisor. Secondly, there was also a positive relationship between trust in supervisor and organizational citizenship behavior. Thirdly, trust in supervisor was a full mediating effect on the relationship between ethical leadership and organizational citizenship behavior. Finally, the ethical climate was a moderating effect on the relationship between ethical leadership and organizational citizenship behavior. Based on these findings, the implications and the limitations of the study were presented including some directions for future studies.

[Key Word] ethical leadership, trust in supervisor ethical climate, organizational citizenship behavior

※ 참고문헌을 작성할 때 아래와 같은 심사자들의 지적사항의 예를 참조하여 작성한다면 많은 도움이 될 것이다.

> ● 여기서 잠깐 : abstract와 관련된 심사에 따른 수정요구사항의 예
>
> - 기타: 영문 표현 수정 권유 – 사소한 문제일 수 있습니다만, 보다 명확한 영문 표현을 권합니다. First, agreeableness, conscientiousness were positively related with ...... ➪ First, agreeableness and conscientiousness were positively related with ......로(,보다는 and를 권함)

※ 끝으로 학회마다 투고요령 및 편집규정이 다르기 때문에 투고할 학회를 사전에 결정하고 학회에서 요구하는 규정을 잘 준수하는 것이 “무수정 게재가” 라는 결과를 얻을 수 있는 확률이 높아질 것이다. 몇 몇 학회의 투고요령 및 편집규정을 다음과 같이 정리하여 제시하였다.

한국인력개발학회의 예시

1. 게재 원고의 작성 형식

본 학술지의 게재 원고 작성법은 「HRD연구」 논문 작성양식을 따르는 것을 원칙으로 한다.

▪ 가. 논문의 작성요령

(1) 작성프로그램 : 한글 2002 이상 워드프로세서 프로그램으로 작성하여 E-mail과 홈페이지를 이용하여 접수한다. MS word로 작성한 경우에는 반드시 한글 워드프로세서로 변환하여 제출하여야 한다.

(2) 논문작성은 한글 사용을 원칙으로 하되, 의미에 혼동 가능성이 있는 경우에 한하여 漢字로 표시하거나 ( ) 속에 原語를 써 넣는다.

(3) 인명 표기의 원칙 : 외국인의 이름이나 외국의 지명은 원어 그대로 쓴다.

(4) 논문은 다음과 같은 작성 규칙에 맞추어 작성한다.

- 편집용지 : A4 (210mm×297mm)
- 여백설정 : 위 40, 아래 40, 오른쪽 32, 왼쪽 32, 머리말 10, 꼬리말 10, 제본 10

		글자모양	문단모양
논문제목		휴먼고딕 14, 진하게	줄간격 170, 가운데 정렬
한글요약		휴먼고딕 9	왼쪽/오른쪽 25, 들여쓰기 10, 줄간격 150, 양쪽혼합
본문		휴먼명조 10, 장평 95, 자간 -7	들여쓰기 10, 줄간격 170, 양쪽혼합
표 제목		휴먼고딕 10, 진하게, 장평 95, 자간 -7	줄간격 170, 왼쪽 정렬
그림 제목		휴먼고딕 10, 진하게, 장평 95, 자간 -7	줄간격 170, 가운데 정렬
각주		휴먼명조 9, 장평 95, 자간 -7	줄간격 130, 양쪽혼합
참고문헌		휴먼명조 10, 장평 95, 자간 -7	내어쓰기 25, 줄간격 160, 양쪽혼합
초록 (abstract)	제목	휴먼명조 13, 진하게	줄간격 170, 가운데 정렬
	내용	휴먼명조 10, 장평 95, 자간 -7	들여쓰기 15, 줄간격 170, 양쪽혼합
※ 영문으로 작성된 원고의 경우에도 편집사항은 위와 동일하다. 단, 한글요약 대신 영문요약을, 영문초록 대신 한글초록을 작성한다.			

(5) 투고자 명시

·저자가 여러 명일 경우에는 제 1저자를 가장 먼저, 교신저자를 가장 마지막에 표기하는 것을 원칙으로 한다.

·제 1저자는 논문을 직접 집필하고 내용이나 결과에 관하여 가장 많은 기여를 한 사람이고, 교신저자는 연구의 총괄지휘자로서 논문 수정의 책임을 갖는다.

(6) 원고의 양 : 작성된 원고의 양은 (4)의 작성규칙에 의거하여 가급적 A4 용지 20쪽 이내로 한다. 초과분에 대한 인쇄비용(추가 게재료)은 본인이 부담한다.

(7) 논문은 교정이 완전히 끝나서 그대로 출판할 수 있는 완전한 상태로 제출한다. 이를 그대로 출판했을 때 발견되는 맞춤법, 띄어쓰기, 구두점 등의 오류에 대한 책임은 전적으로 필자에 있다.

▪ 나. 소제목의 번호 부여

(1) 1단계 : I, II, III (진하게, 휴먼명조 13, 줄간격 170, 가운데 정렬)
(2) 2단계 : 1, 2, 3 (진하게, 휴먼명조 12, 줄간격 170, 들여쓰기 10, 양쪽혼합정렬)
(3) 3단계 : 가, 나, 다 (진하게, 휴먼명조 10, 줄간격 170, 들여쓰기 없음, 양쪽혼합정렬)
(4) 4단계 : 1), 2), 3) (진하게, 휴먼명조 10, 줄간격 170, 들여쓰기 10, 양쪽혼합정렬)
(5) 5단계 : 가), 나), 다) (휴먼명조 10, 줄간격 170, 들여쓰기 없음, 양쪽혼합정렬)
(6) 6단계 : (1), (2), (3)
(7) 7단계 : (가), (나), (다)
(8) 단순한 나열 : ①, ②, ③

▪ 다. 인용

인용 내용이 짧은 경우는 본문 속에, 3행 이상인 경우에는 따로 인용한다. 따로 인용하는 경우, 인용부분의 아래 위를 본문에서 한 줄씩 띄우고 좌.우 여백(문단모양)을 각각 20으로 한다.

▪ 라. 각주와 후주

각주(footnote)와 후주(endnote)는 본문에 대한 보충적 내용이나 설명에 한하고 자료의 출처나 참고문헌을 밝히는 주의 사용은 금한다.

▪ 마. 본문 내 인용문헌

(1) 인용하는 저서나 저자명이 본문에 나타나는 경우의 예
•홍길동(1999) •홍길동(1999:10) •홍길동(1999:1-10)

(2) 인용하는 저서나 저자명이 본문에 나타나지 않는 경우의 예
•한 연구(홍길동, 1999)에 의하면
•이 내용(홍길동, 1999:1-10)에 따르면
•최근의 연구(홍길동, 1999; Anderson, 1999)

(3) 저자가 다수일 경우 3인까지는 모두 제시한다. 4인 이상은 첫 번째 저자만 기술하고, 'OOO 외'로 제시한다.
•홍길동 외(1999) •Wittrock 외(1999)

▪ 바. 참고문헌의 작성

참고문헌은 논문 말미에 제시한다. 여러 나라의 문헌을 참고한 경우 韓.中.日.西洋書 순으로 제시한다. 여기에 예시되지 않은 서양 참고문헌 작성법은 대체로 APA양식을 따른다.

(1) 단행본의 경우
•배을규(2009). 인적자원개발론. 서울: 학이시습.

(2) 정기간행물 속의 논문인 경우

•조대연.현영섭(2008). 미국, 캐나다, 호주의 진로교육 전문가 역량 비교 분석. HRD연구, 10(3). 47-64.

(3) 학위논문의 경우

•박소연(2006). HRD 프로그램의 논리 주도적(Theory-Driven) 평가체제 개발. 박사학위논문. 고려대학교 대학원.

(4) 서양서의 경우

•Swanson, R. A.. & Holton Ill, E. F.(2009). Foundation of human resources development. San Francisco, CA: Berrett-Koehler Publishers.

•Palmer, H., & Valet, W.(2001). Job analysis: Targeting needed skills. Employment Relations Today, 28(3). 85-92.

•America Psychological Association(1983). Publication manual(3rd ed.). Washington, DC: author.

•Gold, N. C.(1981). Meta-evaluation of selected bilingual education projects. Unpublished Doctoral dissertation. University of Massachusetts.

※ 영문 참고문헌 작성 시 논문과 단행본의 제목은 첫 단어의 첫 글자만 대문자로 표기하고, 정기간행물명은 각 단어의 첫 글자를 모두 대문자로 표기한다.

▪ 사. 표와 그림

(1) 표와 그림에는 아라비아 숫자 1부터 시작하는 일련번호를 붙이되, 표에는 "< >", 그림에는 "[ ]"과 같은 괄호를 사용한다.

(2) 표의 제목은 상단 왼쪽에, 그림의 제목은 하단 가운데에 제시한다.

(3) 표와 그림은 원본 그대로를 복사 인쇄할 수 있도록 완벽하게 그려서 제출한다.

▪ 아. 논문 요약

논문 요약은 원고의 서두에 가로 80열 세로 10행 이내로 작성하고 요약문의 말미에는 반드시 다음과 같이 한글 주제어를 5개 이내로 제시한다.

[주제어] _____, _____, _____, (국문 논문일 경우)
[Keyword] _____, _____, _____, (영문 논문일 경우)

▪ 자. 영문 Abstract

국문으로 작성된 논문은 영문 Abstract를, 영문으로 된 논문은 국문 초록을 작성한다. 영문 Abstract(국문 초록)는 800단어 이상 1000단어 이내로 작성하며 원고 말미에 싣고, Abstract(국문 초록) 말미에는 반드시 영문 Keyword(주제어)를 다음과 같이 제시한다.

[Keyword] _____, _____, _____, (국문 논문일 경우)
[주제어] _____, _____, _____, (영문 논문일 경우)

한국정보시스템학회의 예시

학회지편집방침

1. 투고된 원고는 다른 간행물에 발표되지 않는 것을 원칙으로 하며, 원고의 내용에 대한 책임은 집필자가 진다.

2. 정보시스템연구에 게재된 논문의 판권은 한국정보시스템학회가 가지며 투고된 원고는 반환하지 아니한다.

3. 논문 게재결정의 기준은 다음과 같다. 각 기준별로 "매우 나쁨, 나쁨, 보통, 좋음, 매우 좋음"의 5점 척도로 평가한다. 종합적 평가로서 "게재, 수정 후 게재, 수정 후 재심사, 게재불가"가 있다.
(1) 연구주제의 중요성(이론적, 실무적 및 교육적 기여도)
(2) 내용의 독창성
(3) 연구방법의 타당성
(4) 연구내용의 효과적인 의사전달
(5) 정보시스템연구에의 부합성

4. 논문의 심사과정은 다음과 같다.
(1) 투고요령에 맞게 제출된 원고만 접수 심사한다.
(2) 논문이 접수되면 편집위원장은 즉시 논문접수일자를 저자에게 서면으로 통지한다.
(3) 편집위원장은 편집위원에게 논문을 송부하여 심사위원 위촉을 의뢰한다.
(4) 편집위원은 3인 이상의 심사자에게 심사를 위촉한다.
심사결과가 게재가와 게재불가로 양분되는 경우 편집위원은 제 4의 심사원을 선정하여 게재여부를 최종 판단하도록 한다.
(5) 논문심사를 의뢰 받은 심사위원은 심사 위촉을 받은 날로부터 초심 및 재심 모두 3주 이내에 심사를 끝내고 그 결과를 편집위원회의 소정양식에 의거 서면으로 편집위원에게 통지하여야 한다. 단, Fast Track(긴급)으로 투고된 논문은 10일 이내에 심사를 끝내야 한다.
(6) 편집위원은 1차 심사가 완료된 후 집필자에게 그 결과를 서면 통지하며 심사결과에 따라 논문의 수정을 요구할 수 있다.
(7) 수정요구를 받은 집필자는 그 수정요구가 잘못된 것임을 밝히지 않는 한 반드시 수정하여야 하며, 수정 후 수정논문과 함께 수정요지를 편집위원에게 제출하여야 한다. 저자가 논문의 수정을 요청받고 특별한 사유 없이 3개월 이내에 수정논문을 제출하지 않을 경우 저자가 논문게재를 포기한 것으로 간주한다.
(8) 논문집필자가 수정하여 제출한 논문은 1차 심사자가 다시 심사한다. 필요시 심사위원은 논문 수정을 여러 차례 요청할 수 있다.
(9) 편집위원은 최종적으로 수정이 완료된 논문을 편집위원장에게 보고한다.
(10) 편집위원회는 심사결과가 게재 확정된 경우에도 본 학회지의 투고요령 및 편집방침에 맞게 원고의 수정을 요구할 수 있다.
(11) 편집위원회는 위의 과정을 통과한 논문만 정보시스템연구에 게재한다.

5. 논문의 게재순서는 편집위원회의 게재확정 순서에 따르나 논문의 중요성을 감안하여 편집위원장이 이를 조정할 수 있다.

3. 한글 2002 버전이상에서의 작성요령은 다음과 같다.

※ 편집용지 : A4 (210×297mm)
※ 본문서체 : 10포인트, 신명조
※ 줄 간 격 : 160%
※ 용지여백 : 위쪽, 아래쪽, 왼쪽, 오른쪽 35mm/머리말, 꼬리말 13mm
※ 첫줄들여쓰기 : 10.0pt

4. 논문의 저자 중 최소한 1인은 당해연도 연회비를 납부한 정회원 이상이어야 한다.

5. 원고 제1면에는 제목, 저자(공저자 포함) 인적사항(이름, 소속기관, e-mail 주소), 목차를 표시한다. 공저자의 논문에서 특기사항이 없으면 두기저자(first author)를 주저자로 간주한다.

6. 본문의 작성은 다음과 같이 한다.

(1) 익명으로 논문이 심사될 수 있도록 투고자의 신분을 직접 또는 간접으로 본문에 나타내서는 아니 된다.
(2) 학술용어는 될 수 있는 한 국문으로 쓰되 번역이 곤란한 경우에 영문으로 쓸 수 있으며 번역된 용어의 이해를 돕기 위하여 영문을 괄호 안에 넣어 덧붙일 수 있다.
(3) 논문의 장과 절의 표시는 다음과 같다.
II.
 2.1
  2.1.1
   (1)
    1)
(4) 모든 표 및 그림은 선명하게 그리며 해당번호 (예: <표 1>, <그림 3>)와 제목 또는 설명을 붙여야 한다. 표는 상단 중앙에, 그림은 하단 중앙에 설명을 붙인다.
(5) 각주는 될 수 있는 대로 줄이고 필요한 경우에만 어구의 오른쪽 상단에 일련번호를 붙여서 표시하고 그 내용을 당해면 하단에 작성한다.
(6) 본문에서 다른 문헌을 인용할 때는 저자명과 연도를 표시한다.
(예) ...한다(김수곤, 1997).
...한다(홍길동, 1995; 이몽룡, 1996).
Davis(1995, 1997)에 의하면...
(7) 참고문헌은 본문 끝에 국내문헌, 국외문헌, URL주소 순으로 정리하되 국내문헌은 가나다순으로, 국외문헌은 알파벳순으로 한다.
동일저자의 논문이 동일년도에 2편 이상인 경우에는 연도 다음에 a, b, … 등을 붙인다.
(8) 참고문헌의 표시방법은 다음과 같다.
1) 도 서 : 저자, 도서명, 출판회수(edition, 2판 이상만 표시), 권(2권 이상만 표시), 출판사, 소재지, 출판년도, 면의 순으로 한다.
2) 학술지 : 저자, 논문제목("---,"로 표시함), 학술지명(외국문헌은 이탤릭체로), 권(Vol.), 호(No.), 발행년월, 면의 순으로 한다.
(예)홍길동, MIS개론, 가나다 출판사, 1991.
Bailey, K. D., Methods of Social Research, The Free Press, New York, 1978.
Allow, R. M., "User Management," MIS Quarterly, Vol. 7, No. 2, June 1983a, pp. 24-27.

7. 국문원고는 영문초록을, 영문원고는 국문초록을 추가한다. 초록에는 제목, 저자(공저자 포함), 요약내용, 색인어(Key Words) 순으로 작성한다.

8. 제출되는 원고에는 기존 정보시스템연구에 게재되었던 논문 3편 이상이 반드시 참고문헌으로 인용되어야 한다.

한국기업경영학회의 예시

「기업경영연구」 투고 및 원고작성 방법

논문투고 및 원고작성에 대한 안내

HOME > 규정집 > 「기업경영연구」 투고 및 원고작성 방법

Ⅰ. 투고 방법

논문 샘플

1. 「기업경영연구」 에 게재할 논문은 한국기업경영학회의 설립목적에 부합되고 학문적 기여도가 높은 연구논문과 연구노트로 한다.
2. 본 학회의 회원이나 이와 동등한 자격을 가지고 있다고 인정되는 연구자는 기업경영연구에 투고할 수 있다. 후자의 자격요건에 대해서는 기업경영연구의 편집위원회가 최종적으로 판단한다. 이와 관련하여 논문을 투고하여 심사를 받고자 하는 경우 '한국기업경영학회의 회원으로서 연회비 또는 임원기여금을 납부한 자'를 기본으로 한다. 투고자가 2인 이상일 경우 공저자는 최소한 박사과정 이상에 적을 두고 있는 것을 원칙으로 하며, 논문 투고를 전후하여 해당자 모두 회원의 자격을 취득할 것을 권장한다.
3. 논문의 연구자가 1인일 경우 주저자와 공저자 표기를 생략한다. 논문의 연구자가 2인 이상일 경우 주저자는 제1저자로 표기하고 나머지 공저자는 모두 공동저자로 표기한다. 단, 공동저자 중 교신저자가 있을 경우 이를 교신저자로 표기하되, 제1저자가 교신저자일 경우 교신저자를 표기하지 않는다.
4. 투고된 논문은 편집위원회가 그 내용을 심사하며, 단행본이나 다른 학술지(대학교지 포함)에 게재되지 않은 것이어야 한다. 또한 다른 학술지에 심사 중인 논문은 해당 학회지의 심사절차가 완료된 이후에 제출하여야 한다. 단, 발표된 논문은 이 규정의 위반에 해당되지 않는다. 공개 또는 비공개된 프로젝트 보고서는 게재하지 않는다. 학위논문의 경우 학위논문 축약본 또는 학위논문 일부라는 표기를 논문 첫 페이지 하단에 명시해야 한다.
5. 「기업경영연구」 에 논문게재를 희망하는 투고자는 '논문투고신청서'와 '심사용 논문파일'을 E-mail 로 본 학회 편집위원장에게 제출한다. 논문 접수시 심사료 10만원을 납부하고 추가심사가 필요할 경우 추가심사료 3만원을 납부해야 한다. 그리고 게재 확정시 기본게재료 20만원을 납부하여하 한다.

※ 편집위원장 연락처 및 심사료 납부 계좌

- 기업경영연구 편집위원장(충주대 정기만 교수)
- E-mail: kocomaeditor@paran.com
- Tel: 010-2210-1887
- 계좌번호: 우체국 301291-02-151501
- 예금주: 정기만

6. 심사철회 요청
   투고자는 논문 접수 익일부터 7일 이내에 E-mail 또는 유선(Phone)으로 투고한 논문의 심사철회를 요청할 수 있다.
7. 게재가 결정된 논문의 최종본은 「기업경영연구」 투고 및 원고작성 방법에 의해 작성하고 이를 편집위원회에 파일형태로 송부하여야 한다.

Ⅱ. 원고작성 방법

1. 기고 논문의 내용은 A4 규격으로 20매 내외의 분량으로 작성되어야 하며, 국문과 영문으로 요약문를 첨부한다. 요약문은 국문 600자 내외, 영문 700 단어 내외이며 각각 다른 페이지에 정리한다. 논문을 대표할 수 있는 주제어(5개 내외)를 각각 국문과 영문요약 다음에 제시한다. 게재 확정시에는 아래 13항의 규격에 맞추되 가능한 한 A4규격으로 30매 분량을 초과하지 않도록 작성하여 제출한다.
2. 투고 논문은 원칙적으로 한글 또는 영문으로 작성한다. 학술용어 및 강조되는 용어의 표현은 필요한 경우 괄호 안에 외국어로 용어 표기를 할 수 있다. 단, 외국어 중 고유명사는 원문으로 표기함을 원칙으로 한다.
3. 논문 제1면에는 한글로 제목과 투고자의 성명(저자 및 저자가 2인 이상인 경우, 제1저자 · 교신저자 · 공동저자를 구분하여 명기), 소속기관, 직명, E-mail 주소, 국문요약과 핵심 주제어, 목차를 명확히 표기한다. 소속기관과 직명, 연구비 후원 등에 관하여는 하단에 주석처리로 표기한다. 주석처리를 위한 표기는 윗 첨자를 사용한다(예: 홍길동*). 영문 원고인 경우에는 영문요약을 작성하고, 끝 면에 국문요약을 작성한다.

4.장, 절 등의 표기는 다음과 같이 한다.

Ⅰ. Ⅱ. Ⅲ., …
1.1, 1.2 …
1.1.1, 1.1.2, …
1.1.1.1, 1.1.1.2 …
1), 2), …

5. 모든 표와 그림은 선명하게 그리고 해당번호(예: <표 1>…, <그림 1>…)와 제목 또는 설명을 붙여야 한다. 제목은 표의 경우 상단 중앙에, 그림의 경우 하단 중앙에 붙여야 한다. 또한 표의 주는 다음과 같이 표기한다.

주) ① a)는 …
　② **, *는 1%, 5% …

6. 모든 수식은 수식 우측에 해당번호(예: (1), (2), …)를 표기한다.
7. 내용주에 국한된 각주(footnote)는 최소화하되, 필요한 경우의 각주는 어구의 오른쪽 상단에 일련번호를 표기하고 그 내용은 각면 하단에 주석처리로 작성한다.
8. 본문 중 참고문헌이 인용된 부분은 다음과 같이 표기한다.

1) 인용하는 저서나 저자명이 본문에 나타나는 경우에는 ( ) 속에 발행년도 또는 발행년도와 해당 면을 표기한다.

[예시]
"이 문제에 관하여 성춘향(1997) …… "
"성춘향(1995, p. 20)은 …… ": 1995년도 문헌의 페이지 20의 경우

2) 인용하는 저서나 저자명이 본문에 나타나지 않는 경우에는 해당부분 말미에 ( )를 하고 그 속에 저자명, 발행연도와 해당 면을 표기한다. 하나의 사항에 여러 문헌을 인용하는 경우에는 문헌들 사이에 세미콜론(;)으로 가르되, 국내문헌과 외국문헌(중국어문헌, 일본어문헌, 영어문헌, 기타문헌)의 연도순으로 표기한다.

[예시]
"인간의 심성에 내재되어 …… 이다"(홍길동·성춘향, 2001, pp. 23-24).
"…… 왔다"(홍길동 외 2인, 2003; Shani et al., 1999; Mittal and Jeong, 2005).

3) 저자가 다수일 경우 2인 까지는 모두 표기하되, 3인 이상은 첫 번째 저자만 나타내고 그 다음은 국문과 영문의 경우 모두 「○○○ 등」으로 통일하여 표기한다. 단, 논문 마지막 부분의 참고문헌 표기시에는 모든 저자의 이름을 빠짐없이 나열하여 표기한다.

[예시]
홍길동 외 2인(2002)은 …… 을 가식적이라고 주장하였다.
Mitta 등(2004)은 …… 를 비합리적이라고 주장하였다.

9. 참고문헌은 본문이 끝난 다음에 표기한다. 표기순서는 국내문헌, 외국문헌의 순으로 한다. 국내문헌은 가나다순으로, 외국문헌은 중국어문헌, 일본어문헌, 영어문헌, 기타문헌 순으로 표기한다. 중국어문헌은 한자발음 순으로, 일본어문헌은 히라가나 순으로, 영어문헌은 알파벳 순으로, 기타문헌은 해당국 어법의 순으로 표기한다. 동일한 저자의 문헌이 2개 이상일 경우에는 연도순으로 표기한다.
10. 참고문헌에서 정기간행물의 경우에는 '저자명, 연도, 논문제목, 간행물명(국내 및 동양문헌: 진한 중고딕, 서양문헌: 이탤릭체 진한 중고딕)(국내문헌의 경우 간행처), 간행물 순서[국내문헌: 권(호), 외국문헌: Vol.(No.)], 면(page)'의 순으로 표기한다. 단, 출판년도는 저자명의 바로 뒤 ( ) 속에 기입한다. 단행본과 같이 정기간행물이 아닌 경우에는 '저자명, 연도, 도서명(국내 및 동양문헌: 진한 중고딕, 서양문헌: 이탤릭체 진한 중고딕), 출판회수(제2판 이상), 권(제2권 이상), 출판지, 출판사명'의 순으로 표기한다.

[참고문헌 예시]
김명학(2002), **경영학원론,** 서울: 형설출판사.
김성수(2004), **(21세기) 윤리경영론 - 이론과 사례** -, 서울: 삼영사.
이건희 역(2004), **현대인의 재무상식,** 레나르도 · 도날드슨 원저, 서울: 석정.
정종국(1999), "불공정성에 대한 지각과 태도," 배종일(편), **현대 조직구조와 제도의 모순**, 서울: 대원출판사, 112-134.
최종태(2003), "한국사회 선진화를 위한 노동정책의 전개방향," **기업경영연구**(한국기업경영학회), 10(1), 239-257.
황건호 · 임외석(2005), "(정보)기술수용모형에 대한 재해석: 계획된 행동이론을 중심으로," **2005년도 한국기업경영학회 춘계학술발표대회 논문집**, 4월 30일, 서울: 경희대, 24-39.

Earl, M. J.(2001), ***Management Strategies for Information Technology***, 2nd ed., Boston, M.A.: Harvard Business School Press.

Rousseau, D. M. and J. M. Paks(1999), "The Contracts of Individuals and Organizations," in L. L. Cummings and B. M. Staw (Eds.), ***Research in Organizational Behavior***, 15, Greenwich, C.T.: JAI Press, 1-43.

Starling, T. G., A. J. Doleman, and D. F. Kulse, Jr.(2002), "Performance Appraisal in the Z Organization: A Profile Comparison Approach," ***Public Personal Management***, 11(4), 343-351.

Tan, Y. E. and S. L. Korvin(1993), "Investigating IS Strategic Alignment," ***Proceedings of the 14th International Conference on Information Systems***, Dec. 15-18, Orlando, Florida, 345-363.

11. 원고 끝면에는 장을 달리하여 영문초록을 작성한다. Abstract, 영문 논문제목, 투고자의 영문 성명(본인의 여권상의 영문이름과 동일하게 기재), 영문요약문, Key Words(5개 내외)를 표기한다.

12. 참고문헌의 동일 저자는 공백 10칸 밑줄 표시로 표기한다.
13. 투고와 관련된 서식 및 편집사례는 학회 홈페이지에서 다운받아 사용한다(http://www.kocoma.or.kr).
14. 투고 원고는 한글 워드프로세서(한글 2004 이상)로 작성함을 원칙으로 하고, 편집용지와 편집규정은 다음과 같다. 외국인 투고자의 경우 MS-Word를 사용할 수 있다.
  1) 글자모양
    • 글자체: 한글, 영문, 한자, 일어 모두 신명조체
    • 장평: 95
    • 자간: -3
    • 크기
      제목: 17(가운데 정렬), 부제목: 15(가운데 정렬)
      국문 이름: 11(오른쪽 정렬), 국문 소속: 8.5(왼쪽 정렬)
      국문 요약: 9(혼합 정렬), 목차: 10(가운데 정렬), 목차 내용: 9(왼쪽 정렬)
      Ⅰ.: 13(왼쪽 정렬), 1.1: 10(왼쪽 정렬), 1.1.1: 9.5(왼쪽 정렬)
      본문 내용: 9.5(혼합 정렬) , 참고문헌: 13(가운데 정렬), 참고문헌 내용: 9.5(내어쓰기 24pt)
      Abstract: 13(가운데 정렬), 영문 제목: 14(가운데 정렬), 부제목: 12(가운데 정렬)
      영문 이름: 9(오른쪽 정렬), 영문 요약: 9(혼합 정렬), Key Words: 9.5(왼쪽 정렬)
      영문 소속: 8.5(왼쪽 정렬)
  2) 문단 모양
    - 왼쪽/오른쪽 여백: 31.5, 문단 위/문단 아래: 34.5
      들여쓰기: 10, 낱말 간격: 85%
    - 줄간격: 160, 정렬 방식: 혼합
  3) 인쇄용지의 설정
    - 용지 종류: A4
    - 용지 방향: 보통
    - 여백주기: 위쪽 32.5, 아래쪽 36.5, 왼쪽 30, 오른쪽 30, 머리말 18, 꼬리말 8, 제본 3
  4) 본문 다단: 서론 ~ 참고문헌까지 다단을 2단으로 하며, 나머지 부분은 1단으로 한다. 단, 다단 2단에 해당하는 부분에서 <표>나 <그림>은 1단으로 한다.

15. 투고논문이 학위논문의 축약본이나 일부일 경우에는 아래의 [예]와 같이 논문제목의 각주의 출처를 명시하여야 한다. 또한 학위논문이 투고논문의 참고문헌에 명시되어야 한다. 단, 출판일자 기준으로 투고논문이 먼저 출판되고 학위논문이 나중에 출판되는 경우는 이에 해당되지 않는다. (이 경우에는 출판된 논문이 학위논문의 참고문헌에 들어갈 수 없다.)
[예1] 학위논문의 축약본일 경우(투고논문의 표(그림)와 학위논문의 표(그림)가 모두 동일한 경우):
*본 논문은 제1저자 홍길동의 박사학위논문의 축약본입니다.
[예2] 학위논문에서 추가 연구 없이 일부 내용을 발췌한 경우(투고논문의 표(그림)가 학위논문 중 일부를 발췌한 경우):
*본 논문은 제1저자 홍길동의 박사학위논문의 일부를 발췌한 것입니다.
[예3] 학위논문의 일부에 학위논문에 없는 내용을 추가한 경우(투고논문의 표(그림)가 학위논문의 표(그림) 중 일부와 새로운 표(그림)를 추가한 경우):
*본 논문은 제1저자 홍길동의 박사학위논문을 바탕으로 추가 연구하여 작성한 것입니다.
*본 논문은 제1저자 홍길동의 박사학위논문의 계속연구로 작성한 것입니다.
16. 본 기업경영연구 투고 및 원고작성 방법에 명시되지 않은 사항은 일반적으로 원용되고 있는 논문작성 관례에 따른다.

II. 투고논문 작성 요령

1. 원고는 한글, 영문, 국·한문 혼용으로 하는 것을 원칙으로 한다.
2. 원고는 한글 워드프로세서(한글 2002 이상)로 작성함을 원칙으로 하고, 세부규격은 다음과 같다.

<편집용지>

구분	포인트
용 지	사용자정의
폭	190mm
길이	260mm
용지방향	좁게
제 책	맞쪽
위 쪽	30.0
아래쪽	15.0
왼 쪽	20.0
오른쪽	20.0
머리말	15.0
꼬리말	15.0
제 본	0

3. 원고는 도표, 참고문헌 및 부록을 포함하여 20매 내외로 한다.
4. 원고 제1면에는 한글로 제목, 투고자의 성명(저자 및 저자가 2인 이상일 경우 반드시 제1저자와 공동저자 구분 명기), 소속기관, 직명, email주소, 한글 요약과 한글 핵심주제어(Key words)를 명기한다.
5. 영문 초록은 원고 마지막에 장을 달리하여 작성하며, 제목, 투고자의 성명, 본문, Key words 순으로 작성하며, 직위, 소속은 하단에 주석처리로 명기한다.
6. 학술용어는 될 수 있는 대로 한글로 쓰되 번역이 곤란한 경우에 한해 영문으로 쓸 수 있으며, 번역된 용어의 이해를 돕기 위하여 영문을 괄호 안에 넣어 덧붙일 수 있다.
7. 모든 표 및 그림은 선명하게 그리며, 해당번호(예 : <표 1>, <그림 1>)와 제목 또는 설명을 붙여야 한다.
8. 참고문헌은 그 전부를 저자명에 따라 한글은 자모순으로, 영문은 알파벳순으로 본문이 끝난 뒤에 기재하고, 본문에서는 저자명과 함께 발표년도를 괄호에 표시한다.
10. 참고문헌은 정기간행물의 경우는 저자명, 연도, 논문제목, 간행물명(국내문헌 및 동양서의 경우는 휴먼고딕체로, 서양서인 경우는 이탤릭체로 표시), 권(Vol.), 호(No.), 연도, 면(page)의 순으로 하고, 정기간행물이 아닌 경우는 저자명, 연도, 도서명(국내문헌 및 동양서의 경우는 휴먼고딕체로, 서양서인 경우는 이탤릭체로 표시), 출판회수(제2판 이상), 출판지, 출판사의 순으로 기재한다. 다만, 출판년도는 저자명의 바로 뒤 ( )속에 기입한다.

[참고문헌 예시]

김이영(2001), "ARCH모형을 이용한 벤처주식시장의 위험 및 효율성 분석," 벤처경영연구, 제4권 제2호, 91-115.
이광로?김병순(2004), 재무관리, 제2판, 서울, 신영사.
이원흠?이한득?박상수(2000. 2), "벤처기업의 가치평가와 과대평가 여부 실증분석," 한국증권학회 2000년도 제1차 학술대회 발표논문집, 227-250.
Carr, P. and R. Jarrow(1990), "The Stop-Loss Start-Gain Paradox and Option Valuation: A New Decomposition into Intrinsic and Time Value," Review of Financial Studies, 3(3), 469-492.
Foster, G.(1986), Financial Statement Analysis, 2nd. ed., New Jersey, Prentice-Hall.

11. 원고 끝면에는 영문제목, 영문이름, 영문 Abstract, 영문 Key words, 소속(하단 주석처리) 순으로 영문요약을 명기한다.
12. 투고와 관련된 서식 및 편집사례는 학회 홈페이지에서 다운받아 사용한다(http://www.kiea.ne.kr).
13. 워드 작성시 아래 사항을 준수하여 작성한다.

<편집예규>

구분	글자체	크기(포인트)
제목	휴먼고딕 / 진하게	16(장평 90%, 자간 -5%)
성명(국문)	휴먼고딕	10(장평 100%, 자간 0%)
국문요약	신명조	9(장평 100%, 자간 0%)
핵심주제어	신명조(소문자)	10(장평 100%, 자간 -5%)
목차		
Ⅰ, Ⅱ,	휴먼고딕 / 진하게	14(장평 100%, 자간 0%)
1.1.	중고딕 / 진하게	12(장평 100%, 자간 0%)
1.1.1.	중고딕 / 진하게	11(장평 100%, 자간 0%)
1.1.1.1.	신명조 / 진하게	10(장평 100%, 자간 0%)
<표 1> 및 <그림 1>	중고딕	10(장평 100%, 자간 0%)
<표>의 내용	신명조	10(장평 100%, 자간 0%)
본문(2칸 띠고 시작)	신명조 / 줄간격 160%	10(장평 100%, 자간 0%)
각주	신명조 / 줄간격 130%	9(장평 100%, 자간 0%)
수식 : 식 v(1)로 표기	앞에서 10칸부터 시작	우측 끝에 (1), (2)로 표기
참고문헌 타이틀	휴먼고딕 / 진하게	13(장평 100%, 자간 0%)
참고문헌 : 국문, 영문	신명조	10(장평 100%, 자간 -5%)
영문제목	휴먼고딕	16(장평 90%, 자간 -5%)
영문성명(우측 끝)	휴먼고딕	10(장평 100%, 자간 0%)
Abstract(가운데)	신명조	11(장평 100%, 자간 0%)
Abstract영문 본문	신명조	10(장평 100%, 자간 -5%)
Key words	신명조(소문자) / 진하게	10(장평 100%, 자간 -5%)
영문 직위?소속(주석처리)	신명조	9(장평 100%, 자간 -5%)

※ 편집규정과 관련하여 아래와 같은 심사자들의 지적사항의 예를 참조하여 작성한다면 많은 도움이 될 것이다.

● 여기서 잠깐 : 편집규정과 관련된 심사에 따른 수정요구사항의 예

- 본 연구는 전반적으로 투고규정의 준수가 미흡합니다.
  1) 본문 내용 중에 인용 및 참고문헌 표시 방법상의 오류가 있습니다.
     예) 년도 표기 누락, '&', '와', '과' 표기에서 일관성 결여 등등
     예) p. 2에서 아래에서 세 번째 줄 : 정의된다.(박신자,1989) —〉 정의된다(박신자,1989). 으로 수정요망. 이러한 오류가 많습니다. 수정하시기 바랍니다.
  2) 참고문헌에서도 "and", "&", ".", "," 등에 대해 일관성 있게 표현하시기 바랍니다.

- 기타 글 양식 및 오타 등을 다시 꼼꼼하게 확인하시기 바랍니다.
  (예)
  - 4쪽 LMX와 같은 약어는 가급적이면 전체기술하고 약어 표현을 쓰도록.
  - 참고문헌 APA스타일로
  - 본문 내에서 외국 저자들을 언급할 때 &, et al. 등 표현은 한글로 바꾸십시오.

- 본문의 글자크기, 오타, 인용 등의 윤문 필요

- 부분적으로 학회지의 투고요령과는 일부 일치되지 않는 부분들이 있습니다. 이는 사소한 부분이지만 독자들은 연구자의 노력이 충분히 포함되지 않은 것처럼 오해를 할 수도 있다는 점을 고려하시기 바랍니다.

참고문헌

<국내문헌>

1. 박상철, 『사회과학방법론 참고자료』, 서울: 경기대 정치전문대학원, 2002.
2. 임진재, 『논문작성법』, 서울: 서울대 출판부, 1993.
3. 정병욱. 정한모 공저, 『논문작성법-그 이론과 실제』,서울: 박영사, 1981.
4. 연세대 대학원 편, 『논문작성법』, 서울: 연세대 출판부, 1997.
5. 고려대 출판부 엮음, 『새로운 논문작성법』, 서울: 고려대 출판부, 2001.
6. 김기홍, 『논문작성 이렇게 하라』, 서울: 시대의 창, 2001.
7. James E. Mauch, Jack W. Birth(University of Pittsburgh), 『학위논문의 작성과 지도』 (박명호. 오동근 공역), 대구: 계명대출판부, 1999.
8. 움베르토 에코, 『논문 잘 쓰는 방법』(김운찬 역), 서울: 열린책들, 2001.
9. 윤대순, 『논문 쉽게 잘 쓰는 방법』, 서울: 백산출판사, 2002.
10. 김두한, 『국어문장표현법』, 서울: 학문사, 2000.
11. 이항구, 『석·박사 논문작성 방법론』, 서울: 백산출판사, 1997.
12. 김경동, 이온죽, 『사회조사방법:사회연구의 논리와 기법』, 서울: 박영사, 1997.

<국외문헌>

1. Dunleavy, Patrick, Authoring Ph.D Thesis: Howto Plan, Draft, Write and Finish a Doctoral Dissertation, Palgrave, 2003.
2. Bolker, John, Write Your Dissertation in Fifteen Minutes a Day: A Guide to Starting, Revising and Finishing Your Doctoral Dissertation, Henry Holt, 1998.
3. Murray, Rowena, How to Write a Thesis, Open University Press, 2002.
4. Peterson's Guides, How to Write a Thesis(5th ed),Peterson's Guides, 2003.
5. Bond, Alan, Your Masters Thesis: How to Plan, Draft, Write & Revise, Study mates Ltd., 2006.
6. Evans, David, How to Write a Better Thesis, Melbourne University Press, 2003.
7. How to Write, William J. Rapaport, Last Updated: 22/2/2006
8. How to Write a Ph.D Thesis, Joe Wolfe, University of New South Wales, Sydney
9. Dissertation Writers.com

부 록

게재논문 사례 :

1. 윤리적 리더십이 조직시민행동에 미치는 영향: 상사신뢰의 매개효과 및 윤리풍토의 조절효과

2. 셀프리더십이 상사신뢰와 조직시민행동에 미치는 영향

윤리적 리더십이 조직시민행동에 미치는 영향: 상사신뢰의 매개효과 및 윤리풍토의 조절효과

요 약

본 연구는 윤리적 리더십이 상사신뢰와 조직시민행동에 미치는 영향과 상사신뢰의 매개효과와 윤리풍토의 조절효과를 연구했다. 연구목적을 달성하기 위해 창원시에 근무하고 있는 종사원 277명의 응답을 표본으로 SPSS 12.0을 이용하여 검증되었다. 연구결과, 윤리적 리더십은 상사신뢰에 정(+)의 영향을 미쳤고, 상사신뢰는 조직시민행동에 정(+)의 영향을 미쳤다. 상사신뢰는 윤리적 리더십과 조직시민행동 간에 완전매개효과가 있는 것으로 나타났으며, 윤리풍토는 윤리적 리더십과 조직시민행동 간에 조절효과가 있는 것으로 나타났다. 연구결과를 바탕으로 시사점과 연구의 한계점 및 향후 연구방향을 제시하였다.

주요어 : 윤리적 리더십, 상사신뢰, 윤리풍토, 조직시민행동

Ⅰ. 서 론

최근 학자나 최고관리자 모두에게 관심을 받고 있는 개념 가운데 하나가 조직시민행동이다. 조직시민행동은 승진이나 임금 등과 같은 조건이 없더라도 헌신적이고 자발적이며 규정을 초월하여 조직의 각 기능이 효과적으로 발휘되도록 도와주는 구성원들의 행태이다. 조직시민행동은 크게 개인특성, 과업특성, 리더십, 조직특성, 조직문화 등의 다양한 요인들에 의해 영향을 받는다고 보고하고 있다(윤영채, 이광순, 2000). 이러한 조직구성원들의 조직시민행동을 이해하고 이들의 선행요인을 밝히려는 연구는 매우 의미가 있다고 하겠다.

이러한 맥락에서 조직시민행동의 선행요인으로 윤리적 리더십을 설정하고자 한다. 최근 기업 경영에 있어서 윤리경영의 중요성이 점차 확산되고 있고, 윤리경영에 대한 연구도 활발하게 진행되고 있다. 윤리경영에 대한 연구는 조직적인 차원에서뿐만 아니라 리더십 차원에서도 연구가 이뤄질 수 있으며, 윤리경영에 있어서 리더십은 윤리경영의 성과를 증진시키기 위해 매우 중요한 의미를 갖는다. 또한 윤리적 리더십 연구에 있어서 성과와의 직접적 관계에 대한 연구뿐만 아니라 상사신뢰(김학수, 정범구, 2008), 리더-부하간 교환관계(LMX: Leader-member exchange)(장준호, 조용현, 2009), 심리적 임파워먼트(문지영 등, 2008) 등의 다양한 매개변수에 대한 연구의 필요성을 제기하였다.

한편 기업의 경쟁력 확보를 위해 조직유효성을 증진시키는 다양한 연구들이 진행되고 있는 가운데 기업경영에 있어서의 도덕성과 공공성 강화와 같은 윤리풍토에 관한 연구가 이루어지고 있다(유병안, 2007; 이상수 등, 2008; 정영미, 2006; 최갑열, 2009). 최근에는 윤리풍토와 관련하여 조직시민행동이 다루어지고 있는데 이는 조직시민행동이 기업에 있어 공식적인 직무가 요구하지 않는 역할 외 행동으로서 윤리풍토가 개인이나 조직의 유효성에 영향을 미치기 때문이다. 이러한 윤리풍토는 조직구성원들 사이에 내재적으로 형성되어 있으며, 업무수행 과정에서 나타나는 조직구성원들의 정직하고 성실한 행동뿐만 아니라, 기업 자체의 윤리적 행동을 촉진하는 조직의 조건이나 상태를 의미한다(정인서 등, 2008). 이에 따라 윤리적 리더십과 조직시민행동 간의 관계에 있어서 상황적 요인으로서 윤리풍토의 지각 수준에 따라 조절효과를 검증하여 독립변수와 종속변수 간의 관계를 의미 있는 집단별로 구분하여 분석함으로써 종속변수의 변화에 대한 설명력을 높일 수 있으며(김호정, 1989), 실무적으로도 집단별 차별적 관리에 대한 시사점을 제공할 수 있다.

윤리적 리더십, 상사신뢰, 조직시민행동의 인과관계와 상사신뢰의 매개효과, 윤리풍토의 조절효과를 확인하는 실증적 연구는 시도된 바가 없으나, 이들 변수의 인과관계와 그 심리과정을 이해하기 위해서 상사신뢰의 매개효과와 상황적 요인으로 윤리풍토의 조절효과를 검증하는 것은 윤리적 리더십 연구에서 매우 중요한 의미가 있을 것으로 판단된다. 또한 급변하는 기업환경이 필요로 하는 윤리적 리더십을 통해 인적자원개발(HRD: Human Resource Development) 분야에서 어떠한 부분을 통제하거나 활용할 수 있는지를 파악하는 것이 반드시 필요하다고 하겠다.

따라서 본 연구에서는 그동안 체계적 연구가 부족했던 윤리적 리더십에 대하여 관련 문헌과 실증연구를 검토하고, 조직연구에 있어서 조직시민행동의 매우 중요한 선행요인으로 인식되고 있는 상사신뢰가 윤리적 리더십과 조직시민행동의 관계에서 매개효과가 있는지와 윤리풍토의 조절효과가 있는지 여부를 확인함으로써, 윤리적 리더십이 어떠한 과정을 통해 조직시민행동에 기여하는지를 실증적으로 확인하고자 한다.

Ⅱ. 이론적 배경

1. 윤리적 리더십

기업경영윤리에 대한 국민의 인식과 요구수준이 증가하면서 최근 윤리경영의 중요성과 더불어 윤리적 리더십이 중요한 연구 주제가 되고 있다. 윤리적 리더십의 정의는 다소 다양하게 존재하지만 Brown 등(2005)의 정의가 일반적으로 받아들여지고 있는데 그들에 의하면 윤리적 리더십은 '리더의 행동과 대인관계상에 규범적으로 적합한 행동의 모범을 보이며, 상호간 원활한 의사소통과 적절한 강화물의 제공을 통해 부하들로 하여금 적합한 행동을 하도록 촉진하는 것'이라고 할 수 있다

(장준호, 조용현, 2009).

최갑열(2009)와 장준호와 조용현(2009)의 연구에서는 윤리적 리더십의 5가지 원칙을 타인존중, 봉사, 정의, 정직 그리고 공동체 구축으로 설명하였는데 그 내용을 요약 정리하면 다음과 같다. 첫 번째 원칙인 타인존중은 다른 사람의 아이디어를 신뢰하고 그들을 하나의 인간으로 인정한다는 것을 의미하고, 두 번째 원칙은 봉사하는 리더는 부하들에게 이타적인 섬김을 행하는 것을 의미하며, 세 번째 원칙은 공정한 리더이다. 윤리적인 리더는 공정성과 정의에 관심을 기울여야 한다. 리더는 부하들을 공평하게 대해야 한다는 것을 최우선으로 순위로 삼아 행동하는 것으로써 특별한 상황을 제외하고는 누구에게도 특별한 대우를 해줘서는 안되며, 차별적인 대우가 이뤄지는 경우에는 반드시 합리적인 이유가 있어야 함을 의미한다. 네 번째 원칙은 윤리적으로 바람직한 리더가 되기 위해서는 반드시 정직해야 한다는 것을 의미하며, 다섯 번째 원칙인 공동체 구축은 가장 광범위한 의미에서 공동의 이익에 관심을 두어야 한다는 것을 의미한다. 이에 따라 본 연구에서는 윤리적 리더십을 부하에게 역할모델이 되는 직속상사의 윤리적 행동과 의사결정, 그리고 조직내에서 직속상사가 윤리적 행동을 강조하고 관리하는 리더십으로 정의한다.

윤리적 리더십은 조직구성원들의 욕구, 가치, 자율성, 봉사를 강조함으로써 그들의 자발적인 행동유발과 욕구충족을 증대시키게 된다. 이러한 윤리적 리더십을 발휘하는 리더는 크게 두 가지 측면, 즉 공정성의 실천과 사회적 책임의 실천을 통해 조직유효성 및 기업이미지를 제고시킬 수 있다(이진규 등, 2006).

윤리적 리더십의 선행연구들은 직무만족, 조직몰입, 이직의도, 조직시민행동 등의 조직유효성에 직접적으로 영향을 미치기도 하지만 간접적인 경로를 통하여 구성원의 태도와 행동을 어떻게 변화시킬 수 있는지에 많은 관심을 보여 왔다. 예를 들어, 심리적 임파워먼트(문지영 등, 2008), LMX(장준호, 조용현, 2009), 상사신뢰(김학수, 정범구, 2008) 등과 같은 매개변인들이 성과에 주요한 결정요인으로 제안되는 등 연구과제가 다양해지고 있다. 이처럼 매개변인의 역할을 강조하는 이유는 개인들의 태도나 행동에 영향을 미치는 과정에서 어떤 심리적 과정을 보이는가에 초점이 있기 때문이다. 또한 선행변인으로는 개인 성격, 윤리풍토, 규범적 윤리몰입성향 등이 보고되었다(강은아, 2008; 이명신, 2009; 최갑열, 2009).

2. 상사신뢰

조직에 있어서 최근에 중요하게 부각되고 있는 개념이 신뢰이다. 신뢰는 사회를 구성하는 인간 사이에 바탕이 되는 것이며 모든 조직에서 가장 근본적인 바탕이 되는 것이다. 조직에서의 효율은 독립적인 행위자들이 효과적으로 함께 일할 때만이 가능하며 이러한 행위자들 간의 신뢰가 결정적인 요인이라고 할 수 있다.

Podsakoff 등(1996)은 신뢰의 개념을 정립함에 있어서 리더에 대한 믿음과 충성이라고 정의하므로 신뢰를 부하의 상사에 대한 평가로 보고 있다. 즉 상명하달식의 강압형 리더십보다는 부하가 상사에 대한 신뢰감, 존경심을 갖고 근무하는 것이 기업의 성과적 측면에서는 더욱 중요하다. Cook과 Wall(1980)은 신뢰란 '상사의 행동에 대해 믿고 따르고자 하는 부하의 의지'로 표현하고 있어서 Podsakoff 등(1996)과 같이 상사에 대한 부하의 신뢰가 더욱 중요하다고 할 수 있다. 한편, 리더십은 지금까지 연구자들에 의해 상사와 부하간의 관계형성에 있어서 중요한 요인으로 작용한다고 주장되고 있는 가운데, 유효한 리더십은 구성원들과 신뢰관계를 형성하는 리더십이며(Podsakoff et al., 1990), 또한 Yukl(1989)은 상사의 리더행동에 의해 부하들이 기대이상의 성과를 수행하도록 동기유발 되는 것은 그들이 상사를 신뢰하고 존경하기 때문이라고 강조하였다(유승동, 2001).

신뢰의 유형은 구분하는 관점에 따라 Cook과 Wall(1980)은 조직 내 계층에 따른 구분으로 신뢰의 대상에 따라 상하관계에서 형성되는 수직적 신뢰(vertical trust), 동료 간의 수평적 관계에서 형성되는 수평적 신뢰(lateral trust), 조직구성원과 경영자 또는 조직 간의 관계에서 형성되는 제도적 신뢰(institutional trust)로 구분하였으며, Levering(2000)은 그의 저서에서 신뢰를 상사 / 경영진, 업무 / 조직, 동료에 대한 신뢰관계로 구분하였다. 또한 조직 내 신뢰를 동료들 간의 수평적 신뢰와 부하와 상사 간, 구성원과 조직 간의 수직적 신뢰로 구분할 수 있다(McCauley & Kuhnert, 1992).

본 연구에서는 이상의 선행연구를 바탕으로 상사신뢰를 상사와의 상호작용을 통하여 부하가 갖게 되는 상사에 대한 믿음을 정의하며, 신뢰의 구분 중 수직적 신뢰에 해당하는 상사신뢰가 여러 선행연구에서 매우 중요한 요소로 다루어진(김학수, 정범구, 2008) 점을 고려하여 Levering(2000)의 신뢰관계 구분에 따른 상사에 대한 신뢰로 연구범위를 국한하였다.

3. 윤리풍토

윤리는 리더십과정에서 중심적인 역할을 하고 있다. 리더십은 영향력을 포함하는 개념이고 리더는 부하들보다 더 많은 영향력을 가지고 있기 때문에 리더는 그들의 행위가 다른 사람들에게 어떤 영향을 미치는가에 대해 매우 큰 윤리적 책임이 있는 것이다. 또한 경영자는 조직 내에서 윤리풍토를 조성하는 데에 주된 역할을 해야 한다(최성림, 2006).

윤리풍토(ethical climate)는 윤리적 정도를 가진 전형적인 조직의 관행 및 절차에 대한 지배적인 지각을 말한다(Victor & Cullen, 1988). 또한 이상수 등(2008)은 윤리풍토를 기업에서 윤리적 기준을 요구하는 다양한 업무, 과업절차 등을 수행하는데 있어 구성원이 의사결정을 어떻게 해야 하는지에 대한 인지라고 정의하였다.

윤리적 기업에서 윤리적 행위를 이해하고 관리하는 중요한 메커니즘의 하나가 윤리풍토이다. 조직 내에 윤리풍토를 만드는 것은 윤리적 행위의 실천을 위한 하나의 수단이 될 수 있다(Schwepker, 2001). 기업의 윤리풍토는 기업의 윤리적 가치와 기대 행위를 규정하며 기업 구성원의 윤리성에 영향을 미치는 것으로 나타난다(Wimbush & Shepard, 1994). 윤리풍토는 업무 풍토의 한 측면으로서 기업에서 윤리적 기준을 요구하는 다양한 업무, 과업 절차 등을 수행함에 있어서 조직구성원이 의사결정을 어떻게 해야 하는지에 대한 인지라고 할 수 있다. 따라서 윤리적 업무 분위기를 말하며, 이는 기업에서 일하는 구성원들이 기업 활동의 관행이나 절차에 동의 하게끔 함으로써 심리적으로 의미가 있는 형식으로 표현된 그들의 지각을 의미한다(Schneider, 1975).

이러한 윤리풍토는 외부 관점에 운영체계 및 인사제도 등 전반에 걸친 조직문화적 특성을 이해하는데 근거가 될 수 있으며 내부 종업원을 포함하여 다양한 이해관계자들에게 조직의 특성을 나타내는 중요한 척도가 된다(최갑열, 2009).

4. 조직시민행동

조직시민행동은 조직구성원의 자유재량의 행동으로서 공식적인 보상체제에 의해 지각되지는 않으나, 각 구성원들이 자신이 소속된 조직의 발전을 위해 자발적으로 수행하는 다양한 활동을 의미한다(Organ, 1988). 이러한 조직시민행동은 조직에서 반드시 수행해야 하는 역할 외 행동들 중에서 조직에 이로운 행동이다. 또한 직무와 관련하여 다른 동료들에 대한 협업, 사소한 불평에 삼가는 행동, 화기애애한 분위기 조성, 부탁하지 않는 경우에도 상사와 동료를 돕는 행동을 말한다(Bateman & Organ, 1983).

조직시민행동에 대한 연구는 Bateman과 Organ(1983)에 의해 시작된 이후 조직시민행동을 구성하는 하위차원을 밝히려는 연구들이 최근까지 많이 보고되고 있다. Smith 등(1983)은 일반적 순응과 이타적 행동의 2개의 차원으로 구분된다고 보고하였고, 또한 Williams 등(1986)은 이타적 행동, 정신적 각성, 참여의 3개의 차원을 보고하였으며, Karambayya(1990)은 근면행동, 주도행동, 돕는 행동, 충성행동의 4개의 차원으로 구분하였다. 이후 Podsakoff 등(1990)의 연구에서 Organ(1988)의 이타성, 양심성, 예의성, 시민정신, 스포츠맨십의 5개의 차원들을 지속적으로 수용하면서 보편적으로 이용되고 있다.

윤영채와 이광순(2009)은 조직시민행동의 선행변인과 성과에 미치는 실증적 연구에서 선행변인들을 개인특성, 과업특성, 조직특성, 그리고 리더십 등의 4가지 차원으로 구분하였다. 개인특성 차원은 리더에 대한 신뢰, 조직몰입, 과업특성은 과업 피드백, 내재적 보상, 조직특성 차원은 집단응집성, 조직지원, 그리고 리더십 등이 조직시민행동의 선행변수로 나타났다. 특히 여러 연구에서 직무만족, 조직몰입, 역할갈등 및 역할모호성, 개인적 성향 등이 조직시민행동의 중요한 선행요인으로 확인되었다. 이처럼 조직시민행동은 다양한 선행변인에 의해 영향을 받으며 오늘날까지 모든 조직에서 그 효과성을 인정받고 있다.

Ⅲ. 연구모형 및 연구가설

1. 연구모형

본 연구는 윤리적 리더십이 상사신뢰와 조직시민행동에 미치는 영향, 윤리적 리더십과 조직시민행동 간의 관계에 있어서 상사신뢰의 매개효과와 윤리풍토의 조절 효과가 있는지에 대해 연구 하는데 목적이 있다. 따라서 이를 모형화하여 나타내면 [그림 1]과 같다.

[그림 1] 연구 모형

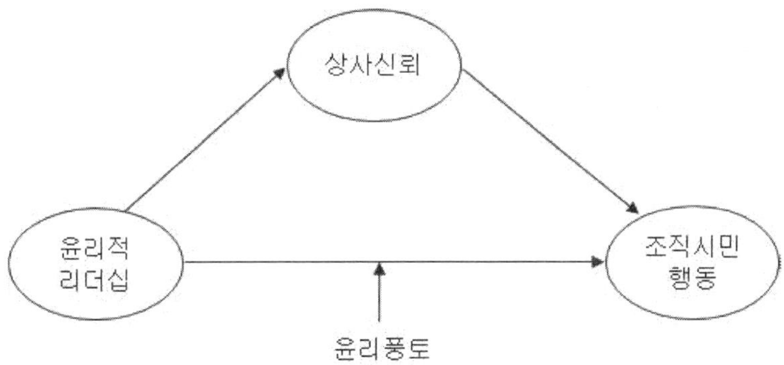

2. 연구가설

가. 윤리적 리더십과 상사신뢰

Farling 등(1999)과 Russell(2000)은 리더의 윤리, 도덕성과 관련된 속성이 상사신뢰에 영향을 준다고 주장하였다. 또한 김학수와 정범구(2008)의 연구에서 윤리적 리더십과 상사신뢰 간의 관계에 대한 논리적인 설명을 찾을 수 있는 데, 그들이 정리한 Zhu 등(2004)의 주장은 다음과 같다.

Zhu 등(2004)은 윤리적 리더십이 상사에 대한 신뢰와 상관관계가 있음을 두 가지 논리를 근거로 주장하였다. 첫째, 리더의 언행일치와 타인에 대한 배려는 신뢰의 두 가지 선행요소임이 이미 확인되었고, 윤리적 리더는 그들의 도덕적 의지를 행동으로 실천하는 도덕적 용기를 가지고 있기 때문에 윤리적 리더의 일관성에 의하여 부하직원의 상사에 대한 신뢰가 증가할 것이라는 것이다. 즉, 윤리적 리더는 정직과 같은 미덕을 신뢰하고 개인의 사생활과 업무에 이를 실천하기 때문에 우리는 이러한 리더의 언행일치를 기대할 수 있고 이에 따라 부하직원들의 신뢰도 상대적으로 높게 나타날 것임을 예측할 수 있다는 것이다. 둘째, 학자들의 신뢰에 대한 개념적 정의에 의하면 신뢰는 상대방이 본인에게 이로운 방향으로 행동할 것이라는 믿음을 포함하고 있다. 윤리적 리더는 자기이익을 추구하지 않고 타인을 배려하며 조직의 이익을 우선한다. 또한 윤리적 리더는 도덕적 원칙에 따라 부하직원을 공정하게 관리하기 때문에 부하직원은 윤리적 리더로부터 공정성을 지각하게 된다. 따라서 부하직원은 그들의 리더가 그들에게 이롭게 행동할 것으로 판단하게 되며 곧 신뢰의 형성으로 이어지게 된다.

Brown 등(2005)은 윤리적 리더십과 관련된 선행연구들을 바탕으로 윤리적 리더십과 상관관계가 있을 것이라고 예상되는 주요 개념들에 대하여 실증적 연구를 수행하였으며, 연구결과로 윤리적 리더십과 리더에 대한 신뢰가 강한 정(+)의 상관관계가 있음($r=0.76$, $p<0.01$)을 확인하였다. 정부출연 연구기관의 종사자들을 대상으로 한 김학수와 정범구(2008)의 실증연구에서도 윤리적 리더십이 상사신뢰가 매우 유의한 정(+)의 영향을 미치고 있음($\beta=0.748$, $p<0.01$)을 확인하였다. 이와 같은 선행연구들의 이론적 주장과 발견에 따라 다음과 같은 가설을 설정하였다.

가설 Ⅰ : 윤리적 리더십은 상사신뢰에 정(+)의 유의한 영향을 미칠 것이다.

나. 상사신뢰와 조직시민행동

신뢰와 조직시민행동에 관한 연구는 Podsakoff 등(1990), Robinson과 Morrison (1995) 등에 의해 이루어졌으며, Konovsky와 Pugh(1994)는 신뢰가 조직시민행동의 선행요인임을 규명하였다. McAllister(1995)는 높은 수준의 대인적 신뢰가 조직시민행동을 유발시킨다는 연구 결과를 발표했다.

조직시민행동은 사회적 교환의 개념을 바탕으로 하고 있다. 조직구성원이 조직 속에서 자신이 공평하게 대접을 받고 있다고 할 때 자기도 타인에 대해 도움이 될 행동을 취하게 되는 것이다. 따라서 리더에 대한 신뢰가 높을 때 부하는 자기의 공식적, 역할 내 업무가 아니더라도 조직을 위해 이바지 하고자 하는 의지가 생긴다는 것이다(Pillai et al., 1999).

조직시민행동을 촉진하고 강화하는 최고의 방법은 상사신뢰를 탄탄하게 구축하는 것이라는 것이 중요한 결론중의 하나이며 이에 비해 상대적으로 조직신뢰는 동원할 수 있는 방법론이 규칙절차 뿐이라는 현실적 한계로 인해, 조직에서는 관리자 계층에 대한 리더십 교육훈련을 통해 상사신뢰를 강화해 나가는 것이 조직구성원들의 조직시민행동을 장려하는데 최적의 방법론으로 보인다.

또한 상사와 부하 간의 신뢰는 상호작용하는 상대방의 행동을 예측할 수 있게 하고 당사자 간의 믿음을 갖도록 함으로써 집단이나 조직의 목표달성을 위한 협력과 협동행위를 높이며, 양자간 강한 공동체의식을 통해 조직의 문제에 자율적이고 자발적으로 참여하도록 함으로써 유기적이고 탄력적인 조직운영을 가능케 한다. 따라서 상사에 대한 부하의 신뢰는 조직목표달성을 위한 자발적이고 적극적인 행동을 유발시킬 수 있다.

기업체 종사원을 연구대상으로 한 서인덕과 이원형(2006)의 연구에서 상사신뢰가 조직시민행동에 유의한 정(+)의 영향을 미치고 있음을 보고하였고, 또한 정영미(2006)의 실증연구에서도 상사신뢰가 조직시민행동에 유의한 정(+)의 영향을 미치는 것으로 나타났다. 따라서 선행연구들의 이론적 근거와 연구결과에 따라 다음과 같은 가설을 설정하였다.

가설 Ⅱ : 상사신뢰는 조직시민행동에 정(+)의 유의한 영향을 미칠 것이다.

다. 윤리적 리더십과 조직시민행동

조직구성원들의 조직시민행동에 긍정적 영향을 가져 온다는 것은 리더십 연구에서 중요한 의미를 가질 수 있다. 최근 들어 많은 연구들이 조직시민행동을 유발시킬 수 있는 리더십에 관심을 두었고 대부분 변혁적 리더십이나 카리스마적 리더십에 초점을 맞추고 있었다(Brown et al., 2005). 그러나 앞으로 윤리적 리더십과 조직시민행동과 관계를 밝히고자 하는 도덕적 윤리적 측면의 연구가 이론적, 실무적으로 필요하다고 하겠다(장준호, 조용현, 2009).

윤리적 리더십과 조직시민행동과의 관계에 있어서 윤리적 리더십은 사회적 학습(Bandura, 1986) 뿐만 아니라 사회적 교환 과정을 통해 조직구성원의 친사화적행위(prosocial behavior) 혹은 시민행동(citizenship behavior)에 영향을 끼친다(Brown & Trevino, 2006). 이러한 관계는 bandura(1997)의 사회적 학습이론에 기초를 두고 있으며, 상황적 요인과 개인적 특성은 구성원으로 하여금 윤리적 리더십을 지각하게 하고 이러한 윤리적 리더십의 지각은 리더의 행동 모델이 되어 윤리적인 의사 결정을 하게 되고, 조직시민행동이 강화될 수 있다(최갑열, 2009).

목표를 달성함에 있어서 각 구성원들의 공식적인 업무 수행만으로는 충분치 않다고 볼 때, 기업의 발전을 위해 자발적으로 수행하는 여타의 노력은 중요할 수밖에 없다. 이와 같은 점을 고려해볼 때 윤리적 리더십과 부하들의 조직시민행동 간에 나름의 관련이 있다고 할 수 있다(장준호, 조용현, 2009). 또한 윤리적 리더들은 업무수행과정에서 타인이나 부하들을 배려하고, 조언과 권한의 위임을 통해 부하들이 조직시민행동을 실천할 수 있도록 자극하고(Brown et al., 2005), 부하들의 역할모델로서 작용함으로써, 부하들에게 자신들의 이익보다는 공동체의 이익을 우선하도록 동기부여 한다(Gini, 1997). 따라서 상사의 윤리적 리더십은 부하직원들의 조직시민행동을 야기한다고 할 수 있다(Bass & Steidlmeier, 1999)

실증적 연구로는 기업체 종사원을 연구대상으로 한 이명신(2009), 장준호와 조용현(2009)의 연구에서 윤리적 리더십이 조직시민행동에 유의한 정(+)의 영향을 미치고 있음을 보고하였다. 이와 같이 기존 연구들의 이론적 근거와 연구결과에 따라 다음과 같은 가설을 설정하였다.

가설 Ⅲ : 윤리적 리더십은 조직시민행동에 정(+)의 유의한 영향을 미칠 것이다.

라. 상사신뢰의 매개작용

윤리적 리더십과 조직시민행동 간의 관계에서 상사신뢰의 매개효과에 대한 실증연구는 시도된 바 없으나, 상사신뢰의 매개작용은 윤리적 리더십과 상사신뢰에 대한 영향관계, 윤리적 리더십과 조직시민행동 그리고 상사신뢰의 조직시민행동에 대한 영향관계의 결합을 통해 설명될 수 있다. 앞서 윤리적 리더십이 상사신뢰의 선행변수인 동시에 조직시민행동의 선행변수로 제안되고 이를 지지하는 결과가 보고되고 있었고, 또한 상사신뢰가 조직시민행동의 선행변수로 제안되고 있고 이를 지지하는 결과를 살펴보았다.

Jung과 Avolio(2000)의 연구에서도 리더십과 부하들의 성과간 영향력에 있어 신뢰가 중요한 매개효과가 있음을 밝힌 바 있다. Podsakoff 등(1990)의 연구에서 변혁적 리더십, 거래적 리더십과 조직시민행동 간의 관계에 관한 매개변수로서 리더에 대한 신뢰의 역할을 연구한 결과, 리더에 대한 부하의 신뢰가 매개역할을 한다는 사실을 제시하였고, Konovsky과 Pugh(1994)는 조직시민행동의 사회적 교환모델을 실증분석 하는 연구에서 상사의 의사결정에 있어서 상사에 대한 신뢰가 종사원의 시민행동 간의 관계에 매개 역할을 하고 있음을 검증하였다.

이진규와 박지환(2003)은 선행요인인 리더십과 매개요인인 신뢰, 그리고 결과요인인 성과사이의 관계 모형에서 리더십은 성과에 대한 직접적인 효과뿐만 아니라 부하의 리더에 대한 신뢰를 통한 간접효과도 나타낸다는 연구결과를 제시하였다.

김학수와 정범구(2008)는 정부출연기관에 근무하는 종업원들을 대상으로 윤리적 리더십이 상사신뢰와 직무만족 및 조직몰입의 조직유효성에 미치는 영향에 대한 실증분석을 한 결과 윤리적 리더십이 이들 변수에 모두 유효한 영향을 미치는 것으로 밝혔다. 또한 상사신뢰가 이러한 윤리적 리더십과 조직유효성의 관계에 매개역할을 하고 있음을 확인하였으며 이러한 결과를 통해 기업의 리더는 부하직원들에게 의사소통을 통하여 윤리적 행동의 필요성을 인식시킬 필요가 있음을 강조하였다.

앞서 제시한 선행연구들을 정리하여 보면, 윤리적 리더십이 상사신뢰에 영향을 미치고, 상사신뢰는 조직구성원의 조직시민행동에 영향을 미치게 된다. 아울러 윤리적 리더십은 조직구성원의 조직시민행동에도 유의한 영향을 미칠 것이다. 따라서 기존 연구들의 이론적 근거와 연구결과에 따라 다음과 같은 가설을 설정하였다.

가설 Ⅳ : 상사신뢰는 윤리적 리더십과 조직시민행동 간의 관계에 있어서 매개역할을 할 것이다.

마. 윤리풍토의 조절작용

최근 윤리풍토와 관련하여 조직시민 행동이 새로운 측정변수로 등장하고 있다(유병안, 2007; 허갑수, 변상우, 2006). 이는 조직시민행동이 기업에 있어 공식직무가 요구하지 않는 역할외 행동으로서 윤리풍토가 개인이나 조직의 유효성에 영향을 미치기 때문이다(정인서 등, 2008).

신철우(2006)는 리더십 유형(거래적, 변혁적)을 독립변수로, 리더의 윤리적 성실성을 조절변수로, 종업원들의 동기부여, 조직몰입 및 조직시민행동을 결과변수로 설정하였으며, 리더십 요인이 조직유효성에 미치는 영향관계에 있어서 윤리적 성실성의 조절효과 분석을 위하여 높은 윤리성을 가진 경영자의 부하들과 낮은 윤리성을 지닌 경영자의 부하들 사이의 조직유효성 차이를 분석함으로써 윤리성의 조절효과를 검증하였다. 분석결과 리더의 윤리성이 높을수록 조직시민행동이 향상되는 것으로 나타나 경영자의 윤리적 성실성이 리더십 스타일과 조직시민행동의 관계에 있어서 조절효과가 있는 것으로 보고하고 있다.

정부출연 연구기관의 종사자들을 대상으로 한 강은아(2008)의 실증연구에서도 윤리적 리더십과 조직시민행동의 관계에 윤리풍토, 최고경영자의 윤리적 태도, 부하의 윤리적 태도가 조절효과가 있음을 확인하였다. 따라서 기존 연구들의 이론적 근거와 연구결과에 따라 다음과 같은 가설을 설정하였다.

가설 Ⅴ: 윤리풍토는 윤리적 리더십과 조직시민행동 간의 관계에 있어서 조절역할을 할 것이다.

Ⅳ. 연구방법

1. 표본 및 자료수집방법

본 연구의 연구대상은 조직에서 근무하는 조직구성원으로 연구자의 연구수행에 편의성을 자료수집의 근거로 사용하는 편의표집법(convenience sampling)에 의해(권대봉, 현영섭, 2004) 창원시의 제조업 종사자들을 대상으로 수집하였다. 객관적인 자료 수집을 위해 연구자가 직접 방문하여 설문취지를 설명하고 설문지 300부를 배부하였다. 2009년 10월 4일부터 2010년 1월 7일까지 총 280부가 회수되었다. 이들 중 응답내용이 불성실한 3부의 설문지를 제외한 277부가 최종 분석자료로 사용되었다. 모든 설문지는 5점 리커드 척도로 되어있다.

분석대상인 표본의 특성을 살펴보면 다음과 같다. 응답자의 성별은 남성이 81.9%, 여성이 18.1%, 연령별로는 20대가 29.6%, 30대가 35.4%, 40대 이상이 35.0%이었다. 결혼유무에 대해 기혼자가 63.9%, 미혼자가 36.1%로 나타났다. 교육수준은 중졸이

2.5%, 고졸이 31.0%, 전문대졸이 24.2%, 대졸이 37.9%, 대학원졸이 4.3%로 나타났다. 정규직으로 86.6%, 비정규직이 13.4%이었다. 재직기간은 1년 미만은 15.5%, 1년 이상 5년 미만은 49.5%, 5년 이상 10년 미만은 13.0%, 10년 이상 장기종사자가 22.0%를 차지했다.

2. 변수의 측정

윤리적 리더십은 부하에게 역할모델이 되는 직속상사의 윤리적 행동과 의사결정, 그리고 조직내에서 직속상사가 윤리적 행동을 강조하고 관리하는 정도를 의미하며, 강은아(2008)의 연구에서 사용한 10개 문항을 측정하였다. 상사신뢰는 상사와의 상호작용을 통하여 부하가 갖게 되는 상사에 대한 믿음을 의미하며, Podsakoff 등(1990)의 설문항목을 사용하여 6개 문항을 측정하였다. 윤리적 풍토는 자신이 근무하는 조직의 투명성에 대한 평가로 윤리적 행동에 대한 보상 및 처벌의 유무를 통해 실제로 기업에 윤리적 가치인식이 내재 되어 있는지를 나타내는 정도를 의미하며, 강은아(2008)의 연구에서 사용한 4개 항목을 사용하였다. 조직시민행동은 조직구성원의 자유재량의 행동으로서 공식적인 보상체제에 의해 지각되지는 않으나, 각 구성원들이 자신이 소속된 조직의 발전을 위해 자발적으로 수행하는 다양한 활동을 의미하며 배성현과 김미선(2009)의 연구에서 사용한 9개 문항을 측정하였다.

3. 신뢰성과 타당성 분석

본 연구에서 제안된 가설들의 검증을 위해 측정도구의 신뢰성과 타당성을 점검하였다. 크론바하 알파 신뢰계수는 윤리적 리더십(0.916), 상사신뢰(0.890), 윤리풍토(0.786), 조직시민행동(0.909)으로 아주 높게 나타났으며(<표 1>참조), 측정도구의 요인분석을 위해 보편적으로 활용하는 요인추출방법으로 주성분분석(principal component analysis)을 통한 직각회전(varimax rotation)을 이용하였다.

탐색적 요인분석결과, 고유치(eigen value)가 1 이상인 요인의 수는 4개로 추출되었다. 구체적으로 보면 윤리적 리더십의 10개 문항이 단일요인으로 묶였고, 분산비율이 43.247%로 나타났다. 조직시민행동은 총 7개 문항이 단일요인으로 묶였고, 분산비율이 10.911%로 나타났다. 상사신뢰는 총 6개의 문항 중 1개 문항이 제거되어 5개 문항이 단일요인으로 묶였고, 분산비율이 5.619%로 나타났다. 윤리풍토는 총 4개 문항이 단일요인으로 묶였고, 분산비율은 4.286%로 나타났다. 이때 누적분산비율은 64.063%로 나타났다.

〈표 1〉 연구 변수들의 신뢰성 및 타당성 분석 결과

변수 및 문항		요인적재치	아이젠값	설명비율	누적비율	크론바하 알파계수
윤리적 리더십 (EL)	EL 4	0.712	11.244	43.247	43.247	0.916
	EL 1	0.711				
	EL 5	0.708				
	EL 6	0.691				
	EL 3	0.675				
	EL 10	0.666				
	EL 2	0.651				
	EL 9	0.649				
	EL 8	0.643				
	EL 7	0.635				
조직시민행동 (OCB)	OCB 4	0.786	2.837	10.911	54.158	0.909
	OCB 2	0.779				
	OCB 5	0.763				
	OCB 3	0.757				
	OCB 6	0.751				
	OCB 1	0.750				
	OCB 7	0.746				
상사신뢰 (TOS)	TOS 4	0.704	1.461	5.619	59.777	0.890
	TOS 5	0.703				
	TOS 2	0.629				
	TOS 6	0.612				
	TOS 3	0.600				
윤리풍토 (EC)	EC 3	0.799	1.114	4.286	64.063	0.786
	EC 4	0.759				
	EC 1	0.620				
	EC 2	0.575				

4. 변수 간의 상관관계

<표 2>는 가설검증을 위한 선행단계로 연구변수들과 통제변수들의 평균과 표준편차 그리고 상관관계를 보여준다. 일반적으로 상관계수가 0.4이상인 경우 높은 상관관계를 가지고 있다고 판단하고, 0.8이상의 경우는 다중공선성의 가능성이 있다(김종관, 2008). 본 연구에서 사용된 변수들의 상관관계를 분석한 결과 <표 2>에서 보는 바와 같이 다중공선성의 우려는 없는 것으로 판단되었다. 상관관계 분석을 통해서 셀프리더십의 세 가지 요인과 직무만족 및 혁신행동은 서로 높은 관련성이 있음을 확인하였다.

〈표 2〉 평균, 분산 및 상관관계

변수	평균	표준편차	1	2	3	4	5	6	7	8	9	10	11
1.	1.18	0.39	1.000										
2.	35.97	8.49	-.321**	1.000									
3.	1.36	0.49	.264**	-.619	1.000								
4.	3.10	0.98	-.291**	-.277**	.064	1.000							
5.	1.15	0.41	.447**	-.280**	.180**	-.173**	1.000						
6.	1.96	0.97	-.380**	.379**	-.422**	.466**	-.295**	1.000					
7.	64.18	63.82	-.126*	.526**	-.465**	-.052	-.088	.552**	1.000				
8.	3.67	0.60	-.127*	.124*	-.109	.011	-.094	.059	-.122*	1.000			
9.	3.61	0.65	-.167**	.095	-.067	.022	-.120*	.063	-.098	.704**	1.000		
10.	3.49	0.66	-.226**	.101	-.058	.058	-.042	.068	-.106	.595**	.556**	1.000	
11.	3.54	0.64	-.106	.220**	-.067	-.082	-.105	.017	-.019	.480**	.624**	.454**	1.000

주) 1.성별, 2.연령, 3. 결혼유무, 4.학력, 5.고용형태, 6.월소득, 7.재직기간, 8.윤리적 리더십, 9.상사신뢰, 10.윤리풍토, 11.조직시민행동, *$p < 0.05$, **$p < 0.01$

Ⅴ. 가설검증결과

검증에 앞서 상관관계 분석에서 다중공선성의 우려는 없는 것으로 나타났지만 보다 확실한 분석을 하고자 추가적으로 변수들 간의 다중공선성 검토를 위해 분산팽창요인(VIF : variance inflation factor)을 조사하였다. 일반적으로 VIF의 값이 10을 넘지 않으면 다중공선성의 가능성이 없다고 할 수 있다(유승동, 2001). VIF의 값을 확인한 결과, 변수들 중에서 가장 큰 값이 2.767로 나타나 다중공선성의 문제는 없는 것으로 판단된다.

가설 Ⅰ은 윤리적 리더십과 상사신뢰의 관계에 관한 것이다. <표 3>에서 보는 바와 같이 회귀분석을 실시한 결과 윤리적 리더십이 상사신뢰에 대해 50.4%의 설명력을 보이고 있으며 통계적으로 유의한 수준(β=.691, $p<0.01$)에서 영향을 미치고 있는 것으로 나타났다. 따라서 가설 Ⅰ이 지지되었다.

가설 Ⅱ는 상사신뢰와 조직시민행동과의 관계에 관한 것이다. <표 3>에서 상사신뢰는 직무만족에 대해 통계적으로 유의한 수준(β=.616, $p<0.01$)에서 영향을 미치고 있는 것으로 나타났다. 따라서 가설 Ⅱ는 지지되었다.

가설 Ⅲ은 윤리적 리더십과 조직시민행동과의 관계에 관한 것이다. <표 3>에서 윤리적 리더십은 조직시민행동에 대해 통계적으로 유의한 수준(β=.460, $p<0.01$)에서 영향을 미치고 있는 것으로 나타났다. 따라서 가설 Ⅲ은 지지되었다.

가설 Ⅳ는 윤리적 리더십과 조직시민행동 간의 관계에 있어서 상사신뢰의 매개효과에 관한 것이다. 가설 Ⅳ를 검증하기 위해 3단계 매개회귀분석을 실시하였다. Baron과 Kenny(1986)는 매개작용을 완전매개와 부분매개로 구분하고 각 매개작용이 성립되기 위해서는 네 가지 조건들이 충족되어야 한다. 즉 (1) 독립변수는 매개변수에 유의적인 영향을 미쳐야 하고, (2) 독립변수는 종속변수에 유의적인 영향을 미쳐야 하며, (3) 매개변수는 종속변수에 유의적인 영향을 미쳐야한다. (4) 매개변수를 포함한 회귀방정식에서 종속변수에 대한 독립변수의 영향은 조건(2)의 경우보다 적거나 전혀 없어야 한다. 감소한 경우는 부분매개효과가 존재함을 의미하며 전혀 없는 경우는 완전매개효과가 존재함을 의미한다.

<표 3>은 단계별 회귀분석결과를 보여준다. 먼저 1단계에서 윤리적 리더십은 상사신뢰에 대해 통계적으로 유의한 수준(β=.691, $p<0.01$)에서 영향을 미치고 있는 것

으로 나타났다. 매개회귀분석 조건(1)이 충족되었다. 3단계에서 매개변수를 통제한 상태에서 윤리적 리더십은 조직시민행동에 대해 통계적으로 유의한 수준(β=.460, p<0.01;)에서 영향을 미치고 있는 것으로 나타났다. 매개회귀분석 조건(2)가 충족되었다. 2단계에서 상사신뢰가 조직시민행동에 대해 통계적으로 유의한 수준(β=.616, p<0.01)에서 영향을 미치고 있는 것으로 나타났으며, 매개회귀분석 조건(3) 또한 충족되었다. 마지막으로 3단계에서 매개변수를 투입한 상태에서의 조직시민행동에 대한 윤리적 리더십의 영향이 없어져(β=.064에서 p=.332) 조건 (4)도 충족시키고 있다. 따라서 윤리적 리더십과 조직시민행동 간의 관계에서 상사신뢰가 완전매개효과가 있는 것으로 검증되었다. 따라서 가설 Ⅳ는 지지되었다.

<표 4>는 윤리적 리더십과 조직시민행동 간의 관계에서 상사신뢰의 매개효과를 직접효과 및 간접효과로 나누어 추가 분석을 실시한 결과를 나타낸 것이다. 윤리적 리더십이 조직시민행동에 대한 직접효과는 .080이며 상사신뢰를 매개로 윤리적 리더십이 조직시민행동에 미치는 간접효과는 .400(.704×.568)로 나타나 윤리적 리더십이 조직시민행동에 대한 전체효과는 .480(.080+.400)로 분석되었다.

〈표 3〉 가설에 대한 회귀분석 결과표

종속변수 / 독립변수	1단계 (독립->매개)	2단계 (매개->종속)	3단계(독립, 매개->종속)	
			매개통제(O)	매개통제(X)
통제변수:				
성별	-.079	.036	-.012	.034
연령	-.030	.268***	.244***	.261***
결혼여부	.002	.106*	.110	.109*
학력	-.038	.018	-.005	.017
고용형태	-.029	-.011	-.029	-.012
월 소득	-.030	-.073	-.060	-.077
재직기간	-.029	-.006	-.012	.004
연구변수:				
윤리적 리더십	.691***		.460***	.064
상사신뢰		.616***		.573***
R^2	.504	.432	.271	.434
수정R^2	.489	.415	.249	.415
F	34.070***	25.440***	12.462***	22.714***

*p < 0.10 **p < 0.05 ***p < 0.01

〈표 4〉 직접, 간접효과 분석결과표

매개변수/종속변수	독립변수	t 값	경로(회귀)계수			F 값	R^2
			직접효과	간접효과	전체효과		
상사신뢰	윤리적 리더십	16.459***	.704		.704	270.911***	.496
조직시민행동	윤리적 리더십 상사신뢰	1.203 8.570***	.080 .568	.400 –	.480 .568	88.756***	.393

*p < 0.10 **p < 0.05 ***p < 0.01

가설 V는 윤리적 리더십과 조직시민행동 간의 관계에 있어서 윤리풍토의 조절효과에 관한 것이다. 가설 V를 검증하기 위해 다중공선성의 가능성을 감소시키고 회귀계수의 용이성을 위해 윤리적 리더십과 윤리풍토를 평균중심화(mean centering)하여 Baron과 Kenny(1986)의 위계적 회귀분석을 실시하였다. 일반적으로 조절효과를 파악하기 위해서 위계적 회귀분석에 의한 조절회귀분석은 상호작용효과를 검증하는 가장 유효한 통계기법으로 간주되고 있다(조용현, 양동민, 2008).

〈표 4〉 조절회귀분석

독립변수 \ 종속변수	1단계	2단계	3단계	4단계
통제변수:				
성별	−0.034	−0.012	0.039	0.044
연령	0.327***	0.250***	0.232***	0.138*
결혼여부	0.076	0.116*	0.103	0.108*
학력	−0.023	−0.008	−0.011	0.007
고용형태	−0.029	−0.027	−0.056	−0.048
월 소득	0.008	−0.057	−0.064	−0.022
재직기간	−0.168**	−0.013	0.007	0.032
연구변수:				
윤리적 리더십		0.460***	0.309***	0.333***
윤리풍토			0.265***	0.175***
윤리적 리더십*윤리풍토				0.342***
R^2	.079	.272	.314	.415
ΔR^2		.193***	.042***	.101***
F	3.276***	12.498***	13.604***	18.832***

*p < 0.10 **p < 0.05 ***p < 0.01

이와 같은 조절회귀분석을 통하여 검증을 하고자 먼저 조직시민행동을 종속변수로 하고 1단계로 통제변수만을 투입하고, 2단계로 윤리적 리더십을 독립변수로 추가적으로 투입하고, 그 다음으로 3단계에서 윤리풍토를 추가적으로 투입한 후, 4단계로 윤리적 리더십과 윤리풍토의 곱으로 이루어진 상호작용항을 추가적으로 투입하여 설명력의 변화($\triangle R^2$)가 유의하게 발생하는 지를 살펴보았다. <표 4>에서 보는 바와 같이 윤리풍토의 조절효과가 있는 것으로 나타났는데, 상호작용항을 투입했을 때 R^2의 증가분은 .101이며, 이러한 설명력의 증가분은 $p<0.01$ 수준에서 유의한 것으로 나타났다. 따라서 윤리적 리더십과 조직시민행동 간의 관계에 있어서 윤리풍토의 조절효과가 있는 것으로 검증되었으며, 가설 Ⅴ는 지지되었다.

Ⅵ. 토의 및 결론

기업의 중요한 무형자산으로서 인적자원은 조직의 경쟁력 제고와 성장의 필수적인 요소로 부각되고 있으며 기업은 인적자원의 관리와 육성을 위해 많은 노력을 기울이고 있다(송기웅, 심원술, 2007). 이와 같이 기업조직의 변화와 혁신의 성공적인 추진 및 경쟁력 향상을 위해 매우 중요하게 다루어지는 변수들 중에서 윤리적 리더십과 상사신뢰, 윤리풍토 및 조직시민행동 간의 관계를 규명하고자 실증적 연구를 수행하였다.

검증결과 윤리적 리더십은 상사신뢰에 정(+)의 유의한 영향을 미치고, 상사신뢰 또한 조직시민행동에 정(+)의 유의한 영향을 미치는 것으로 나타났다. 이러한 결과는 선행연구(김학수, 정범구, 2008; 서인덕, 이원형, 2006, 정영미, 2006)의 결과를 지지하였다. 더 나아가 매개변수인 상사신뢰가 통제된 상황에서는 독립변수인 윤리적 리더십이 조직시민행동에 대해 유의한 영향을 미치지 않는 것으로 나타나 상사신뢰는 윤리적 리더십과 조직시민행동 간의 관계에 있어서 완전매개작용을 하는 것으로 나타났다. 즉, 윤리적 리더십이 조직시민행동에 대해 직접적으로 영향을 미치는 것이 아니라 윤리적 리더십이 상사신뢰에 영향을 미치고 상사신뢰가 다시 조직시민행동에 영향을 미치는 간접적인 관계가 나타나고 있다. 이는 김학수와 정범구(2008)의 상사신뢰의 매개효과에 대하여 직무만족과 조직몰입을 결과 변수로 한 연구에 이어 조직시민행동도 조직유효성 변수로 유용하다는 점을 인식할 수 있었다. 또한 윤리풍토는 윤리적 리더십과 조직시민행동 간의 관계에 있어서 조절작용을 하는 것으로 나타나 강은아(2008)의 연구결과를 지지하였다.

본 연구의 결과는 다음과 같은 시사점을 제공할 수 있다. 첫째, 상사신뢰가 조직시민행동의 선행변수일 뿐만 아니라 윤리적 리더십과 조직시민행동 간의 관계를 매개하는 변수로도 작용한다는 것을 처음으로 입증한 것으로, 이는 윤리적 리더십의 이론을 축적하고 그 논리를 확대하여 향 후 연구의 선행연구로써 중요한 의미를 부여할 수 있다고 하겠다. 즉, 이러한 연구결과를 토대로 윤리적 리더십에 대한 연구를 보다 활성화 한다면 우리사회의 윤리적 문제들을 점진적으로 해결하고 기업의 유효성을 증진하는데 기여할 수 있을 것이다.

둘째, 본 연구의 결과를 통해서 윤리적 리더십 그 자체만으로 조직시민행동에 향상을 기대하기 보다는 상사신뢰의 간접효과도 작용함을 고려함으로써 구성원으로부터 바람직한 성과를 이끌어내는 주요 기제로서 상사신뢰의 중요성이 높게 인지되어야 하고 상사신뢰를 향상시킬 수 있는 방안의 모색을 위한 노력이 필요함을 시사한다. 이는 상사의 따뜻한 조언과 그들의 진실한 감정을 상사에게 털어놓고 상담할 수 있는 커뮤니케이션을 장려할 수 있는 프로그램이 필요하다고 하겠다.

셋째, 구성원들의 조직시민행동과 관련하여 조직 내부적으로 공식적인 보상체계가 존재하지 않는 만큼 이를 활성화 시키려면 다양한 비공식적인 보상이 이루어질 수 있어야 한다. 특히 조직구성원들의 태도와 행동에 가장 큰 영향력을 행사할 수 있는 직속 상사의 관심과 인정이 중요하다. 본 연구의 결과에 의하면 윤리풍토에 따라 구성원들의 조직시민행동의 발휘여부가 조절되기 때문에 리더들은 구성원들을 면밀히 관찰하면서 조직시민행동에 대해 즉각적으로 칭찬 격려하는 윤리풍토를 조성하여 조직구성원들이 보다 적극적으로 조직시민행동을 발휘할 수 있도록 한다.

본 연구는 다음과 같은 한계점을 가지고 있어 향후 연구에는 충분히 고려할 필요가 있다. 첫째, 연구 변수들에 대한 측정은 자기보고식(self-report) 설문지를 이용하였기 때문에 개인적 특성에 따른 동일한 방법으로 측정됨으로 인하여 발생하는 오류(common method variance)의 가능성이 높다. 둘째, 수집된 자료는 어느 한 시점에서의 횡단적 연구(cross-sectional study)방법을 실시하였기 때문에 연구결과에 대한 확실한 결론을 내리기에는 한계가 있다. 향후 연구에서는 종단적 연구방법을 통하여 윤리적 리더십과 상사신뢰, 윤리풍토의 특성들이 조직시민행동의 증가나 감소를 일으키는 인과관계 과정을 설명할 수 있을 것이다. 셋째, 조사대상이 창원지역 기업체 종사원들을 대상으로 검증되었기 때문에 연구의 결과를 일반화하는 데에는 한계가 있다. 따라서 이들 변수에 대하여 다양한 산업분야와 업종을 대상으로 인적자원개발의 발전에 기여할 수 있는 실증적 연구를 하여야 할 것이다. 넷째, 윤리적 리더십과 조직시민행동 간 관계를 총체적이고 종합적으로 접근함에 따라 하위 구성요소에 대한 구체적이고 개별적인 효과를 살피지 못했다. 이 또한 본 연구의 한계이자 향후 연구 과제로서 좀 더 구체적인 접근을 통해 이론의 일반화를 꾀할 수 있는 연구 설계가 필요할 것이다. 또한 연구의 초점을 다양한 변수들 간의 관계와 매개 및 조절작용에 대한 확대 연구가 필요하다고 하겠다.

참고문헌

강은아(2008). 연구개발 조직에서 상사의 윤리적 리더십과 부하의 윤리성향과의 관계 연구 : 조직적 요인의 조절효과를 중심으로. 박사학위논문. 대전: 충남대학교.

권대봉, 현영섭(2004). 인문사회과학 연구방법. 서울: 학지사.

김학수, 정범구(2008). 윤리적 리더십과 조직유효성의 관계에 있어서 상사신뢰의 매개효과. 경영경제연구 30(2). 29-54.

김호정(1989). 한국관료의 직무특성과 직무만족의 관계 및 그 조절변수로서 행정문화에 관한 연구. 한국행정학보 23(2). 653-679.

문지영, 남정숙, 이상길(2008). 리더의 윤리적 리더십이 조직구성원의 심리적 임파워먼트와 조직시민행동에 미치는 영향에 관한 연구. 한국인사관리학회 학술대회 발표논문집. 233-252.

배성현, 김미선(2009). 조직공정성과 상사신뢰, 직무긴장, 이직의도와의 관계 및 조직정치 지각의 매개효과. 인적자원관리연구 16(3). 123-148.

서인덕, 이원형(2006). 조직문화, 리더십 그리고 조직시민행동 간의 관계에 있어서 리더신뢰 및 조직몰입의 매개효과. 인적자원관리연구 13(4). 71-106.

Bandura, A.(1977). Social learning theory. Englewood Cliffs, NJ: Prentice Hall.

Bandura, A.(1986). Social foundations of thought and action. Englewood Cliffs, NJ: Prentice Hall.

Baron, R. M. & Kenny, D. A.(1986). The moderator-mediator variable distinction in social psychological research: conceptual, strategic, and statistical considerations. Journal of Personality and Social Psychology 51(6). 1173-1182.

Bass, B. M. & Steidlmeier, P.(1999). Ethics, character, and authentic transformational leadership behavior. Leadership Quarterly 10. 181-217.

Abstract

The Relationship Between Ethical Leadership and Organizational Citizenship Behavior: The Mediating Effect of Trust in Supervisor and The Moderating Effect of Ethical Climate

The purpose of this study were to examine the effects of ethical leadership on trust in supervisor and organizational citizenship behavior, and to examine the mediating effects of the trust in supervisor, and to examine the moderating effects of the ethical climate. In order to verify the relationships, mediating effect, and moderating effect. data were obtained from 277 employees working in firms at Changwon City were analyzed by using SPSS 12.0. and AMOS 5.0. The findings are as follows: Firstly, there was a positive relationship between ethical leadership and trust in supervisor. Secondly, there was also a positive relationship between trust in supervisor and organizational citizenship behavior. Thirdly, trust in supervisor was a full mediating effect on the relationship between ethical leadership and organizational citizenship behavior. Finally, the ethical climate was a moderating effect on the relationship between ethical leadership and organizational citizenship behavior. Based on these findings, the implications and the limitations of the study were presented including some directions for future studies. studies.

[Key Word] ethical leadership, trust in supervisor ethical climate,
organizational citizenship behavior

셀프리더십이 상사신뢰와 조직시민행동에 미치는 영향

목 차

국문초록

본 연구는 셀프리더십의 행동지향적 전략, 자연보상적 전략, 건설적사고 전략이 상사신뢰와 조직시민행동에 미치는 영향에 대해 연구하고, 셀프리더십과 조직시민행동 간의 관계에 있어서 상사신뢰의 매개효과를 연구하였다. 연구 목적을 수행하기 위해 울산광역시에서 의료기관에 종사하는 종사자 572명의 응답표본을 SPSS 12.0와 AMOS 5.0을 이용하여 검증하였다. 연구 결과, 셀프리더십은 상사신뢰에 유의한 정(+)의 영향을 미쳤으며, 상사신뢰는 조직시민행동에 유의한 정(+)의 영향을 미쳤다. 그리고 셀프리더십은 조직시민행동에 유의한 정(+)의 영향을 미쳤다. 또한 상사신뢰는 셀프리더십과 조직시민행동 간의 관계에 있어서 부분매개효과가 있는 것으로 나타났다. 즉, 셀프리더십은 심리적 상사신뢰의 매개를 통해서뿐만 아니라 직접적으로도 조직시민행동에 영향을 미치고 있는 것으로 검증되었다. 이러한 연구결과를 바탕으로 시사점과 연구의 한계점 및 향후 연구 방향을 제시하였다.

주제어: 셀프리더십, 상사신뢰, 조직시민행동, 매개작용.

Ⅰ. 서론

최근 급격한 경영환경의 변화와 불확실성에 따라 기업들은 업무기능과 역할 재정립, 효율성 제고를 위해 다양한 방법의 혁신을 강조하며 변화를 위해 노력하고 있는 가운데 조직구성원들의 자발적인 헌신을 유도하고 기업의 모든 역량을 통합시키는 기회를 모색하고 있다. 이러한 맥락에서 최근 강조되고 있는 개념으로 조직시민행동을 찾을 수 있다. 조직시민행동(organizational citizenship behavior)은 공식적인 보상시스템에 의해 직접적으로 명확하게 인식되지는 않으나 전반적인 조직기능의 유효성이나 효율성을 증진시키는 개인의 자발적인 행위이다. 최근에는 조직시민행동을 통하여 조직유효성을 측정하는 연구들이 수행되고 있다. 이에 따라 조직구성원들의 조직시민행동을 이해하고 이들의 선행요인을 밝히려는 연구는 매우 의미가 있다고 하겠다.

한편 Kouzes와 Posner(1987)는 리더십의 기초가 신뢰라고 주장하였는데, 리더가 전문적인 역량이 뛰어나고 사람을 관리하는 기술을 갖추었다고 하여도 상하간의 신뢰가 축척되지 않으면 그러한 역량은 리더십으로 발휘될 수 없다고 주장하였다. 리더십과 신뢰에 관한 연구의 대부분은 리더에게 초점을 맞춘 연구들이었다. 최근에 주목받고 있는 리더십 중에 하나로 셀프리더십이 언급되고 있다. 셀프리더십이란 리더의 영향력과는 반대로 조직구성원 개개인의 자발적인 노력과 조직에 대한 열정을 이끌어 나가는 과정을 말한다(Manz, 1986). 셀프리더십이 조직구성원의 태도나 성과에 영향을 미친다는 이론적 모델을 Manz(1983)가 제시하였고, Neck과 Houghton(2006)은 셀프리더십과 결과변수 간에 몰입, 독립성, 긍정적 감정, 직무만족, 심리적 임파워먼트, 자기효능감, 창의성, 혁신, 신뢰, 팀 역량 등의 매개변수에 관한 역할을 규명할 수 있는 실증적 연구의 필요성을 강조하였다. Podsakoff 등(1990)은 리더십과 조직구성원들의 태도 및 행동 간의 영향력에 있어 신뢰가 중요한 매개효과가 있음을 밝힌 바 있다.

이에 따라 본 연구에서는 셀프리더십의 결과변수로 조직시민행동을 선정하고 이들의 관계에 있어서 상사신뢰를 매개변수로 선정하여 실증연구를 하고자 한다. 한편 신뢰와 관련하여 많은 연구들은 상사에 대한 신뢰가 구성원들의 조직 및 직무와 관련된 태도형성에 많은 영향을 미치고 있다는 것을 보여주고 있다(Konovsky & Pugh, 1994). 셀프리더십은 자신이 스스로 목표를 설정하고 리드하여 성과에 직접영향을 미치기도 하지만 상사신뢰와 같은 변인에 의해 성과에 영향을 미치기도 한다(Neck & Houghton, 2006). 따라서 상사에 대한 불신이 작용할 경우 조직구성원들의 조직시민행동을 기대하기가 어려울 것이다.

과거 어느 때보다도 종사자에게 더 많은 책임과 규정업무 외에도 자율적인 노력이 요구되는 상황에서 조직구성원들의 상사신뢰를 통해 공식적인 보상시스템에 의해 직접적으로 명확하게 인식되지는 않으나 전반적인 조직기능의 유효성이나 효율성을 증진시키는 개인의 자발적인 행위, 즉 조직시민행동을 이끌어내는 셀프리더십에 관한 연구는 기존 리더십 연구의 한계를 극복하고 조직의 유효성을 향상시켜 나가는 데 필요할 것이다.

이에 본 연구에서는 조직구성원들의 셀프리더십이 조직시민행동에 미치는 효과에 대하여 문헌적 고찰과 함께 이를 실증분석하며, 나아가 본 연구는 조직구성원의 조직시민행동이 매우 의미가 있을 것이라는 판단아래 분석수준을 개인으로 설정하고, 단순히 상사가 지시하는 일에만 매달려 업무 수행에 몰두하려는 것이 아닌 스스로의 비전을 찾고 대안을 제시하며 참여하는 셀프리더십과 조직시민행동의 관계를 살펴봄으로써 실무적 시사점을 도출하고자 한다. 구체적으로 본 논문의 목적은 다음과 같다. 첫째, 셀프리더십이 상사신뢰와 조직시민행동에 어떠한 영향을 미치는지에 대해 연구하고자 한다. 둘째, 셀프리더십과 조직시민행동 간의 관계에 있어서 상사신뢰가 매개작용을 하는지에 대해 연구하고자 한다.

Ⅱ. 이론적 배경

1. 셀프리더십

셀프리더십은 Kerr와 Jermier(1978)의 리더십 대체요인 이론과 임상 자기통제 이론에 뿌리를 두고, 1980년대 조직 환경의 급속한 변화와 근로자의 가치관 변화 등으로 종전의 전통적인 리더십으로는 더 이상 조직의 목표를 달성할 수 없다는 인식이 고조되면서 자기관리의 확대로 Manz(1986)가 최초로 제안한 개념이다. 이후 Manz와 Sims(1987)가 처음으로 실증적 연구를 하기 시작하였고 개인 및 조직의 성과에서 많은 효과를 인정받고 있다.

셀프리더십은 인간의 기본적인 자기 통제 시스템을 자극하여 스스로 동기 유발하게 하는 자유의지의 실현을 경영에 도입한 결과이다. 전통적 관리기능에서 셀프리더십 기능으로의 변화는 인간에 대한 인식의 기본적인 변화이다(최종택, 1996). 또한 셀프리더십은 그동안 기존의 리더십 연구자들이 제시한 어느 한 리더의 영향력에 초점을 맞춘 것이 아니라 조직구성원 개개인의 자발적인 노력과 조직에 대한 열정을 이끌어내기 위한 것이며. 조직구성원의 셀프리더십은 다른 사람과 자신에게 영향을 줄 수 있다는 새로운 관점에서 시작된 개개인의 '자아'를 중요시 하는 리더십이기 때문에 조직향상을 위해 중요하게 부각된 개념이다(윤형기, 2005). 즉, 자기 스스로 목표를 설정하고 자기를 통제하는 자율성을 중심으로 하는 내적 리더십이 조직구성원들의 헌신과 정열을 불러 일으키는데 효과적이며. 조직 외적 사람들이나 상황에도 영향을 미치게 되는 개념인 것이다(Manz & Sims, 2001).

이러한 셀프리더십은 효과적인 행동을 위한 행동적 전략과 효과적인 사고와 태도를 위한 인지적 전략으로 나누어진다. 행동적 전략은 행동지향적 전략(behavior-focused strategies)과 자연적보상 전략(natural reward strategies)으로 구분되고, 인지적 전략은 건설적 사고 전략(constructive thought pattern strategies)으로 구분된다(Manz & Neck, 2004; Manz & Sims, 2001; Prussia et al., 1998).

이들 세 가지 전략에 대한 구체적인 설명은 신구범(2010)과 양필석(2008)의 연구에서 잘 정리되어 있는 데 그 내용을 요약하면 다음과 같다. 먼저 행동지향적 전략은 Bandura(1971)의 사회학습이론에 근거를 두고 있다. 사회학습이론은 사람들이 행동을 할 때 어떤 기준을 가지고 행동을 하는데 그 행동의 결과가 자신의 기준과 불일치할 경우, 불일치점을 없애기 위해 노력하고 더 높은 기준과 목표를 설정하여 행동하면서 스스로 통제한다는 것이다. Manz(1998)는 사회학습이론에 근거하여 셀프리더십의 행동지향적 전략을 제안하였는데, 행동지향적 전략이란 사람은 자신과 타인의 행동과 그 결과를 관찰하고, 행동을 하는 이유와 목적을 스스로 인식하며, 행동을 변화시키는 것을 말한다. 또한 행동지향적 전략은 자기통제이론에 근거를 두고 있으며 자아인식(self-awareness)을 증가하여 자기영향력의 수준을 더 높인다(Manz & Neck, 2004; Manz & Sims, 2001). 자아인식의 증가는 특정한 행동을 수정하여 변화시키거나 혹은 제거할 수 있다(Houghton & Neck, 2002). 이러한 행동지향적 전략은 자기관찰, 자기목표설정, 자기보상, 자기비평 혹은 자기교정 피드백, 자기역할 등을 포함하고 있다(Manz, 1986; Manz & Neck, 2004). 따라서 행동지향적 전략은 효과적으로 성과를 향상시키기 위해 긍정적이고 바람직한 행동을 스스로 평가하고 관리하는 것을 강조한다.

인지적 전략은 인지적 평가이론에 근거하고 있다. 사람은 자율적이고 긍정적인 존재라고 가정하고 있다. 즉, 사람은 자신이 좋아하는 일이나 활동을 수행할 경우, 수행한다는 그 자체만으로도 행복을 느끼며 만족한다는 자연적 보상에 따르는 원리에 기초하고 있다. 자연적 보상 전략은 내재적 동기유발이론에 근거를 두고 있는데 사람들은 자신의 일이나 활동에서 진정한 가치와 보람을 찾아 유능감과 자기결정감을 증가시켜 내적인 보상을 이끌어 낸다(Deci & Ryan, 1985; Prussia et al., 1998).

한편, Neck와 Manz(1996)는 역기능적인 신념체계를 바람직한 방향으로 생각을 수정하고 확립하기 위한 방법으로 사유적 셀프리더십 전략을 제시하였는데 Manz(1998)의 셀프리더십 이론을 더 확대한 개념이다. 사유적 셀프리더십 전략은 Houghton과 Neck(2002), Prussia 등(1998)이 셀프리더십을 보다 더 체계적으로 정립하기위해 건설적사고 전략을 제시하였다. 건설적사고 전략은 건설적인 사고패턴과 습관 방식을 바꾸어 성과에 긍정적인 영향을 주는 전략을 말한다(Manz & Neck, 2004; Neck & Manz, 1992). 이러한 건설적사고 전략은 역기능적 신념과 가정의 수정, 자신과의 긍정적 대화, 성공적 성과 상상 등을 포함하고 있다. 자신과의 긍정적 대화는 혼자 자신에게 몰래 말하는 것이며, 상상적(mental)인 자기평가(self-evaluations) 및 반응과 관련된다(Neck & Manz, 1992). 개인들은 또 좀 더 건설적사고 전략으로 역기능적이고 비합리적인 신념과 가정은 수정해 나간다(Manz & Neck, 2004; Neck & Manz, 1992). 따라서 건설적사고 전략은 인지적인 전략으로 바람직한 사고패턴을 확립하고 바꾸는데 초점을 두고 있다.

한편 국내에서도 이러한 셀프리더십에 관한 많은 연구가 진행되고 있다. 먼저 셀프리더십의 선행변수로 대학생 학습능력(김민정, 2007), 지원적 리더십(하순복, 2007), 변혁적 리더십(정현경, 2010), 상사특성 · 조직특성 · 개인특성(김쌍언, 2009), 핵심자기

평가(양필석, 2008), 자기유능감(박동수 · 이희영, 2002), 수퍼리더십(이승덕, 2006), 심리적 자본(주규하, 2009), 인력 다양성 수용정도(이원희, 2009) 등이 보고되었다. 이들 연구의 대부분은 셀프리더십을 매개변수로 선정하여 실증연구를 실시하였다. 또한 셀프리더십을 조절변수로 선정하여 실증분석한 연구들(권명은, 2006; 권춘원, 2010; 배혜진, 2007)도 보고되었다. 그리고 셀프리더십이 영향을 미치는 다양한 결과변수에 대한 연구가 활발하게 진행되어 왔는데, 직무만족, 조직몰입, 혁신행동, 역할행동, 조직시민행동, 고객지향성, 경력몰입, 경력만족, 직무성과 등을 그 예로 들 수 있다. 나아가 셀프리더십과 결과변수 간의 관계에서 심리적 임파워먼트(이춘식, 2006), 경력계획(설영선, 2009), 자기효능감(김세화, 2009), 집단효능감(박공도, 2000), 경영자 신뢰(홍세길, 2004) 등의 매개변수를 찾아내고자 하는 연구들도 보고되었다.

2. 상사신뢰

신뢰는 사회를 구성하는 인간 사이에 바탕이 되는 것이며 모든 조직에서 가장 근본적인 바탕이 되는 것이다. 조직에서의 효율은 독립적인 행위자들이 효과적으로 함께 일할 때만이 가능하며 이러한 행위자들 간의 신뢰가 결정적인 요인이라고 할 수 있다. Podsakoff 등(1996)은 신뢰의 개념을 정립함에 있어서 리더에 대한 믿음과 충성이라고 정의하므로 신뢰를 부하의 상사에 대한 평가로 보고 있다. Cook과 Wall(1980)은 신뢰란 '상사의 행동에 대해 믿고 따르고사 하는 부하의 의지'로 표현하고 있어서 Podsakoff 등(1996)과 같이 상사에 대한 부하의 신뢰가 더욱 중요하다고 할 수 있다. 상사와 부하간의 신뢰는 상호작용하는 상대방의 행동을 예측할 수 있게 하고 당사자 간의 믿음을 갖도록 함으로써 집단이나 조직의 목표달성을 위한 협력과 협동행위를 높이며, 양자간 강한 공동체의식을 통해 조직의 문제에 자율적이고 자발적으로 참여하도록 함으로써 유기적이고 탄력적인 조직운영을 가능케 한다. 따라서 상사에 대한 부하의 신뢰는 조직목표달성을 위한 자발적이고 적극적인 행동을 유발시킬 수 있다.

이러한 신뢰의 유형은 구분하는 관점에 따라 Fox(1974)는 조직에서의 신뢰를 부하의 상사에 대한 신뢰와 상사의 부하에 대한 신뢰와 같은 상하관계에서 형성되는 수직적 신뢰(vertical trust)와 비슷한 작업환경 속에서 일하는 동료들 간의 신뢰관계를 의미하는 수평적 신뢰(lateral trust)로 구분하였으며, Cook과 Wall(1980)은 조직구성원과 최고경영자 또는 조직 간의 관계에서 형성되는 제도적 신뢰(institutional trust)로 추가적으로 구분하고 있다. McCauley와 Kuhnert(1992)도 이러한 구분을 바탕으로 신뢰를 동료들 상호간의 수평적 신뢰, 부하와 상사간의 수직적 신뢰, 구성원과 최고경영자 또는 조직 간의 수직적 신뢰로 구분하였다. 김호정(1999)은 동료는 신뢰하지만 상사나 조직은 신뢰하지 않을 수 있으며, 상사와 조직에 대한 신뢰의 정도도 서로 다를 수 있으므로 조직신뢰 상사신뢰 동료신뢰의 세 가지 유형의 신뢰는 서로 상이한 차원으로 취급될 수 있다고 하였다. Rousseau 등(1998)은 신뢰란 하나의 원천에 의해 서로 얻어질 수 있고, 여러 원천이 함께 복합적으로 신뢰가 형성될 수도 있다고 지적하며, 계산적 신뢰는 혜택과 보상의 격차에 의해 결정되며, 지식적 신뢰는 상호작용적인 의사소통이 가능하며 하위자에게 상사에 대한 준거가 형성되고 역할 이상형의 인지도가 그려지고, 동일화 신뢰는 상대방에 대한 가치, 신념, 비전에 대한 내재적 수용이 가능하다고 하였다.

본 연구에서는 이상의 선행연구를 바탕으로 상사신뢰를 상사와의 상호작용을 통하여 조직구성원이 갖게 되는 상사에 대한 믿음을 정의하며, 연구자와 그 구분기준에 따라 다양한 하위 개념의 분류가 가능하지만 신뢰의 구분 중 수직적 신뢰에 해당하는 상사신뢰가 여러 선행연구(김학수 · 정범구, 2008; 서인덕 · 이원형, 2006) 에서 매우 중요한 요소로 다루어진 점을 고려하여 Levering(2000)의 신뢰관계 구분에 따른 상사에 대한 신뢰로 연구범위를 국한하였다.

3. 조직시민행동

조직시민행동은 조직구성원의 자유재량의 행동으로서 공식적인 보상체제에 의해 지각되지는 않으나, 각 구성원들이 자신이 소속된 조직의 발전을 위해 자발적으로 수행하는 다양한 활동을 의미한다(Organ, 1988). 이러한 조직시민행동은 조직에서 반드시 수행해야 하는 역할 외 행동들 중에서 조직에 이로운 행동이다. 예를 들면, 타인을 돕고, 주어진 역할 외의 과업을 자율적으로 수행하며, 부서의 발전을 위한 혁신적인 아이디어를 제안 등을 강조한다(Organ, 1988). 또한 직무와 관련하여 다른 동료들에 대한 협업, 사소한 불평에 삼가는 행동, 화기애애한 분위기 조성, 부탁하지 않는 경우에도 상사와 동료를 돕는 행동을 말한다(Bateman & Organ, 1983).

조직시민행동에 대한 연구는 Bateman과 Organ(1983)에 의해 시작된 이후 조직시민행동을 구성하는 하위차원을 밝히려는 연구들이 최근까지 많이 보고되고 있다. Smith 등(1983)은 일반적 순응과 이타적 행동의 2개의 차원으로 구분된다고 보고하였고, 또한 Williams 등(1986)은 이타적 행동, 정신적 각성, 참여의 3개의 차원을 보고하였으며, Karambayya(1990)은 근면행동, 주도행동, 돕는 행동, 충성행동의 4개의 차원을 구분하면서 다양화 되었다. 이후 Podsakoff 등(1990), Moorman(1991), Niehoff와 Moorman(1993)의 연구에서 Organ(1988)의 이타성, 양심성, 예의성, 시민정신, 스포츠맨십의 5개의 차원들을 지속적으로 수용하면서 보편적으로 이용되고 있다.

이타성이란 예를 들어 신입 종업원이나 미숙련 종업원을 자발적으로 돕거나 혹은 일시적으로 일이 많거나 결근한 동료 종업원을 돕는 행위와 같이 특정인에 대하여 조직과 관련한 파업이나 문제를 돕는 결과를 가져다 주는 행위를 말한다(Organ, 1988). 양심성이란 오랜 근무 시간의 근무, 의무사항 이외의 업무수행, 조직의 규칙준수, 작업시간을 낭비하지 않는 것 등과 같이 종업원이 최소 요구수준 이상을 수행하는 자발적 행위를 말한다. 스포츠맨십은 사소한 불평과 불만이나 대수롭지 않은 일에 대해 화내는 것을 자제하는 행위를 말한다(Organ, 1988). 예의성이란 업무와 관련하여 다른 사람과 문제가 발생하지 않도록 도와주는 행위를 말한다(MacKenzie et al., 1998; Organ 1988). 시민의식이란 조직에 대하여 관심을 보일 뿐만 아니라 조직 업무를 향상시키기 위하여 아이디어나 제안을 하는 등 조직에 책임감있게 참여하는 행위를 뜻한다(윤만희 · 서철현, 1999; Netemeyer et al., 1997).

조직시민행동에 대한 초창기의 실증적 연구는 하위요소들을 개념화하는데 집중되었으나, 이후에는 조직시민행동에 영향을 주는 선행변수, 그리고 매개변수를 규명하기 시작하였다. 예를 들어, 직무만족(Smith et al., 1983; Organ, 1997), 조직몰입(Organ & Ryan, 1995), 공정성지각(Moorman & Blakely, 1995), 역할갈등 및 역할모호성(Podsakoff et al., 2000), LMX이론(Kernodle, 2007; Podsakoff et al., 2000), 공정성 지각(Moorman, 1991), 개인적 성향(Organ & Ryan, 1995), 노조몰입(Kernodle, 2007), 직무자율성(Hornung & Rousseau, 2007; Podsakoff et al., 2000), 자기효능감(Todd, 2003; 이재희, 2006; 이동수 · 박희서, 2008), 이슈리더십(이재희, 2006) 등과 같은 요인들이 조직시민행동에 직 · 간접적으로 영향을 준다고 보고되고 있다(송정수 · 양필석, 2009).

Ⅲ. 연구모형 및 연구가설

1. 연구모형

이와 같이 본 연구는 셀프리더십이 상사신뢰와 조직시민행동에 미치는 영향과 상사신뢰가 매개작용을 하는지에 대해 연구 하는데 목적이 있다. 따라서 이를 모형화하여 나타내면 <그림 1>과 같다.

〈그림 1〉 본 연구의 연구모형

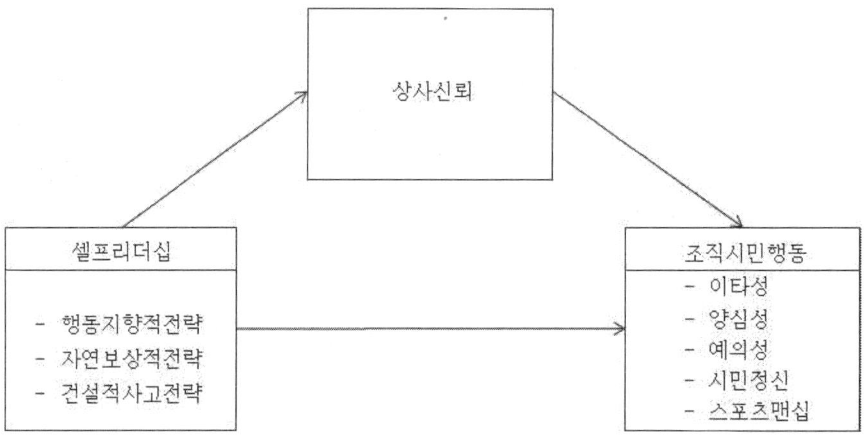

2. 연구가설

(1) 셀프리더십과 상사신뢰

Kouzes와 Posner(1987)는 리더십의 기초가 신뢰라고 주장하였는데, 리더가 전문적인 역량이 뛰어나고 사람을 관리하는 기술을 갖추었다고 하여도 상하간의 신뢰가 축적되지 않으면 그러한 역량은 리더십으로 발휘될 수 없다고 주장하였다. 김재영

(2003)은 상명하달식의 강압형 리더십보다는 부하가 상사에 대한 신뢰감, 존경심을 갖고 근무하는 것이 기업의 성과적 측면에서는 더욱 중요하다고 하였다. 한편, 리더십은 지금까지 연구자들에 의해 상사와 부하간의 관계형성에 있어서 중요한 요인으로 작용한다고 주장되고 있는 가운데, 유효한 리더십은 구성원들과 신뢰관계를 형성하는 리더십이며(Podsakoff et al., 1990), 또한 Yukl(1989)은 상사의 리더행동에 의해 부하들이 기대이상의 성과를 수행하도록 동기유발되는 것은 그들이 상사를 신뢰하고 존경하기 때문이라고 강조하였다(유승동, 2001).

리더십과 신뢰에 관한 연구는 대부분 리더에게 초점을 맞춘 연구들이었다. 즉 변혁적 리더십, 거래적 리더십, 그리고 서번트 리더십과 신뢰에 대한 문헌연구들을 요약하면 다음과 같다. 카리스마 리더는 하급자들로 하여금 리더의 비전이나 가치관에 대해 신뢰를 가지게 하고 리더에 대한 감정적 유대를 강화한다. 실제로 카리스마 리더십은 리더에 대한 신뢰와 정의 상관관계가 있음이 입증되고 있다(김재영, 2003). Russell(2000)은 서번트 리더의 윤리, 도덕성과 관련된 속성이 상·하급자간 신뢰에 영향을 미치며, 서번트 리더십의 핵심이 된다고 주장하였다. 정기산(2002)은 중간관리자의 리더십 유형별 행동특성과 신뢰와의 관계연구에서 서번트, 변혁적, 거래적 리더십 하위 행동특성이 조직구성원의 신뢰에 직접적인 영향을 미치고 있음을 제시하였다.

반면에 리더의 영향력과는 반대로 조직구성원 개개인의 자발적인 노력과 조직에 대한 열정을 이끌어 나가는 과정을 의미하는 셀프리더십이 조직구성원의 태도, 행동 및 성과에 영향을 미친다는 이론적 모델을 Manz(1983)가 제시하였고, Neck과 Houghton(2006)은 셀프리더십이 공식적인 내부의 리더가 없는 자율경영팀에서 팀의 효율성을 높일 수 있는 중요한 구성요소라고 하였으며, 셀프리더십과 팀 효율성 간의 관계에 있어서 신뢰의 매개역할에 대해 제안하였다. 또한 Bligh 등(2006)도 팀의 효율성을 높이는 데 중요한 영향을 미칠 수 있는 셀프리더십의 결과변수로 신뢰와 팀의 효능을 제안하였다.

이러한 셀프리더십에 대한 선행연구의 주장을 뒷받침하고자 시도된 실증연구로 홍세길(2004)의 연구에서는 셀프리더십과 경영자에 대한 신뢰 간에는 유의한 관계가 나타나지 않았는데, 이는 경영자에 대한 신뢰는 직접 상사의 셀프리더십과 무관하게 형성될 수 있다는 점에서 이해할 수 있겠다. 또한 이 연구에서 제시된 셀프리더십은 조직구성원이 아니라 일선작업자들에게 인지된 현장관리자의 리더십이기 때문에 이것이 경영자에 대한 신뢰로 연결 되지 않을 수도 있다는 점에서 셀프리더십과 경영자에 대한 신뢰 간에 관계가 나타나지 않았던 이유를 찾을 수 있다고 지적하였다. 한편 호텔주방종사자를 대상으로 한 오영섭과 주현식(2008)의 연구에서는 셀프리더십이 경영자 신뢰에 유의한 영향을 미치는 것으로 나타났다. 이와 같이 조직구성원의 셀프리더십과 신뢰에 관한 연구가 최근에 와서 일부 제시되고는 있지만 이에 대한 실증적인 연구는 미비한 실정이다. 이상의 논의와 선행연구를 토대로 셀프리더십과 상사신뢰에 대한 다음의 가설을 설정한다.

가설 Ⅰ : 셀프리더십은 상사신뢰에 정(+)의 영향을 미칠 것이다.

(2) 셀프리더십과 조직시민행동

리더십과 조직시민행동에 관한 문헌을 살펴보면 조직시민행동에 영향을 주는 요인을 파악하려는 연구가 이루어졌으며, 이들의 연구에서 일반적으로 변혁적 리더십, 거래적 리더십, 윤리적 리더십, 서번트 리더십 등 다양한 유형의 리더십들이 조직시민행동의 선행변수로 다루어졌다. 셀프리더십과 조직시민행동에 관한 직접적인 연구는 미비한 실정이지만 신정아(2010)의 연구에서 이들 관계에 대한 논리적 근거를 찾을 수 있다. 그 내용을 정리하면 다음과 같다.

셀프리더십이 높은 조직구성원은 자기 관찰, 자기 목표 설정, 자기 보상, 자기교정 피드백, 사전연습 등의 행동지향적 전략, 자연적보상 전략, 건설적사고 전략을 이용하여 자기관리를 효과적이고 또한 성실하게 하기 때문에 다른 구성원들에 비해 좋은 성과를 보일 가능성이 크며, 이를 통해 주위의 인정을 많이 받을 수 있다. 성실한 조직구성원은 조직으로부터 요구되는 행동을 충실히 수행하기 때문에 그에 대해 조직으로부터 보상이나 평가를 통해 인정을 받을 뿐만 아니라 더 나아가 조직에서 꼭 필요한 사람으로 인정을 받는 등 호의적인 반응을 얻을 것이다. 이러한 반응에 대해 조직구성원은 조직에 의해 규정된 직무역할을 벗어난 행동을 하면서까지 보답을 하려할 것이다. 즉 조직시민행동으로 이어지는 것이다. 또한 셀프리더십이 높은 조직구성원은 적극적이고 주도적인 태도를 가지고 있으며, 자신의 과업이나 조직에 대해 높은 수준의 심리적 주인의식을 가지기 때문에 이를 통해 조직의 보상 없이도 조직이 비효과적으로 기능하는 것을 간과하지 않고 이에 대해 도움을 주고자 하는 자발적 행동인 조직시민행동을 보일 수 있다.

또한 이경미(2007)는 셀프리더십이 조직시민행동과 직무만족에 미치는 영향에서 빠르게 발전하는 의료조직의 성장과 발전을 위한 자율적인 혁신을 지속적으로 도모하여 증진시키려면 과업수행을 위해 필요한 자기방향 설정과 자기 동기부여를 고양시키기 위해 스스로에게 영향력을 행사하는 과정인 셀프리더십을 개발해야 한다고 주장하였다. 박준희(2009)는 간호사의 조직시민행동과 셀프리더십은 유의한 상관관계가 있을 뿐만 아니라 셀프리더십이 조직시민행동에 유의한 영향을 미치는 주요요인임을 연구결과에서 확인하였다.

윤형기(2005)의 연구에서도 셀프리더십이 조직시민행동과 조직성과에 영향을 미치고, 조직시민행동이 조직성과에 영향을 미치는 것으로 나타났다. 구체적으로는 셀프리더십 측정변인 중에서 자기비판, 자기관찰, 자기존중이 조직시민행동에 영향을 미치며, 조직시민행동 측정변인 중에서 양심성, 예의성, 및 시민의식이 조직성과에 정(+)의 영향을 미치는 것으로 나타났다. 이러한 이론적 근거와 선행연구의 결과를 종합해 볼 때, 다음과 같은 가설을 설정할 수 있다.

가설 Ⅱ : 셀프리더십은 조직시민행동에 정(+)의 영향을 미칠 것이다.

(3) 상사신뢰와 조직시민행동

조직내 개인은 서로 상호작용을 통하여 직무를 수행해 나가며, 조직의 효율성은 이러한 신뢰관계가 어떻게 구축되는가에 따라 좌우되기 때문에(McAllister, 1995), 신뢰가 조직의 유효성에 직접적인 영향을 미친다(Nelson & Cooprider, 1996; Robinson & Morrison, 1995). 신뢰가 종업원의 태도 및 행동에 중요한 영향을 미친다는 관련성의 연구결과는 많이 제시되었다(서재현, 1997; Konovsky & Pugh, 1994). 신뢰가 종사원의 태도변수인 조직시민행동에 직접적인 영향을 미친다는 연구결과(Podsakoff, et al., 1990)는 상사신뢰가 부하의 행동에 직접적인 영향을 미칠 수 있음을 간접적으로 추론할 수 있게 해준다.

조직시민행동은 사회적 교환의 개념을 바탕으로 하고 있다. 조직구성원이 조직 속에서 자신이 공평하게 대접을 받고 있다고 할 때 자기도 타인에 대해 도움이 될 행동을 취하게 되는 것이다. 따라서 리더에 대한 신뢰가 높을 때 부하는 자기의 공식적, 역할 내 업무가 아니더라도 조직을 위해 이바지 하고자 하는 의지가 생긴다는 것이다(Pillai et al., 1999).

조직시민행동을 촉진하고 강화하는 방법은 상사신뢰를 탄탄하게 구축하는 것이라는 것이 중요한 결론중의 하나이며 이에 비해 상대적으로 조직신뢰는 동원할 수 있는 방법론이 규칙절차 뿐이라는 현실적 한계로 인해, 조직에서는 관리자 계층에 대한 리더십 교육훈련을 통해 상사신뢰를 강화해 나가는 것이 조직구성원들의 조직시민행동을 장려하는데 최적의 방법론으로 보인다. 또한 상사와 부하 간의 신뢰는 상호작용하는 상대방의 행동을 예측할 수 있게 하고 당사자 간의 믿음을 갖도록 함으로써 집단이나 조직의 목표달성을 위한 협력과 협동행위를 높이며, 양자간 강한 공동체의식을 통해 조직의 문제에 자율적이고 자발적으로 참여하도록 함으로써 유기적이고 탄력적인 조직운영을 가능케 한다. 따라서 상사에 대한 부하의 신뢰는 조직목표달성을 위한 자발적이고 적극적인 행동을 유발시킬 수 있다.

실증적 연구로는 기업체 종사원을 연구대상으로 한 김석환(2008)의 연구에서 상사신뢰가 조직시민행동에 유의한 정(+)의 영향을 미치고 있음을 보고하였고, 또한 공기업 종사자를 대상으로 한 정홍술(2003)의 실증연구에서도 상사신뢰가 조직시민행동에 유의한 정(+)의 영향을 미치는 것으로 나타났다. 따라서 선행연구들의 이론적 근거와 연구결과에 따라 다음과 같은 가설을 설정하였다.

가설 Ⅲ : 상사신뢰는 조직시민행동에 정(+)의 영향을 미칠 것이다.

(4) 상사신뢰의 매개작용

신뢰에 대한 많은 선행연구들은 상사신뢰가 선행변수와 결과변수 간의 관계를 매개한다고 주장하였다(Mayer et al., 1995; Whitener et al., 1998). 하지만 셀프리더십과 조직시민행동 간의 관계에서 상사신뢰의 매개효과에 대한 실증연구는 시도된 바 없으나, 상사신뢰의 매개작용은 셀프리더십과 상사신뢰에 대한 영향관계, 셀프리더십과 조직시민행동 그리고 상사신뢰의 조직시민행동에 대한 영향관계의 결합을 통해 설명될 수 있다. 앞서 셀프리더십이 상사신뢰의 선행변수인 동시에 조직시민행동의 선행변수로 제안되고 이를 지지하는 결과가 보고되고 있었고, 또한 상사신뢰가 조직시민행동의 선행변수로 제안되고 있고 이를 지지하는 결과를 살펴보았다.

앞서 살펴본 바와 같이 신뢰의 매개작용에 관한 선행연구들은 리더에게 초점을 맞춘 변혁적 리더십, 거래적 리더십, 서번트 리더십과 직무만족, 조직몰입, 조직시민행동, 친사회적행동 등의 조직유효성과 관계를 규명하는 것이 대부분이었다. 이들을 연구들을 정리해보면 다음과 같다. Podsakoff 등(1990)의 연구에서 변혁적 리더십, 거래적 리더십과 조직시민행동 간의 관계에 관한 매개변수로서 리더에 대한 신뢰의 역할을 연구한 결과, 리더에 대한 부하의 신뢰가 매개 역할을 한다는 사실을 제시하였고, Konovsky와 Pugh(1994)는 조직시민행동의 사회적 교환모델을 실증분석하는 연구에서 상사의 의사결정에 있어서 상사에 대한 신뢰가 종사원의 시민행동 간의 관계에 매개 역할을 하고 있음을 검증하였다. 실질적으로 Jung 과 Avolio(2000)의 연구에서도 리더십과 부하들의 성과 간의 영향력에 있어 신뢰가 중요한 매개효과가 있음을 밝힌 바 있다. 김학수와 정범구(2008)는 정부출연기관에 근무하는 종업원들을 대상으로 윤리적 리더십이 상사신뢰와 직무만족 및 조직몰입의 조직유효성에 미치는 영향에 대한 실증분석을 한 결과 윤리적 리더십이 이들 변수에 모두 유효한 영향을 미치는 것으로 밝혔다. 또한 상사신뢰가 이러한 윤리적 리더십과 조직유효성의 관계에 매개역할을 하고 있음을 확인하였다.

Bligh 등(2006)은 팀의 효율성을 높이는 데 중요한 영향을 미칠 수 있는 셀프리더십의 결과변수로 신뢰를 제안하였으며, Neck과 Houghton(2006)은 셀프리더십과 팀 효율성 간의 관계에 있어서 신뢰의 매개역할에 대한 가능성을 제시하였다. 또한 상사신뢰는 상호작용하는 상대방의 행동을 예측할 수 있게 하고 당사자 간의 믿음을 갖도록 함으로써 집단이나 조직의 목표달성을 위한 협력과 협동행위를 높이며, 양자간 강한 공동체의식을 통해 조직의 문제에 자율적이고 자발적으로 참여하도록 함으로써 조직목표달성을 위한 조직시민행동을 유발시킬 수 있다.

앞서 제시한 선행연구들을 정리하여 보면, 셀프리더십이 조직구성원의 상사신뢰에 영향을 미치고, 상사신뢰는 조직구성원의 조직시민행동에 영향을 미치게 된다. 아울러 셀프리더십은 조직구성원의 조직시민행동에도 유의한 영향을 미칠 것이다. 따라서 기존 연구들의 이론적 근거와 연구결과에 따라 다음과 같은 가설을 설정하였다.

가설 Ⅳ : 상사신뢰는 셀프리더십과 조직시민행동의 관계에 있어서 매개작용을 할 것이다.

Ⅳ. 연구방법

1. 표본 및 자료수집방법

본 연구의 표본은 울산광역시에 소재한 의료기관 종사자를 대상으로 데이터를 수집하였다. 표집방법은 편의표본표집법을 이용하였으며, 설문지는 자기평가기입법을 사용하였다. 대상자에 대한 표집은 2009년 3월부터 2009년 5월까지 약 2개월간 결쳐 시행하였다. 자료의 수집은 연구자가 직접 방문하여 연구의 목적과 취지를 설명한 후 자료수집을 수행하였으며, 총 700부를 배포하여 응답이 불성실한 127부를 제외한 572부를 최종 분석자료로 사용하였다. 모든 설문문항은 5점 리커트 척도로 측정되었다.

분석대상인 표본의 특성을 살펴보면 응답자 전체의 22.6%가 남성이고, 여성은 77.4%의 비율로 형성되고 있었다. 연령별로는 20대가 42.7%, 30대가 35.1%, 40대가 17.5%, 50대 이상이 4.7%이었다. 결혼 유·무에 대해서는 기혼자가 49%, 미혼자가 51%이었으며, 교육수준에서는 중졸이 1.9%, 고졸이 16.4%, 전문대졸이 56.1%, 대졸이 19.8%, 대학원(석사)졸이 3.1%, 대학원(박사)졸이 2.6%로 나타났다. 고용형태별로는 정규직이 88.3%이고 비정규직은 11.7%이었다. 직종별로는 의사가 7%, 간호사가 40.6%, 의료기사가 16.8%, 관리직이 10.1%, 기타가 25.2%이었으며, 재직기간은 2년 미만은 58.2%, 4년 미만은 20.1%, 6년미만은 8.1%, 8년 미만은 6.3%, 10년 미만은 4.1%, 10년 이상은 3.2%를 차지하였다.

2. 변수의 조작적 정의 및 측정

셀프리더십은 업무수행을 위해 스스로 목표를 설정하고 동기유발하는 행동과정을 의미하며, 측정문항은 Prussia 등(1998)의 연구에서 사용되었던 문항을 본 연구에서도 이용하였다. 설문문항은 행동지향적 전략 6개 문항, 자연적보상 전략 6개 문항, 그리고 건설적사고 전략 8개 문항 등 총 20개 문항을 측정하였다.

상사신뢰는 조직구성원이 상사로부터 느끼는 정직성, 충성심, 지지의 정도 등을 의미하며, 측정문항은 Podsakoff 등(1990)의 설문항목을 사용하여 6개 문항을 측정하였다.

조직시민행동은 조직구성원의 자유재량 하에 있고, 조직의 공식적 보상체계에 의해 보상되지는 않으나, 전체적으로 합하여 조직이 효과적으로 기능하는 데 도움이 되는 행동을 의미하며, 조직시민행동의 척도로는 Organ(1988)이 제시한 이타성, 양심성, 예의성, 시민정신, 스포츠맨십의 5개 요소를 바탕으로 안관영(2004)의 연구에서 사용한 문항들을 재구성한 20개 문항을 측정하였다.

Ⅴ. 실증분석

1. 신뢰성 및 타당성 분석

본 연구에서 제안된 가설들의 검증을 위해 측정도구의 신뢰성과 타당성을 점검하였다. 크론바하 알파 신뢰계수는 0.6이상으로 나타났으며, Nunnally(1978)에 의해 제안된 기준 0.6을 충족시켰다. 측정도구의 요인분석은 보편적으로 활용하는 기법인 요인추출방법으로 주성분분석을 통한 직각회전을 이용하였다.

분석결과, <표 1>에서 셀프리더십은 고유치(eigen value)가 1이상인 요인의 수는 3개로 추출되었다. 구체적으로 보면 건설적사고 전략의 6개 문항(2개 문항제거), 자연적보상 전략의 6개 문항, 행동지향적 전략의 6개 문항 모두 1이상의 고유치를 가졌으며, 누적분산비율이 건설적사고 전략은 35.338%, 자연적보상 전략은 48.532%, 행동지향적 전략은 56.177%로 나타났다.

〈표 1〉 독립변수의 신뢰성 및 타당성 분석 결과

문항			요인적재치	아이젠값	설명비율	누적비율	크론바하 알파계수
셀프 리더십	건설적사고 전략	건설사고 3	.812	6.361	35.338	35.338	.861
		건설사고 2	.783				
		건설사고 4	.777				
		건설사고 5	.703				
		건설사고 1	.690				
		건설사고 6	.678				
	자연적보상 전략	자연보상 2	.832	2.375	13.194	48.532	.839
		자연보상 1	.807				
		자연보상 3	.735				
		자연보상 4	.653				
		자연보상 6	.613				
		자연보상 5	.602				
	행동지향적 전략	행동지향 2	.807	1.376	7.645	56.177	.776
		행동지향 1	.752				
		행동지향 3	.717				
		행동지향 4	.581				
		행동지향 5	.525				
		행동지향 6	.519				

<표 2>에서 상사신뢰는 고유치(eigen value)가 1이상인 단일요인으로 추출되었다. 누적분산비율이 59.498%로 나타났다.

〈표 2〉 매개변수의 신뢰성 및 타당성 분석 결과

문항		요인적재치	아이젠값	설명비율	누적비율	크론바하 알파계수
상사신뢰	상사신뢰 4	.860	3.390	56.498	56.498	.838
	상사신뢰 3	.837				
	상사신뢰 5	.797				
	상사신뢰 2	.730				
	상사신뢰 6	.705				
	상사신뢰 1	.633				

<표 3>에서 조직시민행동은 고유치가 1이상인 요인의 수는 5개로 추출되었다. 구

체적으로 보면 이타성의 4개 문항, 스포츠맨십의 3개 문항(1개 문항제거), 시민정신의 3개 문항(1개 문항제거), 예의성의 3개 문항, 양심성의 3개 문항(2개 문항제거), 모두 1이상의 고유치를 가졌으며, 누적분산비율이 이타성은 31.795%, 스포츠맨십은 43.152%, 시민정신은 51.648%, 예의성은 58.603%, 양심성은 65.133%로 나타났다.

〈표 3〉 종속변수의 신뢰성 및 타당성 분석 결과

문 항			요인적재치	아이젠값	설명비율	누적비율	크론바하 알파계수
조직시민 행동	이타성	이타성 2	.826	5.087	31.795	31.795	.830
		이타성 1	.806				
		이타성 3	.800				
		이타성 4	.707				
	스포츠맨십	스포츠맨십 1	.868	1.817	11.357	43.152	.740
		스포츠맨십 2	.864				
		스포츠맨십 3	.825				
	시민정신	시민정신 4	.894	1.359	8.496	51.648	.741
		시민정신 3	.852				
		시민정신 2	.786				
	예의성	예의성 2	.829	1.113	6.956	58.603	.668
		예의성 1	.814				
		예의성 3	.750				
	양심성	양심성 5	.921	4.045	6.530	65.133	.606
		양심성 3	.903				
		양심성 2	.814				

2. 확인적 요인분석

본 연구는 탐색적 요인분석에 이어서 전체요인에 대한 확인적 요인분석을 실시하였다. 셀프리더십과 조직시민행동에 대해 2차 요인분석을 실시하여 하나의 잠재적 요인으로 변환시켰다. 확인적 요인분석 결과는 <표 4>와 같다. 대부분의 지표 값들은 $\chi 2$=254.639, d.f=70, p=.000, GFI=.939, AGFI=.909, CFI=.932, RMR=.032로 적합도 평가기준(GFI, CFI가 .9이상, RMR은 .05~.08이하)을 충족시키는 것으로 나타나 측정모형의 적합도는 수용할만한 수준이라 할 수 있다.

복합신뢰도와 평균분산추출값(AVE)은 Bagozzi와 Yi(1988)가 제시한 기준(각각 0.7 이상, 0.5 이상)보다 높게 나타났으며, 측정항목들과 구성개념들을 연결하는 표준화 요인적재치가 통계적으로 95% 신뢰구간에서 유의적이기 때문에(t>1.96) 집중타당성이 입증되었다(Anderson & Gerbing, 1988). <표 5>는 구성개념들 간의 상관행렬을 나타낸 것이다. <표 4>의 각 구성개념 AVE가 <표 5>의 대각선 위쪽에 나타낸 구성개념간 상관자승치 보다 커야 한다는 조건(Fornell & Larcker, 1981)을 충족되기 때문에 판별타당성이 입증되었다.

〈표 4〉 확인적 요인분석 결과

구성개념	측정항목/요인	표준요인 적재치	표준 오차	t	복합 신뢰도	AVE	적합지수
셀프 리더십	행동지향	.724	.011	11.131	.907	.765	χ^2=254.639, d.f=70, p=.000, GFI=.939, AGFI=.909, CFI=.932, RMR=.032
	자연보상	.722	.016	9.786			
	건설사고	.661	.016	11.277			
상사신뢰	상사신뢰 1	.624	.029	14.688	.907	.623	
	상사신뢰 2	.618	.030	14.972			
	상사신뢰 3	.807	.021	11.780			
	상사신뢰 4	.881	.021	8.200			
	상사신뢰 5	.709	.029	14.286			
	상사신뢰 6	.603	.030	15.367			
조직시민 행동	이타성	.606	.014	14.258	.908	.667	
	양심성	.594	.014	14.644			
	스포츠맨십	.568	.029	15.751			
	예의성	.637	.011	13.881			
	시민정신	.741	.015	11.725			

〈표 5〉 구성개념간 상관행렬

구분	평균	표준편차	셀프리더십	상사신뢰	조직시민행동
셀프리더십	3.68	0.43		.419	.590
상사신뢰	3.42	0.65	.255***(.008)		.392
조직시민행동	3.49	0.30	.646***(.009)	.503***(.009)	

주) N=572. *p < 0.10 **p < 0.05 ***p < 0.01, 대각선 아래쪽은 구성개념간 상관계수 (괄호안의 숫자는 표준오차), 대각선 위쪽은 구성개념간 상관자승치

3. 가설검증

본 연구에서 사용된 셀프리더십, 상사신뢰, 그리고 조직시민행동 간에 어떠한 영향관계를 나타내는지를 검증하기 위해 연구모형을 각각 공분산 구조분석을 이용하여 구조모형을 검증하였다. 구조방정식 모형을 살펴보면 $\chi2$=264.109, d.f=71, p=.000, GFI=.937, AGFI=.907, CFI=.929, RMR=.033을 갖는 모형이 도출되었다. 이 모형은 공분산 구조분석의 일반적인 평가기준을 삼는 지표들과 비교해 볼 때 전반적으로 만족할 만한 수준으로 나타났기 때문에 적절한 것으로 판단된다. 본 연구에서 제시한 모형에 대한 검증 결과는 <그림 2>에, 연구가설의 검증결과는 <표 6>에 제시하였다.

〈그림 2〉 구조방정식 모형

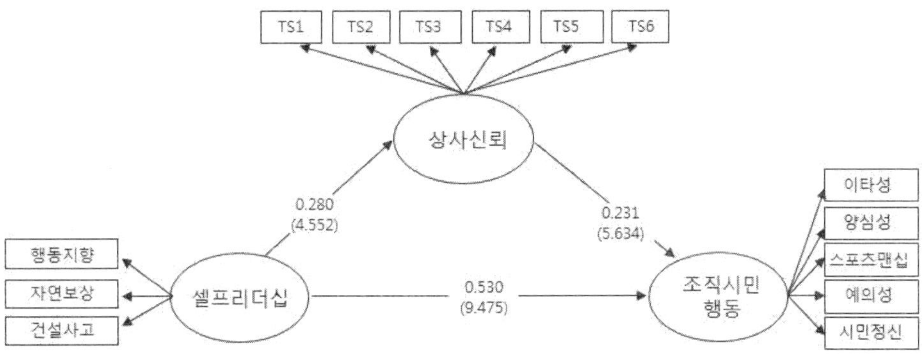

〈표 6〉 구조모형 경로분석 결과

가설	경로	Estimate	S.E	C.R	p	채택여부
1	셀프리더십 -〉 상사신뢰	.280	.061	4.552	.000	채택
2	셀프리더십 -〉 조직시민행동	.530	.056	9.475	.000	채택
3	상사신뢰 -〉 조직시민행동	.231	.041	5.634	.000	채택
4	셀프리더십-〉상사신뢰 -〉조직시민행동	-				채택

본 연구의 결과를 정리하면 첫째, 셀프리더십은 상사신뢰에 유의한 영향(estimate=.280, p=.000)을 미치는 것을 알 수 있다. 따라서 가설 1은 채택되었다. 둘

째, 셀프리더십은 조직시민행동에 유의한 영향(estimate=.530, p=.000)을 미치는 것을 알 수 있다. 따라서 가설 2는 채택되었다. 셋째, 상사신뢰는 조직시민행동에 유의한 영향(estimate=.231, p=.000)을 미치는 것을 알 수 있다. 따라서 가설 3은 채택되었다. 넷째, 상사신뢰가 통계적으로 유의미한 매개역할을 하는지에 대해 경쟁모델 분석방법을 통해 추가적인 분석을 실시하였다. 경쟁모델 분석방법에서는 매개효과를 인정하기 위해서 다음과 같은 조건이 모두 충족되어야 한다(Singh, et al., 1994; 신영미 등, 2007). 1) 매개효과 모델이 직접효과 모델보다 더 많은 분산을 설명하여야 하며, 2) 독립변수와 매개변수와의 관계가 통계적으로 유의해야 한다. 3) 매개변수와 종속변수와의 관계가 통계적으로 유의해야 하며, 4) 직접효과 모델에서의 독립변수와 종속변수 사이의 유의적 관계가 매개효과 모델에서 감소하거나 제거되어야 한다.

매개효과 모델에서의 조직시민행동에 대한 분산은 .646, 직접효과 모델에서의 분산은 .575로, 매개효과 모델이 직접효과 모델보다 더 많은 분산을 설명하였다. 또한, 독립변수인 셀프리더십이 상사신뢰에 유의한 영향을 미치며, 매개변수로 상사신뢰가 종속변수인 조직시민행동에 유의한 영향을 미치는 것을 확인할 수 있다. 마지막으로 직접효과 모델에서의 독립변수인 셀프리더십이 종속변수인 조직시민행동에 통계적으로 미치는 유의한 영향(0.596)이 매개효과 모델에서는 유의한 영향이 감소되었다. 따라서 셀프리더십은 상사신뢰의 매개를 통해서 조직시민행동에 영향을 미치고 있는 것으로 볼 수 있다. 즉, 상사신뢰가 부분매개를 하는 것으로 나타나 가설 4도 채택되었다.

한편 직접효과 및 간접효과를 측정한 결과 셀프리더십과 상사신뢰의 관계에서는 직접효과(.280)만 있는 것으로 나타났고, 상사신뢰와 조직시민행동의 관계에서도 직접효과(.231)만 있는 것으로 나타났으며, 셀프리더십이 조직시민행동에 미치는 직접효과는 .530이고 간접효과는 .065로 나타났다.

Ⅵ. 토의 및 결론

본 연구는 의료기관 종사자의 셀프리더십과 조직시민행동 간의 관계에 있어서 상사신뢰의 매개효과를 규명함으로써 효율적인 의료기관의 조직유효성 제고를 위한 기초자료를 제공하고자 시도되었다. 또한 셀프리더십, 상사신뢰, 조직시민행동과의 관련성에 대하여 종합적으로 실증분석을 하였다. 많은 의료기관 간의 경쟁이 더욱 심화되고 현 상황에서 각 의료기관이 발전하기 위해서는 각 의료기관의 종사자들이 규정된 역할을 넘어서는 조직시민행동을 필요로 하고 있다. 조직시민행동을 강화하기 위해서는 조직시민행동에 영향을 미치는 관련요인들을 이해할 필요가 있다. 이에 따라 본 연구에서는 실증분석을 실시한 결과, 설정된 직접관계 가설 3개 모두 채택되었으며, 매개효과 가설 역시 채택되었다. 이에 대해 구체적인 분석 결과를 살펴보면 다음과 같다.

첫째, 셀프리더십은 상사신뢰에 유의한 정(+)의 영향을 미친다는 결과를 보여준다. 이러한 결과는 Neck과 Houghton(2006)의 셀프리더십이 몰입, 독립성, 긍정적 감정, 직무만족, 심리적 임파워먼트, 자기효능감, 창의성, 혁신, 신뢰, 팀 역량 등에 영향을 미친다는 논리와 일관성을 가진다. 또한 오영섭과 주현식(2008)의 연구에서 셀프리더십이 상사신뢰에 유의한 영향을 미친다는 결과와 일치한다. 즉, 셀프리더십 수준이 높은 조직구성원들은 상사에 대한 신뢰를 높인다고 할 수 있다.

둘째, 상사신뢰는 조직시민행동에 유의한 정(+)의 영향을 미치는 것으로 분석되었다. 이러한 결과는 선행연구(김석환, 2008; 정홍술, 2003; Podsakoff et al, 1990)에서 상사신뢰가 종사원의 조직시민행동에 직접적인 영향을 미친다는 연구결과를 지지하는 것으로 나타났다. 따라서 조직구성원이 상사에 대한 신뢰가 조직시민행동의 이타성, 양심성, 스포츠맨십, 예의성, 시민정신에 큰 영향을 미치는 것으로 분석되었다.

셋째, 셀프리더십이 조직시민행동에 유의한 정(+)의 영향을 미치는 것으로 나타났다. 이러한 결과는 Manz(1983)가 제시한 셀프리더십이 조직구성원의 태도나 성과에 영향을 미친다는 주장을 뒷받침할 수 있는 결과라 할 수 있겠다. 또한 선행연구(박준희, 2009; 윤형기, 2005; 이경미, 2007)에서 셀프리더십이 종사원의 조직시민행동에 직접적인 영향을 미친다는 연구결과와 일치하는 것으로 나타났다. 따라서 건설적사고 전략, 자연적보상 전략, 행동지향적 전략의 셀프리더십은 조직시민행동에 유의한 영향관계가 성립한다.

넷째, 상사신뢰의 매개효과에 대한 분석결과 부분매개효과가 있는 것으로 나타났다. 직접효과와 간접효과를 통해 살펴본 결과 셀프리더십은 상사신뢰의 매개를 통해서뿐만 아니라 직접적으로도 조직시민행동에 영향을 미치고 있는 것으로 볼 수 있다.

본 연구의 시도와 발견을 통해 셀프리더십의 연구에 있어서 몇 가지 이론적 시사점을 찾을 수 있다. 첫째, 이러한 셀프리더십에 대한 선행연구의 주장을 뒷받침하고자 시도된 홍세길(2004)의 연구에서는 셀프리더십과 경영자에 대한 신뢰 간에는 유의한 관계가 나타나지 않았는데, 그 이유로 셀프리더십의 측정대상으로 조직구성원이 아니라 현장관리자를 선정하였기 때문이라고 지적하였다. 한편 호텔주방종사자를 대상으로 한 오영섭과 주현식(2008)의 연구에서는 셀프리더십이 경영자 신뢰에 유의한 영향을 미치는 것으로 나타났다. 본 연구에서 의료기관 종사자들을 대상으로 한 연구결과와 일치하는 것으로 셀프리더십 이론을 축적하고 확대함으로써 후속 연구를 이끌어 내는데 기여하였다.

둘째, 본 연구는 셀프리더십, 상사신뢰, 그리고 조직시민행동 간의 관계에 대한 실증적 연구로써 상사신뢰를 매개변수로 설정하여 셀프리더십과 조직시민행동 간에 부분매개효과를 확인하였다는 점에서 이론적으로 큰 시사점을 들 수 있다. 이러한 결과는 또한 개인의 특성변수와 관련된 대부분의 연구는 여러 가지 인과관계를 다루기 때문에 완전매개보다는 부분매개가 현실적으로 보다 더 의미 있는 이론적 설득력을 제공할 수 있다(Baron & Kenny, 1986). 그리고 Neck과 Houghton(2006)이 제시한 셀프리더십과 결과변수 간의 관계에 있어서 몰입, 독립성, 긍정적 감정, 직무만족, 창의성, 혁신, 팀 역량 등의 매개역할에 대한 가능성을 입증하기 위한 추가적인 실증적 연구의 확대가 필요하다고 하겠다.

실무적 측면에서 시사점을 살펴보면, 먼저 조직시민행동에 영향을 미치는 선행변수로 셀프리더십과 상사신뢰를 확인할 수 있었다. 이는 셀프리더십 그 자체만으로 조직시민행동의 향상을 기대할 수 있지만 상사신뢰의 간접효과도 작용함을 고려함으로써 조직구성원으로부터 바람직한 성과를 이끌어내는 노력이 필요함을 시사한다. 상사에 대한 신뢰가 강한 경우 조직시민행동이 높게 나타날 것이고, 이는 업무에 대한 성과에도 좋은 영향을 미칠 것이다. 즉, 상사에 대한 신뢰의 강화는 조직의 성과에 대해 긍정적인 결과를 수반하게 되므로 상사와 조직구성원 상호간의 신뢰를 높일 수 있는 조직문화와 분위기 조성 프로그램을 개발하는 것이 바람직하다. 또한 조직구성원들에게 자기 스스로를 리드하여 성과를 향상시킬 수 있는 셀프리더십 수준을 향상시킬 수 있는 다양한 훈련프로그램의 개발과 운영이 필요하다. 이러한 조직구성원 개인의 셀프리더십 강화는 조직의 성과에 대해 긍정적인 결과를 수반하게 되므로 고용자의 측면에서 성공적인 인적자원개발 전략의 한 부분으로 자리 잡을 수 있다.

본 연구는 다음과 같은 한계점을 가지고 있어 향후 연구에는 충분히 고려할 필요가 있다. 첫째, 본 연구에서 사용한 자료들은 자기보고식(self-report) 설문지를 이용하였기 때문에 개인적 특성에 따른 동일방법변량의 가능성이 존재한다. 둘째, 조사대상이 지역적으로 제한된 울산지역 의료기관 종사자들을 대상으로 검증되었기 때문에 연구의 결과를 일반화하는 것에서는 한계가 있다. 따라서 다양한 지역, 산업분야, 및 업종을 대상으로 실증적 연구를 실시하여야 할 것이다. 수집된 자료는 어느 한 시점에서의 횡단적 연구방법을 실시하였지만 향후 연구에서는 종단적 연구방법을 통하여 셀프리더십과 상사신뢰의 특성들이 조직시민행동의 변화를 일으키는 인과관계 과정이 설명되어야 할 것이다. 마지막으로 셀프리더십과 직무만족, 조직몰입, 혁신행동, 직무몰입 등의 다양한 결과변수들 간의 관계에 대한 직접적인 영향과 이들 변수 간의 몰입, 독립성, 긍정적 감정, 직무만족, 심리적 임파워먼트, 자기효능감, 창의성, 혁신, 신뢰, 팀 역량 등의 다양한 매개변수들을 규명하고자 하는 지속적인 연구가 진행되어야 할 것이다.

참고문헌

권명은(2006), “임파워먼트와 조직유효성 관계에 셀프리더십이 미치는 조절효과 분석,” 단국대학교, 석사학위논문.

권춘원(2010), “군조직내 변혁적 리더십과 거래적 리더십의 비교 : 임파워먼트와 셀프리더십의 조절효과,” 경북대학교, 석사학위논문.

김민정(2007), “대학생의 셀프 리더십 개발에 영향을 미치는 학습자 변인 연구,” 이화여자대학교, 박사학위논문.

김쌍언(2009), “상사특성, 조직특성, 개인특성과 구성원태도간의 관계에 대한 셀프리더십의 매개효과에 관한 연구,” 울산대학교, 박사학위논문.

김석환(2008), “상사에 대한 신뢰 및 조직지원인식이 조직시민행동에 미치는 영향에 관한 연구 : 통제위치의 조절효과를 중심으로,” 충남대학교, 석사학위논문.

김세화(2009), “셀프리더십이 역할행동, 조직시민행동 및 혁신행동에 미치는 영향,” 전남대학교, 석사학위논문.

김재영(2003), “리더십이 신뢰와 임파워먼트 및 서비스품질에 미치는 효과에 관한 연구 : 한국의 관광숙박업 및 외식업 종사원을 중심으로,” 상지대학교, 박사학위논문.

김학수 · 정범구(2008), “윤리적 리더십과 조직유효성의 관계에 있어서 상사신뢰의 매개효과,” 경영경제연구, 30(2), 29-54.

Anderson, J. C. & Gerbing, D. W.(1988), “Structural equation modeling in practice: a review and recommended two-step approach,” Psychological Bulletin, 103, 411-423.

Bagozzi, R. P. & Yi, Y.(1988), “On the evaluation of structural equation models,” Journal of the Academy Marketing Science, 16, 74-94.

Bandura, A.(1971), “Social learning theory,” Morristown, NJ: General Learning Press.

Bateman, T. S. & Organ, D. W.(1983), “Job satisfaction and the good solider: The relationship between affects and employee citizenship,” Academy of Management Journal, 26, 587-595.

Bligh, M. C., Pearce, C. L., & Kohles, J. C.(2006), “The importance of self-and shared leadership in team based knowledge work,” Journal of Managerial Psychology, 21(4), 296-318.

Cook, J. & Wall, T.(1980), “New work attitude measures of trust, organizational commitment, and personal need non-fulfillment,” Journal of Occupational Psychology, 53, 39-52.

Deci, E. L. & Ryan, R. M.(1985), “Intrinsic motivation and self-determination in human behavior,” New York, NY: Plenum.

Fornell, C. & Larcker, D.(1981), “Evaluating structural equation models with unobservable variables and measurement errors,” Journal of Marketing Research, 18(1), 39-50.

〈Abstract〉

The Effects of Self-Leadership on Trust in Supervisor and Organizational Citizenship Behavior

Koh, Hyung-Il · Song, Jung-Su · Jang, Gil-Sang

The purpose of this paper is twofold. Firstly, to examine the effects of self-leadership(behavior-focused strategies, natural reward strategies, constructive thought pattern strategies) between trust in supervisor and organizational citizenship behavior. Secondly, to examine the mediating effects of the trust in supervisor on the relationships between the self-leadership and the organizational citizenship behavior. The empirical analysis was performed based on survey data from 572 workers engaged in medical institutions at Ulsan Metropolitan city by using SPSS 12.0, AMOS 5.0. Research results, self-leadership had a positive affected on the trust in supervisor, the trust in supervisor had a positive affected on organizational citizenship behavior. And self-leadership had a positive affected on organizational citizenship behavior. Finally, the trust in supervisor was a partial mediator on the relationships between the self-leadership and the organizational citizenship behavior. Based on these findings, the implications and the limitations of the study were presented including some directions for future studies.

Keywords: mediation, self-leadership, trust in supervisor, organizational citizenship behavior